Gisela Steins · Verena Welling

Sanktionen in der Schule

Gisela Steins · Verena Welling

Sanktionen in der Schule

Grundlagen und Anwendung

VS VERLAG FÜR SOZIALWISSENSCHAFTEN

Bibliografische Information der Deutschen Nationalbibliothek
Die Deutsche Nationalbibliothek verzeichnet diese Publikation in der
Deutschen Nationalbibliografie; detaillierte bibliografische Daten sind im Internet über
<http://dnb.d-nb.de> abrufbar.

1. Auflage 2010

Alle Rechte vorbehalten
© VS Verlag für Sozialwissenschaften | GWV Fachverlage GmbH, Wiesbaden 2010

Lektorat: Kea S. Brahms

VS Verlag für Sozialwissenschaften ist Teil der Fachverlagsgruppe
Springer Science+Business Media.
www.vs-verlag.de

Umschlaggestaltung: KünkelLopka Medienentwicklung, Heidelberg
Illustrationen: Joël Keßler
Druck und buchbinderische Verarbeitung: Ten Brink, Meppel
Gedruckt auf säurefreiem und chlorfrei gebleichtem Papier
Printed in the Netherlands

ISBN 978-3-531-16394-9

Inhaltsverzeichnis

Vorwort

Bildung und die entsprechenden Institutionen sind ein zentrales Thema unserer Gesellschaft geworden. Eine unserer grundlegenden Bildungsinstitutionen stellt die Schule dar, die Grundschule und ihre Weiterführungen. Seit der Diskussion um internationale Bildungsstandards und ihrer Überprüfungen vergeht keine Woche, in der in Tages- und Wochenzeitungen nicht über Ereignisse berichtet wird, die sich in der Schule zutragen. Wie es üblich für Pressemitteilungen ist, überwiegt die Berichterstattung negativer Ereignisse, so dass ein düsteres Bild von Schule entstehen kann, als eine Institution, die versagt. Damit kommen alle Involvierten in Rechtfertigungsdruck. Stress und Unsicherheit sind aber noch nie gute Voraussetzungen gewesen, um dazu zu lernen und kreative Lösungen für gravierende Probleme zu finden.

Gerade das Thema Sanktionen ruft bei vielen Menschen zunächst einmal negative Assoziationen hervor. Sanktionen umfassen, wissenschaftlich betrachtet, aber nicht nur die Peitsche, sondern auch das Zuckerbrot. Wir als Autorinnen sind weit davon entfernt, Schule und die darin arbeitenden Lehrkräfte zu kritisieren und an dem düsteren Bild von Schule mitzuzeichnen. Wir wollen Anregung aus der Wissenschaft geben, wie Schulalltag noch konstruktiver gestaltet werden kann. Deswegen wird der Status Quo beschrieben und dem Möglichen gegenübergestellt, nicht als Muss, sondern als konstruktives Kann.

Den wissenschaftlichen Bildungsinstitutionen wird häufig der Vorwurf gemacht, sie würden praxisferne Produkte und Erkenntnisse entwickeln. Natürlich finden wir das nicht. Um aber einer möglichen Betriebsblindheit vorzubeugen, haben wir großen Wert bei der Konzeption dieses Buches darauf gelegt, dass reale Beobachtungen aus der Schule, Perspektiven von Lehrkräften und reale Fälle eine wichtige Grundlage für unsere Gedanken bilden. So entsteht ein vielschichtiges Werk, das auf verschiedenen Ebenen angesiedelt ist, die sich fruchtbar ergänzen und kommentieren. Der Facettenreichtum des Themas macht es uns unmöglich zu einer einfachen Lösung zu kommen. Genau dies ist aber eine Intention des Buches: Anzuregen, miteinander Lösungen zu generieren und nicht einfach Rezeptwissen umzusetzen.

An dieser Stelle möchten wir uns bei den im Schulalltag tätigen Autoren/-innen herzlich bedanken für die Bereitschaft an diesem Buch mitzuwirken: Vielen Dank an Uta Jakobs, Peter Leitzen und Frau Dr. Schadt-Krämer. Ebenso herzlich danken möchten wir den beiden Wissenschaftlerinnen Anna Haep und Pia Anna Weber für ihre Beiträge aus zwei praxisnahen wissenschaftlichen Projekten. Joel Kessler sagen wir vielen Dank für seine Illustrationen.

Wir wünschen dem geneigten Leser und der geneigten Leserin Anregung und Spaß beim Lesen und vor allem neue Erkenntnisse.

Essen, Herbst 2009
Gisela Steins   Verena Welling

„Hören Sie mal, wenn jeder so handelte wie Sie,
könnte die Welt nicht mehr weiterbestehen."

„Das zu sagen ist äußerst dumm. Es will ja
nicht jeder so handeln wie ich. Die überwiegen-
de Mehrheit ist vollkommen zufrieden damit,
das Übliche zu tun."

„Offenbar glauben Sie nicht an den Grundsatz:
‚Handle so, daß die Maxime Deines Handelns
zum Prinzip einer allgemeinen Gesetzgebung
werden kann'."

„Das habe ich noch nie gehört, aber es ist ein
erbärmlicher Unsinn."

„Nun, Kant hat das gesagt."

„Meinetwegen; es ist ein erbärmlicher Unsinn."

(W. Somerset Maugham, The Moon and Sixpence, 1919)

1 Einleitung

Dieses Buch stellt eine Auseinandersetzung mit Sanktionen als allgemeine soziale Erscheinung und als besonderes Werkzeug in der Schule dar. Die Inhalte sind für alle Personen interessant, welche die Prozesse der Belohnung und Bestrafung und deren Wirkungen reflektieren und besser verstehen möchten. Auch lohnt sich die Lektüre des Buches, wenn man sich für funktionierende Sanktionssysteme interessiert. Die Prinzipien, die wir auf den schulischen Bereich anwenden, haben auch in anderen Lebensbereichen Gültigkeit.

Sanktionen sind ein grundlegender Prozess zwischenmenschlicher Beziehungen und kommen in ausnahmslos jedem Bereich des Alltags und Berufsalltags vor. Sanktionen als eine soziale Erscheinung werden durch die Lektüre des Folgenden für manche Leser und Leserinnen[1] vielleicht zum ersten Mal überhaupt als solche wahrgenommen. Als spezielle Maßnahmen im schulischen Alltag sind sie den meisten Personen bekannt, werden hier jedoch durch neue Perspektiven reflektiert. Die meisten Aussagen des Buches beruhen auf Erkenntnissen psychologischer Grundlagenforschung aus verschiedenen Teilgebieten der Psychologie, so der sozial- und entwicklungspsychologischen Forschung und der Pädagogischen Psychologie. Wir versuchen, dieses Fachwissen prägnant mit Belangen des schulischen Alltags zu verbinden und durch viele alltagsnahe Beispiele zu illustrieren, wie fruchtbar in diesem Feld Theorie und Praxis miteinander verbunden werden können. Wir beab-

---

[1] Bei allen Substantiven, bei denen eine geschlechtsneutrale Formulierung notwendig erschien, weil mit einem Maskulinum auf eine Gruppe verwiesen wird, die sowohl weibliche als auch männliche Personen umfassen kann, wurde eine Münze geworfen. Je nach Ergebnis des Münzwurfs wurde im Text die weibliche oder die männliche Form gewählt. In der Summe sollte dies zu einer ausgewogenen Nennung von Frauen oder Männern führen (Nothbaum & Steins, 2010)

sichtigen auf diese Weise, die deutliche Kluft zwischen der Theorie und der Praxis zu verringern. Ideal wäre es, wenn die Lektüre des hier dargestellten Wissens mit dazu beitragen kann, die zwischenmenschlichen Beziehungen in unserer Gesellschaft im Allgemeinen und diejenigen im schulischen Alltag im Besonderen zu verbessern.

1.1 Sanktionen und der schulische Alltag: Eine Skizze der Grundannahmen

Lehrer und Lehrerinnen sind nicht nur Fachkräfte. Sie haben neben ihrem Bildungsauftrag einen gesetzlich verankerten Erziehungsauftrag. Durch diesen Erziehungsauftrag dürfen und sollen sie dazu beitragen, dass aus Schülern und Schülerinnen mündige Bürger werden. Ein Lehrer, der seinen Erziehungsauftrag nicht ernst nimmt, wird mit einer gewissen Wahrscheinlichkeit das Sanktionssystem seiner Schule boykottieren und es damit schwächen.

Kinder und Jugendliche lassen sich in einem noch stärkeren Ausmaß als Erwachsene von ihrer Umwelt in Bezug auf ihr Erleben und Verhalten beeinflussen. Wenn die Schulumwelt nicht sozial und emotional angemessenen Einfluss ausübt, kommt es zu wirklichen Störungen im Unterricht. Dieser Einfluss kann und soll von der Lehrperson gesteuert werden und ist Teil des Erziehungsauftrags. Es gibt zahlreiche Belege dafür, dass ein erfolgreich ausgeübter Erziehungsauftrag die Voraussetzung für erfolgreiches Unterrichten darstellt (Steins, 2008a).

Was passiert nun, wenn diese beiden Aufträge nicht zusammengeführt werden? Dann erfüllt die Lehrkraft ihren Bildungsauftrag, aber die meisten Schüler und Schülerinnen werden davon nicht profitieren können. Auch ist ein Nachdenken über die emotionale Ebene im Fall eines nicht ausgeführten Erziehungsauftrags interessant, vor allem, wenn die Folgen in Störungen des Unterrichts resultieren. Wie fühlt sich eine Lehrperson, die in diesem Fall „nur" ihr Fach unterrichtet? Wie fühlen sich die Schüler und Schülerinnen? Alle werden Rechtfertigungen für ihr Verhalten finden. Die schlechte Erziehung der Schüler bis hin zu deren

Pathologisierung muss herhalten als Rechtfertigung aus Lehrerperspektive und damit einhergehend negative Gefühle wie Ablehnung und Widerwille gegenüber einzelnen Schülern und Schülerinnen oder generalisiert gegenüber bestimmten Klassen und Cliquen. Dabei kann dies sogar noch eine für die Lehrperson vergleichsweise günstige Rechtfertigung bedeuten, denn ebenso gut gibt es Lehrkräfte, die solche Erlebnisse auf ein tiefes persönliches Unvermögen zurückführen und eine ängstliche Haltung gegenüber ihrem Beruf, Schülern und bestimmten Schülergruppen entwickeln können. Der langweilige Unterricht aus Perspektive der aktiv störenden Schüler und Schülerinnen bzw. das mangelnde Durchsetzungsvermögen des Lehrers aus Perspektive der eigentlich gutwilligen, aber korrumpierten Schülerschaft wird als Erklärung dienen müssen. Deren Gefühle bewegen sich von Verachtung bis Unlust, aber auch Ärger und Hilflosigkeit.

Es gibt völlig verschiedene Lösungsansätze, um Unterrichtsstörungen vorzubeugen und den Erziehungsauftrag, untergeordnet und en passant, mit dem Bildungsauftrag zu verknüpfen. Man versucht durch einen didaktischen Ansatz hoffnungsvoll Unterricht so zu gestalten, dass möglichst viele Schüler motiviert werden, mitzumachen. Das ist das derzeitige Credo der ministeriellen Qualitätsprüfung. Mehr soziale Interaktionsformen, weniger Frontalunterricht - Unterrichtsformen und –methoden, die Schüler motivieren und anregen, sich selbstständig etwas zu erarbeiten, sind mit der Hoffnung verbunden, dass beim Wissenserwerb ebenfalls soziale Kompetenzen erworben werden.

Einen anderen Ansatz stellen die erzieherischen Maßnahmen dar. Man versucht, durch disziplinarische Maßnahmen Schüler dazu zu bekommen, sich den Regeln des sozialen Miteinanders zumindest während der Präsenz der Lehrkraft zu beugen. Diese Bemühungen sind nur bedingt erfolgreich. In Deutschland haben wir im internationalen Vergleich keine auffallend hohe Zahl von Abgängern ohne Schulabschluss, jedoch absolut betrachtet dennoch ein Problem. So haben im Jahr 2007 an Allgemeinbildenden Schulen rund 71.000 Schülerinnen und Schüler die Schule verlassen, ohne mindestens über einen Hauptschulabschluss zu verfügen. Diese Zahl entspricht 7,3% der Bevölkerung im Alter von 15 bis 17 Jahren (Statistisches Bundesamt). Wie im Bildungsbericht (2008) betont wird, kann das Problem, welches durch diesen Anteil ausgedrückt wird, nicht durch die vermehrte Nutzung von Anschlussbildungsgängen relativiert werden. Neben dem Anteil an Schülerinnen und Schülern ohne Schulabschluss gibt es eine Vielzahl von Kindern und Jugendlichen, die die Schule schwänzen. Hierzu gibt es allerdings keine flächenübergreifenden Zahlen, sondern Befunde aus der Schweiz und regionale Befunde, zum Beispiel aus Köln. Demnach liegt der Anteil der Gelegenheitsschwänzer[2] im Jahr 2004 bei 35,2%, massiv schwänzten[3] die Schule 7,9% (Stamm, 2008).

Ein dritter Ansatz ist der Beziehungsansatz. Die Lehrperson versucht eine gute Beziehung zu ihren Schülern und Schülerinnen zu entwickeln und aufbauend auf dieser Beziehungsebene zu hoffen, dass diese lernwillig werden.

Es gibt sicherlich noch mehr Lösungsansätze für das Problem, die Aufmerksamkeit der Schülerschaft auf den Unterricht zu lenken und diese zur Einhaltung von basalen Regeln des Miteinanders zu motivieren. Diese drei und ihre Kombinationen sind diejenigen Lösungsversuche, die Lehrkräfte am häufigsten anwenden. Schaut man sich die Literatur hierzu an, wird man jedoch schnell erkennen, dass aus Lehrersicht der didaktische Lösungsversuch am stärksten auf Interesse stößt, denn im Unterrichten sehen die meisten Lehrer ihr Tagesgeschäft. Wahrscheinlich wird dieses Interesse auch gefördert durch den aktuellen Kriterienkatalog der Qualitätsanalysen der Bundesländer zur Bewertung des Unterrichts. Auch der zweite und dritte Lösungsansatz sind aus pädagogischer und psychologischer Sicht beleuchtet, aber nach wie vor im Bewusstsein und handwerklichem Können von Lehrpersonen unterrepräsentiert. Auch sind diese beiden Lösungsversuche nicht systematisch in die Ausbildung von Lehrerinnen und Lehrern integriert, obwohl diese Personen Zeit ihres beruflichen Lebens mit Menschen in der Entwicklung arbeiten werden.

---

[2] Schüler, die im Laufe ihrer Schulkarriere schon mal geschwänzt haben
[3] Schüler, die mehr als fünfmal einen Tag in einem Zeitraum von 6 Monaten geschwänzt haben

Für eine gute Arbeit an Schulen, die nicht nur eine effiziente Lern-Lehr-Kultur sein kann, sollte aus allen drei Lösungsversuchen (und wahrscheinlich sogar mehr als drei) handwerkliches Können hervorgehen, mit welchem Lehrkräfte selbstwirksam in den Unterricht hineingehen können.

In diesem Buch werden wir detailliert, kritisch und konstruktiv den zweiten Lösungsversuch beleuchten, also die Art und Weise, wie Sanktionen in Schulen eingesetzt werden. Dabei beschäftigen wir uns mit der Schule als Sanktionssystem. In keinem Bereich gibt es ein solches umfangreiches abgesichertes Wissen in der Forschung wie zu diesem Lösungsversuch, das so spärlich bekannt ist in der Profession, für die es relevant ist. Außerdem zeigt dieser Lösungsversuch noch stärker als die beiden anderen, wie verknüpft die Beziehungsebene, die didaktischen Fertigkeiten und die Sanktionsebene sind. Die Diskussion um Sanktionssysteme rührt an unseren Grundüberzeugungen darüber, wer wir sind, was wir tun sollten und wie wir uns gegenseitig behandeln. Auf diese Diskussion würde man auch kommen, wenn man nur über die Beziehungsebene nachdenken würde. Die Diskussion um Sanktionen gestaltet sich jedoch systematischer und konkreter und entlässt den Leser und die Leserin mit handwerklichem Wissen darüber, wie der Erziehungsauftrag kunstvoll mit dem Bildungsauftrag verwoben werden kann.

1.2   Aufbau und Gebrauch des Buches

Das Buch ist aus einer psychologischen Perspektive heraus geschrieben. Wir haben uns bewusst für eine grundlagentheoretische Perspektive entschieden, weil die hier gesammelte Forschung im Bewusstsein von Menschen in pädagogischen Praxisfeldern wenig verankert ist und wir sicher sind, so neue Anregungen geben zu können. Wir haben das Grundlagenwissen versucht anschaulich und wohl proportioniert so zu gestalten, dass es in den Schulalltag hinein gebaut werden kann. Oberstes Ziel des Buches ist der Transfer von konzeptionellem Wissen in die Schulsysteme.

Das Buch ist in acht Kapitel unterschiedlichen Umfangs gegliedert. Im zweiten Kapitel wenden sich die Inhalte bereits speziell der Schule als Feld zu. Das Kapitel heißt „Die beiden Aufträge der Schule" und es werden Bildung und Erziehung als die beiden Aufträge der Schule näher erläutert und kontrovers diskutiert. Nicht alle Lehrpersonen interpretieren ihren Erziehungsauftrag gleich. Wir hoffen, mit diesem Kapitel eine Diskussion und eine Reflexion über dieses Thema anregen zu können und weisen auf die Folgen der Divergenz der beiden Aufträge hin. Wir geben einerseits Beispiele aus unserer eigenen Unterrichts- und Schulforschung, andererseits tragen wir internationale Forschungsergebnisse hierzu zusammen. In Kapitel 3 „Der Status Quo in der Schule" beschäftigen wir uns mit dem aktuellen Stand der in der Schulpraxis üblichen angewandten Erziehungsmaßnahmen und diskutieren diese vor dem Hintergrund eigener Forschung. Kapitel 4 „Warum sanktionieren wir?" stellt unterschiedliche Theorien dar, die eine Reflexion über die Ursachen und Motive verschiedener Sanktionen und Sanktionssysteme anregen soll. In diesem Kapitel sind wichtige Grundlagentheorien enthalten. Daraufhin wird in Kapitel 5 „Was passiert, wenn wir sanktionieren?" auf die emotionalen und sozialen möglichen Konsequenzen von Sanktionsakten eingegangen. Hierzu wird aktuelle psychologische Grundlagenforschung referiert. „Was hilft? Theoretische Perspektiven und Forschungsstand zur Effektivität verschiedener Maßnahmen der Verhaltensänderung" als Kapitel 6 gibt einen Überblick über den Forschungsstand zur Effektivität verschiedener Sanktionsmaßnahmen. Der aktuelle Forschungsstand zum Thema Sanktionen wird aus acht unterschiedlichen Blickwinkeln zusammengetragen. Das letzte größere inhaltliche Kapitel 7 „Die Schule als System" gibt konkrete Anleitung zur Umsetzung der relevanten Ergebnisse. Kapitel 8 gibt unseren abschließenden Gedanken Raum. Jedes Kapitel endet mit einem Fazit.

Es empfiehlt sich, falls man sich mit dem Thema nicht besonders gut auskennt, das Buch systematisch von Beginn an zu lesen, denn die Kapitel bauen aufeinander auf.

Unsere Argumentation wird durch andere Perspektiven aus der Praxis ergänzt. Wir haben uns bemüht, Personen einzubeziehen, die mit den unterschiedlichen Schulformen vertraut sind. So kommen Perspektiven von Lehrkräften und Wissenschaftlerinnen dazu, die sich intensiv mit verschiedenen Schulformen auseinandergesetzt haben und zwar vor allem durch Tätigkeit im Feld.

2 Die beiden Aufträge der Schule

2.1 Bildung und Erziehung

Die Schule hat zwei Aufträge zu erfüllen. Sie soll die Schüler und Schülerinnen an bestimmte Inhalte heranführen und zu festgelegten Kompetenzen befähigen. Das ist der Bildungsauftrag. Sie soll aber auch ihre Schüler und Schülerinnen zu mündigen Bürgern und Bürgerinnen heranziehen. Das ist der Erziehungsauftrag. Da Lehrer den überwiegenden Anteil ihrer Arbeitszeit mit Unterrichten beschäftigt sind, stehen curriculare Umsetzungen und didaktische Aufbereitung von curricularen Inhalten im Zentrum der Aufmerksamkeit. Die oftmals zeitlich sehr ungleich gestaltete Umsetzung der beiden Aufträge wird bereits in den Ausbildungsphasen zementiert. Lehrer haben relativ weniger Wissen über ihre Schüler als Personen im Vergleich zu ihrem Fachwissen (Steins, 2008a) und rufen teilweise erst dann um Hilfe, wenn es meistens schon recht spät ist und sich eine antisoziale Interaktionskultur in einer Klasse herausgebildet hat.

Die Wahrscheinlichkeit ist hoch, dass Lehrkräfte sich durch die Gestaltung von Schule nicht unbedingt als Erzieher sehen, vielmehr fühlen sie sich meistens einem ihrer Fächer besonders verbunden. Sie definieren sich also vielmehr als Fachmann und Fachfrau. Das ist aber nur die Hälfte des Berufslebens. Ein Lehrer kann ein hervorragender Germanist und auch Didaktiker sein, kann aber sein Wissen ohne grundlegende erzieherische Kompetenzen nicht transportieren.

Die beiden Aufträge von Schule werden recht kontrovers diskutiert. Obwohl beide Aufträge gesetzlich verankert sind, kann man sich durchaus darüber streiten, wie man sie erfüllt. Hierzu gibt es mehrere denkbare Modelle.

Modell 1: Segregation der Aufträge

Modell 1 sieht eine strenge Segregation der Aufträge vor im Sinne einer Arbeitsteilung. Ein Großteil des Kollegiums ist für die fachliche Vermittlung curricular vorgegebener Inhalte zuständig, ein kleiner Teil für Beratung. Die Vermittlung sozialer Kompetenzen erfolgt in den Fächern Religion, Politik oder Ethik. Diese Arbeitsteilung kann auch durch die Einbindung unterschiedlicher Berufsgruppen erfolgen. Psychologen und Sozialarbeiterinnen sind dann für die gesamten sozialen Kompetenzen zuständig und helfen sich, indem sie dann noch weitere Kurse an die Schule holen, die von externen Anbietern durchgeführt werden.

Der Vorteil dieses Modells ist, dass der einzelne Lehrer entlastet wird. Der Nachteil ist, dass es nur bedingt funktioniert. Schüler und Schülerinnen haben große Schwierigkeiten damit, die Inhalte in einem Kurs auf einen relativ anderen Kontext, zum Beispiel den Physikunterricht, zu übertragen. Es ist genauso wie mit einer Familie, in der die Eltern Schwierigkeiten mit einem Kind entwickelt haben. Das Kind verhält sich bei seinen Großeltern unauffällig und fühlt sich sogar wohl, dann kommt es nach Hause und alles geht wieder von vorne los. Wenn es schon Kurse gibt, dann müssen sie in Zusammenarbeit mit einem übergreifenden System der Schule angeboten werden, damit sich auch deutliche und nachhaltige Effekte zeigen. Wenn nicht alle an einem Strang ziehen, dann entsteht bei den Schülern und Schülerinnen doch wieder der Eindruck von Willkür, Machtmissbrauch und Ungerechtigkeit. Die externe Vermittlung sozialer und emotionaler Kompetenzen wirkt besser, wenn die gesamte Schule ihr Sanktionssystem offen legt und an die Ziele der Erziehung anpasst.

Modell 2: Erzieherische Einzelmaßnahmen

Modell 2 ist das Alltagsmodell der Schule. Man hat eine Schulordnung und bestimmte Sanktionsmaßnahmen sind fest gelegt, die bei Verstoß in Kraft treten. Auch dieses Modell entbindet die Lehrkraft weitgehend von ihrem Erziehungsauftrag. Sie muss lediglich die Einzelmaßnahmen anwenden. Die Erziehung wird zurück delegiert an die Eltern. Haben diese versagt, hat der Schüler oder die Schülerin Pech gehabt und wird nach einer fest angelegten Folge von durchgeführten erzieherischen Maßnahmen der Schule verwiesen.

Dieses Modell weist genau die identischen Vor- und Nachteile wie Modell 1 auf. Es hat jedoch mehr Vorteile für die einzelne Lehrkraft, da sie noch weniger auf ihren Erziehungsauftrag festgenagelt wird. Innerhalb eines solchen Modells ist es durchaus möglich, dass ein Beobachter während einer Diskussion über Ethik fünf aggressive Verhaltensweisen und vier oppositionelle Verhaltensweisen gegenüber der Lehrkraft beobachten könnte. Danach wären dann, wendet die Lehrkraft die Sanktionsmaßnahmen an, möglicherweise drei Klassenbucheinträge nachzulesen. Der große Nachteil ist also auch hier, dass dies nur bedingt funktioniert.

Modell 3: Ein schulweites Sanktionssystem
Modell 3 bindet jeden Lehrer und jede Lehrerin ein in ein schulisches Sanktionssystem. Alle ziehen am gleichen Strang. Wir vertreten diese Variante aus Gründen, die noch ausgeführt werden. Das Modell selber wird in Kapitel 7 dargestellt.

2.2 Rahmenbedingungen von Erziehung heute

Die Kontroverse um den Erziehungsauftrag der Schule ist nachvollziehbar. Erziehung ist die traditionelle Aufgabe des Elternhauses. Die Art der Erziehung hat sich jedoch extrem gewandelt. Kinder werden heute nicht mehr automatisch dazu erzogen, Respekt und Furcht vor einer so genannten Autoritätsperson zu haben. Damit verliert auch der Lehrer seine legitime Macht (Steins, 2005). Er wird nicht mehr Kraft seines Amtes als Person betrachtet, der man gehorchen muss, sondern wird als Person gesehen, mit der man irgendwie auskommen muss und die ebenfalls, wie man selbst, zu bewerten ist.

Diese Veränderung in der Erziehung ist aus vielen Gründen nicht negativ. Blinde Gehorsamsbereitschaft ist kein Schritt hin zur Mündigkeit.

Es kann nur gut für die Zivilcourage einer Population sein, wenn sie Aufforderungen nicht länger nur erfüllt, weil eine Person mit einer bestimmten Amtsgewalt sie formuliert hat. Wenn der Unwille gehorsam zu sein, jedoch nicht von der Fähigkeit einer konstruktiven Auseinandersetzung mit der Umwelt begleitet wird, entsteht ein destruktives Vakuum. Es ist zum Beispiel nur unter Schwierigkeiten möglich, zu unterrichten, wenn Kinder nicht gelernt haben, zuzuhören und sich auch gegen ihren Willen demokratischen Entscheidungen oder einfach nur vernünftigen Entscheidungen zu beugen. Eine konstruktive Auseinandersetzung ist ebenfalls erschwert, wenn ein Kind nicht willens ist, eine Person als Mensch zu respektieren und hier konventionelle Standards von Höflichkeit einzuhalten. Negativ ist diese Unfähigkeit auch deswegen, da Menschen, die sich in Gruppen mit negativen Interaktionen bewegen, großem Stress ausgesetzt sind. Auf Dauer kann dieser Stress körperliche und seelische Schäden nach sich ziehen. Unglücklicherweise empfinden genau diejenigen Personen den größten Stress, die eigentlich ein großes Bedürfnis nach Zugehörigkeit haben (Forsyth, 2006).

2.2.1 Erziehungsfallen

Der Umgang mit Frustrationen
Eine gefährliche Falle in der Erziehung stellt die Angst der Erwachsenen dar, ihrem Kind Frustrationen zuzumuten. Es wird so unabsichtlich verhindert, es mit einer angemessenen Frustrationstoleranz auszustatten. Bereits 1979 beschreibt Hauck es als einen weit verbreiteten Irrtum in der Erziehung von Kindern, dass Kinder nicht frustriert werden dürfen. Zum Erwerb vieler Kompetenzen gehört es dazu, dass man trotz Anstrengung zunächst keine bedeutsamen Erfolge erlebt. Fahrradfahren, Schwimmen lernen, Sprachen lernen, Schreiben und Lesen lernen, Umgang mit Ärger und anderen negativen Emotionen, Knüpfen von Freundschaften, Schleifen binden, von anderen gemocht werden, gepflegt aussehen, einen akzeptablen Beruf finden, einen Partner finden, eine Partnerschaft führen, Kinder erziehen: Das ist nur eine kleine Auswahl

von Tätigkeiten, die Anstrengung erfordern und nicht unmittelbar von Erfolg gekrönt sind und uns lebenslang begleiten.

Kinder, die eine nur geringe Frustrationstoleranz aufweisen, erleben Anstrengung als negativ und werden bei dem Erleben von Anstrengung ihre Tätigkeit einschränken oder sogar stoppen, weil sie Angst vor den Unannehmlichkeiten des Augenblicks haben und keine Phantasie für die Belohnungen entwickelt haben.

Wie die Untersuchungen von Mischel et al. (1988) zeigen, ist der Umgang mit Belohnung und deren Vorstellung jedoch wichtig, um Belohnung aufschieben zu können und nicht zu große Frustrationen bis zu einer Belohnung zu entwickeln. Die Autoren erfassten das Belohnungsaufschubverhalten von 653 Kindern im Vorschulalter. Ungefähr zehn Jahre danach konnten die Angaben der Eltern von 95 dieser Kinder zu verschiedensten Aspekten ihrer Kinder mit Hilfe standardisierter Fragebögen ausgewertet werden. Je höher die Fähigkeit zum Belohnungsaufschub im Vorschulalter war, desto sprachgewandter, aufmerksamer, konzentrierter, geschickter, rationaler, vorausschauender und stressresistenter waren die Kinder in den Augen der Eltern zehn Jahre später, desto größer war ebenfalls ihr Selbstwert und umso besser wurde ihr Sozialverhalten beurteilt. Eine Belohnung zurückzustellen zu Gunsten einer weniger belohnenden Tätigkeit, scheint ein Merkmal eines ganzen Bündels von Kompetenzen zu sein, die ein Kind befähigen, seine Entwicklungsaufgaben angemessen zu bewältigen.

Nur etwas tun, wenn man „Bock" hat versus immer alles perfekt tun müssen: Zwei Extreme aus zwei Erziehungskulturen

Bei unseren Schuluntersuchungen in verschiedenen Projekten stellen wir fest, dass ein beträchtlicher Anteil der Schüler unreflektiert der Meinung ist, dass etwas dann auf keinen Fall gemacht werden kann, wenn es keinen Spaß bringt. Diese Vorstellung ist genauso internalisiert worden wie bei anderen Schülern eher die protestantische Ethik verhaltensleitend ist. Die protestantische Ethik beinhaltet die Überzeugung, dass harte Arbeit zu Erfolg führt. Beide Extreme zerstören ein angemessenes Verhältnis zwischen Anstrengung und Spaß und führen zu Frustrationstoleranzwerten, die für die betroffene Person sehr negative Konsequenzen nach sich ziehen können. Für Lehrer allemal angenehmer sind sicherlich Schüler mit einer protestantischen Arbeitsethik, obwohl auch das für Schüler im psychischen Sinn nicht unbedingt gesund ist. Erst allmählich und langsam kommt es in der Praxis zu dem Bewusstsein, dass ein leistungsorientierter, strebsamer und ehrgeiziger Schüler sich nicht notwendigerweise wohl fühlen muss, sondern ein starkes Ausmaß von Angst und Selbstzweifeln empfinden kann.

Dweck (1999) war eine der Ersten, die dies thematisierte und systematisch an Schülern untersuchte. Sie fand heraus, dass die Theorie des Schülers über sich selbst entscheidend für sein Empfinden ist. So kann es kommen, dass ein begabter erfolgreicher Schüler dennoch ständig Angst hat zu versagen, wenn er denkt, dass seine Leistungsergebnisse für ihn nicht kontrollierbar sind und er irrige Annahmen über den Zusammenhang zwischen Anstrengung und Leistungsergebnis hegt.

Wenig Forschung gibt es bis jetzt über den Zusammenhang zwischen einer ausgesprochen hohen protestantischen Arbeitsethik und der psychischen Gesundheit von Kindern. Fest steht, dass Mädchen und Frauen, die eine solche Ethik verinnerlicht haben, eine gewisse Wahrscheinlichkeit haben einem Schlankheitswahn zu verfallen. Einen interessanten Befund hierzu berichten Quinn und Crocker (1999). Sie erfassten bei ihrer Stichprobe (insgesamt 380 Studentinnen) die Ausprägung des Glaubens an die protestantische Ethik (siehe auch Steins, 2007). Dieser Glaube an die Anstrengung der eigenen Person zieht die logisch erscheinende Folge nach sich, dass mangelnder Erfolg an mangelnder Selbstdisziplin und Faulheit liegt. Kontrolle haben so nur die Menschen, die auch Erfolg haben. Quinn und Crocker finden nun, dass übergewichtige Frauen sich desto stärker psychologisch unwohl fühlen, je stärker sie diese Überzeugungen verinnerlicht haben. Die Diskrepanz zwischen dem wie sie sind und dem wie sie sein sollten, ist so hoch, dass sie immer negativ ausfällt. Normalgewichtige Frauen weisen hier das genau umgekehrte Zusammenhangsmuster auf. Je stärker sie der Meinung sind, Anstrengung führe zum Erfolg, desto wohler fühlen sie sich. Denn sie glauben aufgrund ihrer Schlankheit, Kontrolle ausüben zu können.

Sie haben den Eindruck, dass sie sich so verhalten können, wie sie es gebotenerweise tun sollten. Dies glauben übergewichtige Frauen in einem weitaus geringeren Ausmaß. Dieser kleine Ausflug in die Körperpsychologie illustriert, dass es für Kinder förderlich sein wird, wenn es den Eltern gelingt ihnen zu vermitteln wie sie eine Balance finden können zwischen Ansprüchen der eigenen Umwelt, Anstrengung und Entspannung, Belohnung und Arbeit. Eine notwendige Kompetenz dafür ist die Fähigkeit sich realistisch einschätzen zu können.

Einnahme einer verantwortlichen Erwachsenenrolle
Eine ebenfalls eher negative Veränderung im elterlichen Erziehungsverhalten betrifft die Einnahme einer verantwortlichen erwachsenen Rolle in der Erziehung. Der Konsummarkt hat vor zwanzig Jahren entdeckt, dass Erwachsene durchaus für Kinderspaß zu gewinnen sind. Nicht erst seit Harry Potter haben sich die Grenzen zwischen Erwachsenen und Kindern in Bezug auf Kleidung und andere Gebrauchsgegenstände und Interessen deutlich aufgelockert. Die Grenze zwischen Kindheit und Erwachsenenalter mit dem entsprechenden Rollenverständnis verschwimmt. Die so materialisierte Gleichheit zwischen Eltern und Kindern weist aber auch auf einen bestimmten erwachsenen Egozentrismus hin. Wenn man sich als Erwachsener der Kinderwelt bedient, heißt dies für das Kind, dass dieses auch weniger vom Erwachsenen getrennte Rechte hat. Für eine Gruppe von Eltern stehen sie selbst im Mittelpunkt des Lebens und drehen sich nicht so sehr um ihre Kinder, wie es für diese angemessen wäre, damit diese bestimmte Fähigkeiten lernen. Hauck beschreibt den seiner Meinung nach weit verbreiteten Erziehungsirrtum, dass Erwachsene von ihren Kindern Verhaltensweisen verlangen, die ihnen selbst gut tun und sich erst dann selber vernünftig benehmen, wenn das Kind diese zeigt. Eltern können eine schlimme Panik verbreiten, wenn Kinder beispielsweise in der Schule versagen und können sich oft nicht beruhigen und angemessen verhalten, solange „der Schaden nicht behoben ist". Von Kindern wird heute oft mehr Kontrolle verlangt, als die Eltern bereit sind selber auszuüben. Überse-

hen wird schlicht die Tatsache, dass Kinder durch das elterliche Verhalten lernen, nicht umgekehrt.

Erziehungsfallen gibt es noch viele andere – wir halten die hier beschriebenen Entwicklungen für zwei relevante Aspekte von Erziehung, die es Kindern schwer machen, Herausforderungen des Alltags anzunehmen und sich mit diesen Anforderungen positiv zu entwickeln.

„Seit Harry Potter haben sich die Grenzen zwischen Erwachsenen und Kindern in Bezug auf Kleidung und andere Gebrauchsgegenstände und Interessen deutlich aufgelockert. Die Grenze zwischen Kindheit und Erwachsenenalter mit dem entsprechenden Rollenverständnis verschwimmt."

„Übersehen wird schlicht die Tatsache, dass Kinder durch das elterliche Verhalten lernen, nicht umgekehrt."

2.2.2   Bedeutung des kulturellen Kontextes

Wandel in der Erziehung steht in einem breiten kulturellen Zusammenhang (Markus & Kitayama, 1991). Unsere Gesellschaft ist insgesamt individualistischer geworden. Individualistische Gesellschaften unterscheiden sich hinsichtlich sogenannter kollektivistischer Gesellschaften in vielerlei Hinsicht. Eine Person in individualistischen Kulturen wird als eine einzigartige, von anderen Personen abgegrenzte Einheit angesehen. Eine Person gilt als unabhängig und selbstgesteuert. In eher kollektivistischen Gesellschaften ist eine Person Teil einer sozialen Gesamtheit. Diese Gesamtheit hat ein hohes Beeinflussungspotenzial.

Diese Auffassungen vom Selbst werden in den Sozialisierungsprozess eingebaut. Wenn ein Kind nicht essen mag, fokussieren beispielsweise amerikanische Eltern als Mitglieder einer hoch individualistischen Kulturgemeinschaft auf den Vergleich mit Kindern, denen es schlechter geht. Damit wird die Selbstsicht des Kindes gefördert, sich selbst im Vergleich zu anderen zu betrachten. Japanische Eltern als Mitglieder einer kollektivistischen Gesellschaft indes betonen die Verantwortung eines Teils, als welches das Selbst definiert ist, für das Ganze. Das Kind wird aufgefordert an die vielen Personen zu denken, die in die Herstellung eines Gerichtes verwickelt sind. Alle ihre Arbeit würde im Mülleimer landen und verdorben sein. Die Selbstsicht des Kindes als integrativer Bestandteil eines größeren sozialen Universums wird also gefördert, dem er durch sein Verhalten Wertschätzung demonstrieren kann und muss.

Man kann an diesem einen Alltagsbeispiel erkennen, dass kollektivistische und individualistische Gesellschaften sich hinsichtlich ihrer Konzepte dessen unterscheiden, was das Selbst einer Person ausmacht. Eine independente Sicht geht von einer Getrenntheit von Personen aus, die auf der cartesianischen Philosophie beruht. In individualistischen Kulturen gehen Menschen davon aus, dass es einen inneren privaten wahren Kern gibt und Personen autonom und unabhängig sind, oder zumindest sein sollten.

Diese Kerngedanken bilden die Grundlage unserer Bewertungssysteme von der Welt und den damit zusammenhängenden Gefühlen und Verhaltensweisen. Es wird als positiv bewertet, von anderen unabhängig zu sein. Abhängigkeit von anderen Personen gilt als unerwünschte Eigenschaft einer Person. Weiterhin soll unser privater Kern, der uns ausmacht und durch den wir uns von anderen unterscheiden, entdeckt und entwickelt sowie zum Ausdruck gebracht werden. Selbstverwirklichung und Weiterentwicklung der Persönlichkeit sind hier die abstrakten Ziele der Identitätsausrichtung. Dadurch werden innere Attribute und damit psychologische Attribute selbstdefinierend.

Die Umwelt bekommt also automatisch die Funktion eines Kontextes, der nicht viel mit einem selbst zu tun hat, sondern mehr oder weniger lediglich eine Bühne darstellt, auf der sich eine Person strategisch selbst darstellen kann. So findet man in individualistischen Gesellschaften eine intensive Beschäftigung genau mit diesem Thema der Eindrucksbildung, nämlich wie ein Individuum seine Persönlichkeit je nach den Anforderungen der Umwelt am besten zum Ausdruck bringen oder verstecken kann. Die soziale Umwelt wird also vornehmlich daran gemessen, inwieweit sie der Entwicklung und dem Ausdruck der eigenen Persönlichkeit schadet oder nutzt.

Eine eher in kollektivistischen Kulturen anzutreffende Selbstkonzeption beruht auf einer monistischen Philosophie. Demnach ist der Mensch aus derselben Substanz gemacht wie der Rest der Natur; notwendigerweise sind also alle Personen fundamental miteinander verbunden. Das Selbst einer Person ist ein Teil einer sozialen Beziehung. Deswegen werden das Selbst und das eigene Verhalten in einem großen Ausmaß dadurch bestimmt, was der Handelnde an Gedanken, Gefühlen und Handlungen der anderen Personen in der Beziehung wahrnimmt. Innerhalb dieses Gedankengebäudes ist das Selbst ohne einen sozialen Kontext also gar nicht denkbar – der Mensch wird erst menschlich durch einen mit anderen Menschen gemeinsamen sozialen Kontext. Wie in einer independenten Auffassung ist auch das interdependente Selbst einzigartig, aber diese Einzigartigkeit ergibt sich aus der Gestalt der Beziehungen, die jede Person entwickelt hat.

Verhalten ist durch das „Miteinander-in-Beziehung-Sein" organisiert. Eine Person mit einem interdependenten Selbstkonzept verfolgt eher als eine Person mit einem independenten Selbstkonzept das Ziel, die Harmonie des Ganzen aufrechtzuerhalten. Daraus folgt, dass sie sich nicht von vorneherein festlegen kann, wie sie sich zu verhalten hat, denn sie muss sich in einem starken Ausmaß nach sozialen Hinweisreizen ausrichten, um die Harmonie nicht zu zerstören. Dementsprechend gilt Selbstsicherheit in individualistischen Gesellschaften als die Fähigkeit eigene Ziele konstruktiv durchzusetzen und ist ein erstrebenswertes Ziel. In kollektivistischen Gesellschaften ist Selbstsicherheit ein Zeichen von Unreife.

Es ist wichtig, Gesellschaften nicht als „entweder"-„oder" zu betrachten. In vielen Gesellschaften gibt es Subgruppen, die sich gerade bezüglich der hier relevanten Dimension versuchen von der Majorität abzugrenzen. Auch ist anzunehmen, dass durch die Globalisierung verschiedener gesellschaftlicher Bereiche (wirtschaftliche Märkte, Bildungssysteme) die kulturellen Unterschiede in einem rasanten Tempo verschwinden. Dennoch werden sich Individuen vermutlich weiterhin in diesen Ausrichtungen unterscheiden (Steins, 2008b).

In Deutschland heranwachsende Kinder haben wahrscheinlich häufig individualistische Werte internalisiert, die es ihnen in Kombination mit den angesprochenen Erziehungsfallen erschweren sozial und emotional kompetent einen Schulalltag zu meistern. In dem folgenden Beitrag von Frau Dr. Schadt-Krämer werden die bislang angesprochenen gegenwärtigen Rahmenbedingungen von Erziehung aus der Perspektive einer Lehrerin an einer Gesamtschule anschaulich beschrieben, auf die Ebene des Unterrichtens und der Klassenführung herunter gebrochen, theoretisch eingebettet und an zwei Fällen einer Schulverweigerung illustriert. Dieses Thema der Schulverweigerung wird dann in Abschnitt 2.2.4 von Pia Weber und Verena Welling erneut aufgerissen und in Bezug auf Sanktionierung (und Erziehung) der beteiligten Schnittstellen Elternhaus, Schule und Kinder- und Jugendpsychiatrie ausgearbeitet.

2.2.3 Geschmacksverstärker, Schule und Sanktionen

Claudia Schadt-Krämer

Was sollen diese drei Dinge miteinander zu tun haben, das ist doch verrückt, wird man sagen. Schule und Sanktionen natürlich, das gehört zusammen wie Pech und Schwefel. Generationen von Menschen waren einst Schüler und sind auf die eine oder andere Art und Weise „Opfer" schulischer Sanktionen geworden, oder zumindest meinen wir es alle. Deshalb unter anderem mag auch der Zorn auf Lehrer quer durch alle Berufsgruppen so tief sitzen. Und das sogar dann, wenn wir glauben, alles durch Theorien und Paradigmenwechsel rationalisieren zu können. Vorab sei nur angemerkt, dass der Begriff „Sanktion" oder „Disziplin" im Schulgesetz für das Land Nordrhein-Westfalen nicht auftaucht. All das, was wir als Sanktion verstehen, wird hier abgehandelt in §126 unter dem Stichwort „Ordnungswidrigkeiten". Wie ich aber auf einen Zusammenhang zwischen Geschmacksverstärkern, Schule und Sanktionen komme, möchte ich im Folgenden genauer entfalten. Ich benutze den Begriff „Geschmacksverstärker" zum einen im direkten zum anderen im metaphorischen Sinne.

Vor allem seit den Wirtschaftswunderjahren werden Menschen unabhängig von Konjunkturkrisen zunehmend mit Geschmacksverstärkern in allen Bereichen des alltäglichen Lebens groß. Beginnen wir bei dem Nächstliegenden, bei der Ernährung. In allen Nahrungsmitteln, die wir heute zu uns nehmen, auch wenn wir die Absicht haben, gesund zu essen, befindet sich mehr Zucker als unbedingt notwendig. Süßigkeiten gehören, wenn man Kinder, aber auch Jugendliche beobachtet, zur beliebtesten Nahrungszufuhr. Milchschnitten und ähnliches strotzen nur so vor Zucker. Erdbeerjoghurt hat nur noch wenig mit Erdbeeren, aber viel mit Aromastoffen zu tun. Will man schnell was essen, dann ist McDonalds nicht fern oder irgendwo gibt es Döner oder Pizza. Der etwas fortgeschrittenere Konsument wärmt in der Mikrowelle auf. Angeblich, so neueste Studien, sei ohnehin Fertigkost gesünder. Es mag erlaubt sein, hier nach dem Erkenntnisinteresse zu fragen. Schülerinnen und

Schüler tragen häufig in der Mittagspause eine Cola und eine Tüte Chips mit sich herum. Selbstbewusst werden die kleinen und größeren Speckrollen im bauchfreien T-Shirt zur Schau gestellt. Kurzum, man muss heute nicht mehr warten, bis alles eingekauft, geschnitten und gekocht ist, es geht schnell und der Geschmack ist intensiv. Soviel zum Geschmacksverstärker im direkten Sinne.

Metaphorisch betrachtet ist sogar fast unser gesamtes Leben von Geschmacksverstärkern durchtränkt. Und niemand kann sich dabei aus der Verantwortung stehlen. Vor kurzem versagte meine Fernsehfernbedienung. Nicht schlimm, dachte ich, man kann ja auch am Fernseher selbst – wenn nötig – umschalten. Aber ich muss zugeben, es war unbequem. Ich musste mich für einen Sender entscheiden, und mir wurde bewusst, wie oft wir mit der Fernbedienung in der Hand einfach mal kurz durch alle Programme zappen, entweder, weil wir Werbung vermeiden wollen oder aber, weil wir die Abwechslung lieben. Ich wusste das auch schon vorher, aber nun war es eine heilsame Erfahrung und in diesem Moment schätzte ich mich glücklich, eine Kindheit ganz ohne Fernseher genossen zu haben. Trotzdem haben auch mein Habitus und meine Mentalität sich über die Zeit hinweg verändert.

Heutige Kinder werden direkt in die allumfassende Geschmacksverstärkerfalle hinein geboren. Ab dem 2. Lebensjahr, manchmal früher, läuft der Fernseher als ständige Geräuschberieselung und Bildkulisse. Die meisten Kinder hatten schon als Kleinkinder einen Fernseher im Zimmer. Schon Dreijährige sieht man mit dem Handy in der Hand. Wir sind alle immer erreichbar, müssen nie warten bis wir zu Hause sind, oder noch schlimmer – wie früher – bis zur nächsten Telefonzelle laufen und warten bis sie frei wird. Später dann, sind die Kinder herangewachsen, gibt es das Flatratesaufen, Flatratedownloaden, den Stöpsel im einen Ohr immer auf Musikempfang, Handy am anderen Ohr oder der Daumen simst gerade. Im Internet kann man unendlich chatten, für Referate „klaut" man bei Wikipedia, denn Wikipedia weiß alles (meint man), ausdrucken reicht, lesen gilt als anstrengend. Was man sonst noch wissen will, googelt man. Früher suchte man die nächste Bücherei oder Bibliothek auf, man ging in die Buchhandlung, überwand gewisse Entfernungen, d.h. auf bestimmte Art und Weise war die Sache mit mehr Anstrengung verbunden. Ähnliches gilt für das Kino. Auf neue Filme muss man nicht mehr warten bis sie im Kino gezeigt werden. Man brennt sie schwarz aus dem Internet. In besagtem Internet konnte man vor kurzem lesen, schlimmer als Schule sei für Schüler nur noch der Zahnarztbesuch.

Ich könnte diese Liste noch um vieles ergänzen. Was das mit Schule und Sanktionen zu tun hat, wird sich der eine oder andere immer noch fragen. Heben wir das Ganze auf ein philosophisches und ein lerntheoretisches Niveau und wir kommen der Sache näher. Gernot Böhme (2001) spricht in seinen Überlegungen zur Aisthetik von der Ästhetisierung des Realen. Was meint er damit?

> „Hier handelt es sich um ein Phänomen, das unter sehr unterschiedlichen Stichworten diskutiert wird, etwa dem der neuen Medien oder dem der Erlebnisgesellschaft (…) oder dem der Ersetzung der Realität durch Simulakren (…). Es handelt sich darum, dass an der Erscheinung von etwas gearbeitet wird, dass sie zu einem Selbstwert wird und tendenziell das Erscheinende auch fehlen kann. (…) Die Ästhetisierung des Realen ist entsprechend diesem Phänomen auch häufig als eine Ersetzung der Realität durch Simulakren bezeichnet worden. (…) Hier handelt es sich darum, dass die Wirklichkeit in den Medien für den Zeitgenossen häufig bedeutsamer ist als das, was an Realität dahinterstecken mag. Es zeichnet sich damit die Tendenz auf ein Leben in medialen Scheinwelten ab. (…) Die Ästhetisierung des Realen ist am schlichtesten die ästhetische Aufmachung, die Zurichtung und, wie ich terminologisch sagen möchte, Inszenierung von allem, womit und worin wir leben. Diese an sich zunächst triviale und harmlose Sache wird zu einem Problem dann, wenn die Inszenierung der Umgebungen, der Dinge, der Menschen, mit denen wir zu tun haben, zu dem Eigentlichen und Entscheidenden wird, worum es geht" (Böhme, 2001, S. 20f.).

Umgangssprachlich formuliert kann man sagen, die Realität erscheint dem heutigen Menschen fade, nicht die Wirklichkeit, sondern die mediale Aufbereitung wird uns zur Realität, weil die Inszenierung mehr Geschmacksverstärker enthält. So konnte man erst vor kurzem in der WAZ lesen, dass in den Gerichtssälen Verhältnisse wie bei Barbara Salisch Einkehr halten, es wird gestört, dazwischen gebrüllt, von Respekt, Achtung und einer gewissen Furcht vor dem Gesetz kann keine Rede mehr sein. All das ist natürlich ein Lernprozess und zwar eine Verhaltensformung in einer von Erwachsenen gestalteten Umwelt und einem von

Politikern und Ökonomen eingeleiteten „Entwicklungsstadium des Kapitalismus". Ein Leben in Inszenierungen mit Geschmacksverstärkern. Auch die Lernpsychologie und hier wiederum die Theorie des Konditionierens arbeitet mir Verstärkern. Unter positiven Verstärkern versteht sie schlicht und ergreifend angenehme Reize, die eine Verhaltenswahrscheinlichkeit erhöhen, entzieht man die angenehmen Reize, dann verringert sich die Verhaltenswahrscheinlichkeit. Auch negative Verstärker kann man mit dem gesunden Menschenverstand nachvollziehen. Bei unangenehmen Reizen, eben negativen Verstärkern, sinkt eine Verhaltenswahrscheinlichkeit. Fällt der unangenehme Reiz weg, erhöht sich die Verhaltenswahrscheinlichkeit. Das Ganze muss natürlich nach bestimmten Mustern ablaufen, aber für uns soll hier die Klärung der Begriffe zunächst genügen.

Kommen wir nun zur Ausgangsfrage zurück. Was haben Geschmacksverstärker, Schule und Sanktionen miteinander zu tun?

Kinder, die es gewöhnt sind, mit Geschmacksverstärkern zu leben – und an diesem grundlegenden Lebensmuster ändert auch die neue Armut nichts – unterliegen ab dem 6. Lebensjahr der Schulpflicht. Niemand spricht davon, dass Kinder ab dem 6. Lebensjahr die Berechtigung zum Schulbesuch erhalten. Die Schule ist eine Institution, der seit ihrem Bestehen immer wieder vorgeworfen wird, dass sie Kindern eine Realität aus zweiter Hand vermittelt. Inzwischen aber, angesichts der „Inszenierung" der Welt, ist es eher die Schule, die ein Stück harte Realität darstellt, so gut wie ohne Geschmacksverstärker. In fast allen Schulen werden immer noch viele Stunden am Tag Texte gelesen, man lernt aus Schulbüchern, Handys sind verboten, im alten Freudschen Sinne wird Triebaufschub verlangt, d.h. man darf nicht zur Toilette gehen, wann man möchte, man darf nicht vom Platz aufstehen, wann man möchte, man muss schweigen, wenn einer spricht, gleich ob Lehrer oder Mitschüler, man darf kein Kaugummi kauen, nicht essen und auch nicht trinken, wenn man meint schrecklich durstig zu sein. Man muss zumindest an Ganztagsschulen bis 15.00 oder manchmal sogar bis 16.00 Uhr durchhalten. Und höchstens passend zum Thema oder kurz vor den Ferien kann man fernsehen. Der Stöpsel im Ohr mit Musikberieselung ist natürlich auch tabu. Ach, ich vergaß, und man muss morgens früh aufstehen, pünktlich zu Schulbeginn anwesend sein, man darf auch die Pausen nicht eigenmächtig verlängern.

Was heißt das nun gedeutet auf der Folie unserer Theorien: Kindern werden positive Verstärker jeden Tag aufs Neue en masse entzogen, sobald sie den Raum Schule betreten. Mit den Augen der Lerntheorie betrachtet handelt es sich dabei um das Aufhören einer positiven Verstärkung. Schule und Unterricht an sich laufen also Gefahr als Sanktion oder noch einfacher ausgedrückt als Bestrafung empfunden zu werden, denn es beginnt stets aufs Neue ein Leben bis 16.00 Uhr fast ohne Geschmacksverstärker. Ich bin mir durchaus im Klaren, dass das provokant klingen mag. Deshalb möchte ich diese These durch zwei exemplarische Fälle veranschaulichen.

Es geht um „Schulschwänzen" und das betrifft alle Nationen und Schichten. So lesen wir am 11.06.2009 in der WAZ

> „Strenge Regeln für Schulschwänzer. Die türkische Regierung will künftig strenger gegen Eltern vorgehen, die ihre Kinder nicht zur Schule schicken. Die neuen Sanktionen reichen bis zum Entzug des Sorgerechtes, wie der Fernsehsender CNN-Türk am Mittwoch meldete (…)."

Aber bleiben wir im eigenen Lande. Ich beziehe mich auf die Schüler eines 9. und 10. Jahrganges. Schule ist, wie bereits erwähnt, für viele Schüler fast so schlimm wie ein Zahnarztbesuch. Schule stellt also im Begriffsrepertoire der Lernpsychologie an sich schon einen aversiven Reiz dar. Was tut man? Man vermeidet den Reiz, man erscheint gar nicht erst in der Schule. Wie sieht das nun in der Praxis aus?

Der Unterricht beginnt um 7.55 Uhr. Im Eingang des Gebäudes, Pausenzentrum (PZ) genannt, steht jemand, der das pünktliche Erscheinen kontrolliert. Schüler, die nach 8.00 Uhr auftauchen, werden um ihren Namen gebeten, den sie immerhin meist ehrlich nennen, und sie werden in eine Liste eingetragen. Am Ende eines Monats erhält erst die Abteilungsleitung, dann die Klassenleitung diese Liste. Der Unterricht beginnt, die Fachlehrer überprüfen die Anwesenheit und tragen fehlende Schüler ins Kursheft ein. Fehlen bestimmte Schüler häufiger, werden die jeweiligen Klassenlehrer informiert. Auch die Klassenlehrer tragen fehlende Schüler in das Klassenbuch ein. Eltern, die den Werdegang ihres Kindes aktiv unterstützen, rufen normalerweise morgens im Sekretariat an, um ihr Kind krank zu melden. Viele andere Gründe, dem Unterricht fern zu bleiben gibt es meines Wissens nicht. Es sei denn, Eltern beantragen einen Tag Sonderurlaub eben für ganz besondere Fälle, z.b. Beerdigung eines nahen Verwandten oder die Hochzeit des Bruders bzw. der Schwester. Fehlen Schüler zu häufig unentschuldigt, rufen die Klassenlehrer die Eltern an, bitten die Eltern um ein Gespräch, freuen sich, wenn sie die Eltern telefonisch erreichen und manchmal klappt der Schulbesuch danach für kurze Zeit etwas besser. Erreicht man die Eltern nicht telefonisch, werden sie schriftlich informiert, wieder und wieder. Oder aber der Klassenlehrer telefoniert mit dem Jugendamt und stattet Eltern und Kind einen Hausbesuch ab. Auch der schulische Sozialpädagoge kann eingeschaltet und um Hilfe gebeten werden. All das ist ein Teil der Erziehungsarbeit, die Lehrer jeden Tag aufs Neue leisten.

Stellen wir uns nun einen Schüler aus der Klasse 10 vor. Immerhin geht es hier um den Schulabschluss. Nennen wir ihn den Schüler A. Dieser Schüler hat eine extrem hohe Zahl an Fehltagen. Die Klassenlehrerin ruft zu Hause an, es ist niemand zu erreichen, andere Schüler haben ihn im Stadtteil gesehen und der Verdacht erhärtet sich, dass er „blau macht". Kann man weder die Eltern noch den Schüler zum Gespräch erreichen bzw. hilft es auch wenig, wenn pädagogische Gespräche geführt wurden an Tagen, da der betreffende Schüler anwesend war, so rollt schließlich als letzte Möglichkeit die bürokratische Maschinerie an. Denn tut der Lehrer nichts, wird der Schüler zugleich zum Modell für seine Mitschüler. Sie lernen: Nicht zu erscheinen hat keine Konsequenzen, also wieso bin ich eigentlich noch in diesem System, dass mich ständig aufs Neue all meiner Geschmacksverstärker beraubt?

Wie im Falle einer Schulpflichtverletzung vorzugehen ist, regelt das Schulgesetz in §126. Da die Zahl der Schulpflichtverletzungen stetig steigend ist, erhalten Schulleitungen regelmäßig Handreichungen und Formblätter der jeweiligen Bezirksregierungen unter dem Titel „Überwachung der Schulpflicht und Ahndung von Schulpflichtverletzungen". Insbesondere sind Lehrer gehalten, die Tage vor und nach den Ferien zu registrieren. Schulpflichtverletzungen werden dann als „Ordnungswidrigkeiten sanktioniert", denn

> „geschütztes Rechtsgut ist das Interesse des Staates an der Sicherung eines Mindestbildungsstandes seiner Bürger. (…) Ist die Einwirkung der Schule erfolglos geblieben, d.h. haben erzieherische Gespräche mit Eltern und Kindern, Hausbesuche und Ordnungsmaßnahmen nichts bewirkt, so kann sowohl die zwangsweise Zuführung nach § 41 Abs. 4 als auch das Ordnungswidrigkeitsverfahren in Betracht kommen. Beide Maßnahmen sind sowohl nebeneinander als auch unabhängig voneinander durchführbar (…)."

Weiter heißt es:

> „Schülerinnen und Schüler, die das 14. Lebensjahr vollendet haben, können selbst für ordnungswidrige Schulpflichtverletzungen zur Verantwortung gezogen werden. Diese Möglichkeit ist von erheblicher Bedeutung, weil der Einfluss der Eltern auf die Jugendlichen schwindet (!)."

Bis zur Schulaufsichtsbehörde ist also die Erkenntnis gelangt, dass Erziehung zu einer Marginalie geworden ist. Wie sieht nun ein solcher Vorgang konkret aus? Der Schüler A ist wie gesagt zusammengerechnet mehr als 100 Stunden unentschuldigt nicht zum Unterricht erschienen. Er erhält nun ein formales Schreiben, den Anhörungsbogen, in dem ihm und den Erziehungsberechtigten aufgelistet wird, an welchen Tagen er fehlte. Er wird in diesem Schreiben auch darauf hingewiesen, dass Schulversäumnisse mit einer Geldbuße bis zu 1000€ geahndet werden können. Dann liest er folgenden Satz: „Ich gebe Ihnen/Dir hiermit Gelegenheit, sich auf dem beiliegenden Anhörungsbogen zu dem bestehenden Verdacht, eine Ordnungswidrigkeit begangen zu haben, schriftlich zu äußern. Es steht Ihnen/Dir frei, nichts zur Sache auszusagen." Für diese Äußerung hat der Schüler A bzw. haben seine Eltern 14 Tage Zeit. Unser Schüler A äußert sich. Er äußert sich sogar sehr ausführlich und weil ich noch von keinem Schüler eine solch ausführliche Darlegung erhielt, möchte ich sie gerne zunächst zitieren.

> „Liebe Frau Dr. Schadt-Krämer!
> Lassen Sie mich versuchen zu erklären, warum ich nicht zur Schule gekommen bin. Meine Eltern schicken mich immer früh genug los, um pünktlich in der Schule zu sein. Ich soll abends früh schlafen gehen, morgens früh genug aufstehen, um fit

für die Schule zu sein. Die letzte Zeit fahr ich immer zur Schule los wie immer, aber ich habe irgendwie mehr Lust mit Freunden in dieser Zeit abzuhängen statt zur Schule zu gehen. Manchmal sitz ich auch alleine irgendwo herum, vertreib mir die Zeit bis ich normalerweise Schule aushätte und komm dann nach Hause, damit meine Eltern nichts davon bemerken. Das geht schon so seit ich die 7./8. Klasse hinter mir habe, aber von Jahr zu Jahr lässt die Lust an Schule immer mehr nach. Es liegt nicht an der Schule, an den Lehrern oder sonst was. Es liegt an mir. Ich habe gestern eingesehen, dass es ziemlich Scheiße ist, was ich tue und dass es hart bestraft werden kann, wenn man sich vor seinen Pflichten drückt. Der Grund, warum ich es eingesehen habe war meine Freundin. Von ihr werde ich morgens angerufen und mir wird gesagt, dass ich kein „Scheiß" machen und zur Schule gehen soll. Gestern war es so ernst, dass sie geheult hat und ich sie verletzt habe. Als ich dies gehört habe, ist mir klar geworden, dass ich durch mein Verhalten nur mein Leben versaue. Ich habe keine Ahnung, wieso ich die ganzen Tage nicht zur Schule komme, es gibt keinen Grund nicht zu kommen. Ich sehe zum ersten Mal ein, dass ich einen Fehler gemacht habe, im Gegenteil, ich habe schon viele Fehler gemacht. Ich war mal Klassenbester und jetzt habe ich schlechte Noten und mehr Fehlzeiten als Anwesenheitszeiten. Ich weiß nicht, wieso sich alles so verändert hat, ob es am Freundeskreis liegt, oder dass ich mir einfach nur schlechte Vorbilder genommen habe. Ich weiß, dass die Tage, an denen ich gefehlt habe, nicht entschuldigt sind, aber ich wollte Ihnen hiermit mitteilen, was los ist. Selbst wenn ich die Fehltage lese, bekomme ich große Augen und stelle mir die Frage, was ist los mit dir? Wieso tu ich das? Was hab ich davon? Aber sobald ich den Brief aus dem Kopf habe, geht es wieder los. Schwänzen und irgendwas machen. Ich weiß, dass es scheiße ist, aber fällt mir ziemlich schwer davon wegzukommen. Zum Glück wissen meine Eltern nur teilweise, dass ich geschwänzt habe, weil bei den anderen Tagen, habe ich erzählt, ich habe das Attest vergessen abzugeben.

Frau Dr. Schadt-Krämer, ich weiß, ich habe Mist gebaut, ich sehe meine Fehler ein und finde es persönlich für richtig mich dafür zu bestrafen, weil ich weiß, dass ich erst etwas tue, wenn es schlimm zur Sache geht. Ich entschuldige mich bei allen Lehrern, bei Ihnen und bei der Schule, dass Sie so einen Schüler auf Ihrer Schule haben. Es tut mir leid. Aber ich weiß, es ist nie zu spät."

Dies ist durchaus ein beeindruckender Brief, ja herzerweichend und dass der Schüler irgendwann einmal gute Noten hatte, kann man nachvollziehen, denn der Sprachduktus ist streckenweise recht elaboriert. Zu spät war es zumindest für einen Abschluss, und zwar nicht wegen Intelligenzmangels sondern wegen zu hoher Fehlzeiten. Es war im übrigen der zweite Anlauf, denn als dem Schüler der Anhörungsbogen zum ersten Male zuging, erklärte er sein Fehlen mit einem Umzug, bei dem er hatte mithelfen müssen. Erst nachdem er zum zweiten Male mit einem Anhörungsbogen zur selben Sachlage konfrontiert wurde, stellte er sich der Wahrheit. Zwei Äußerungen scheinen die Vermutung zu bestätigen, dass die Welt der „Geschmacksverstärker" im Kampf obsiegt.

„Ich habe irgendwie mehr Lust mit Freunden abzuhängen" und „Von Jahr zu Jahr lässt die Lust an Schule immer mehr nach" „Sobald ich den Brief aus dem Kopf habe, geht es wieder los. Schwänzen und irgendwas machen."

Dominant ist das Lustprinzip, Schule dagegen wird an sich als Sanktion empfunden. Erst die Androhung der herben Bestrafung, das heißt der äußerst unangenehme Reiz: Bußgeld, führt bei diesem Schüler zu einer gedanklichen Auseinandersetzung mit dem Problem. Er macht aber zugleich auch in seinen Ausführungen deutlich, dass sogar diese Sanktion nicht greifen wird. Das Verfahren wurde also an die Bezirksregierung weitergeleitet. Diese setzt entsprechend den versäumten Tagen ein Bußgeld an, das bei einigen Schülern bis zu 500 € beträgt. Kann oder will der Schüler nicht zahlen, können oder wollen die Eltern nicht zahlen, müssen Sozialdienste geleistet werden. Kommen die betroffenen Schüler auch dieser Pflicht nicht nach, so endet das Verfahren mit Jugendarrest. Zur Not kann die Schule auch eine Ordnungsmaßnahme, umgangssprachlich als „Klassenkonferenz" bezeichnet, durchführen oder eine zwangsweise Zuführung beantragen. Um die zwangsweise Zuführung zu erreichen, nimmt die Schule den Kontakt mit dem Jugendamt auf. Entsprechend ihrem Wohnort ist für die Schüler ein bestimmter Sozialarbeiter zuständig. Aber angesichts mangelnder finanzieller Mittel und Personalknappheit und es mag noch viele andere Gründe geben, wechseln die zuständigen Sozialarbeiter häufiger.

Sehen wir uns nun unseren zweiten Fall an, nennen wir ihn der Einfachheit halber den Schüler B. Er besucht die 9. Klasse und kam von einer Hauptschule zu uns. Die Mutter verband mit dem Schulwechsel die Hoffnung, dass ihr Sohn einen mittleren Schulabschluss erreichen könnte.

Der Schüler B kommt sehr häufig zu spät, ist Lehrern gegenüber respektlos, hat kein Material dabei, um konstruktiv am Unterricht teilnehmen zu können, beleidigt seine Mitschüler, schreibt Tests nicht mit, reagiert auf Ansprache seiner äußerst freundlichen und bemühten Klassenlehrerin, die auch spät abends für Eltern noch telefonisch erreichbar ist, patzig und vergreift sich im Ton. Telefonate mit der Mutter zeigen, dass auch die Mutter verzweifelt ist. Die Mutter wird also schriftlich über das Verhalten ihres Sohnes informiert und dem Sohn wird ein schriftlicher Tadel ausgesprochen. Er wird auch darüber informiert, welche Konsequenzen weiteres Fehlverhalten seinerseits hat. Zugleich spricht die Klassenlehrerin mit Mutter und Sohn ausführlich über dessen Verhalten, der Schüler ist außerdem in psychologischer Behandlung. Der Schüler B zeigt trotz aller Bemühungen keine Verhaltensänderung. Seine unentschuldigten Fehltage belaufen sich mittlerweile auf 336. Was ist zu tun? Er erhält einen Anhörungsbogen. Die Mutter nimmt Stellung und schreibt, dass sie ihren Sohn regelmäßig jeden Morgen zur Schule schicke. Eine Zeit lang bringt sie ihn sogar zur Schule, um sich zu vergewissern, dass er dort ankommt. Der Schüler ist 16 Jahre alt. Der Schüler selbst äußert sich auf dem Anhörungsbogen nicht. Die Bezirksregierung setzt ein Bußgeld fest. Der Schüler ändert sein Verhalten nicht, das heißt, er bleibt auch weiterhin der Schule fern. Wieder Telefonate mit der Mutter, wieder Gespräche mit dem Schüler, ein zweiter Anhörungsbogen. Aber auch das bleibt erfolglos, die psychologische Behandlung ist mittlerweile abgeschlossen. Es folgt die letzte Maßnahme: Die Zwangszuführung durch das Ordnungsamt. Die Mutter ist damit einverstanden, denn auch sie ist ratlos. Tatsächlich wird der Schüler B eines schönen Tages in einem blauweißen Wagen des Ordnungsamtes der Schule zwangszugeführt. Es hört sich schrecklich an, ich weiß, und es ist unendlich traurig. Der Schüler nimmt daraufhin 2 Stunden am regulären Unterricht teil, dann verlässt er die Schule und ward an diesem und an den folgenden Tagen nicht mehr gesehen. Am 01.07.2009 verließ er die Schule ohne einen Abschluss.

Nun kann man erwidern, der eine hat zumindest sein Verhalten reflektiert, der andere war ja auch in psychologischer Behandlung. Aber Schülerinnen und Schüler schwänzen mit Unterstützung der Eltern auch die Schule am letzten Tag vor oder nach den Ferien, weil man noch einen billigen Flug buchen konnte (Geschmacksverstärker versus Schule als negativer Reiz), Schülerinnen schwänzen und gehen stattdessen Hand in Hand mit ihrem Freund spazieren, Schüler schwänzen, weil die Lehrer nicht nett zu ihnen sind, Schülerinnen schwänzen, weil sie Liebeskummer haben (und wer will schon zwei negative Reize aushalten: Liebeskummer und Schule). Schüler schwänzen die Schule, weil sie lieber zur Fahrschule gehen, denn wenn man das schafft, darf man Auto fahren, oder Schüler schwänzen, weil sie einfach länger schlafen wollen. Schülerinnen und Schüler belügen ihre Eltern und kommen erst nach Schulschluss nach Hause, sie fälschen Unterschriften und erst bei einem ins Haus flatternden Anhörungsbogen wachen die Eltern auf und suchen das Gespräch mit der Schule, nachdem sie zuvor telefonisch häufig nicht erreichbar waren. Festnetzanschlüsse werden immer seltener. Oft spricht die Mailbox des Handys mit dem Lehrer und nicht immer kann man eine Nachricht hinterlassen. Häufig ist aber auch hier der Teilnehmer vorübergehend nicht erreichbar. „The person you have called is not available."

Aus jeder Klasse sind es zwei bis drei Schüler, die die Schule relativ systematisch meiden. In der Konstruktion ihrer Gründe sind sie dabei äußerst kreativ. Für ca. 17 Schülerinnen und Schüler aus den Jahrgängen 8-10 wurde im Schuljahr 2008/09 an einer Gesamtschule ein Bußgeldverfahren eingeleitet und bewilligt. Mit allen Schülern war unendlich viel geredet worden, aber ohne Erfolg.

Ob die Schüler das Geld gezahlt, oder Sozialdienste geleistet haben, oder aber ob sie sogar den Jugendarrest antreten mussten, erfährt die Schule nur selten. Immerhin besuchten nach einem erfolgreich durchgeführten Bußgeldverfahren vier Schülerinnen und Schüler die Schule wieder regelmäßig. Eine der Schülerinnen erhielt sogar am Ende des Schuljahres die Versetzung, ihr Notenbild war wieder gut und entsprach ihrem intellektuellen Vermögen. Kommen wir nun noch einmal zur Lerntheorie zurück und bleiben kurz beim operanten Konditionieren. Hätte man nicht, so kann man fragen, immer dann die schwänzenden Schüler belohnen müssen, wenn sie denn einmal am Unterricht teilnehmen? Hätte man damit nicht die Verhaltenswahrscheinlichkeit erhöhen können? Was also wäre ganz konkret zu tun gewesen? Der Fachlehrer belohnt den endlich einmal wieder anwesenden Schüler mit einem Lächeln. Der Schüler aber könnte das durchaus ironisch verstehen. Der Fachlehrer sagt: Schön, dass du da bist XY. Auch das könnte zu einem neuen Problem führen, denn der Schüler, von dem alle wissen, dass er häufig geschwänzt hat, fühlt sich im Fokus. Natürlich könnte man ihn auch mit einem Geschmacksverstärker belohnen, das wäre doch „cool" und ein bisschen wie bei RTL (dazu später mehr). Zum Beispiel: „Zur Belohnung, dass du heute gekommen bist, musst du heute auch noch nicht von der Tafel abschreiben. Du darfst den Tafelanschrieb mit deinem Handy fotografieren." Im Sinne des operanten Konditionierens müsste all das aber kontingent eingesetzt werden, ganz abgesehen von Fragen der Ethik, denn Menschen sind keine Tauben.

Was aber denken im Übrigen all die Schüler, die pünktlich und regelmäßig jeden Tag in der Schule erscheinen und ihre Pflicht erfüllen und immerhin acht Stunden täglich auf eine Vielzahl von „Geschmacksverstärkern" verzichten? „Ich bin doch immer da, der aber, der nur ab und zu erscheint, wird gelobt. Vielleicht sollte ich auch öfter fehlen." Schule und Unterricht sind eben keine Laborsituationen, sondern ein weites Feld und der schwänzende und heimgekehrte Schüler ist nicht der biblische verlorene Sohn.

Wie gesagt, die schwänzenden Schüler oder psychologisch ausgedrückt, die „schulmüden" Schüler gehören zum Glück immer noch zur Minderheit. Das macht dieses Problem natürlich nicht weniger gravierend, denn es geht nicht um irgendwelche Prozentzahlen sondern um jeden einzelnen Schüler. Leider erhielten im Jahrgang 2008/09 genau die Schüler keinen Schulabschluss, die extrem hohe Fehlzeiten hatten. Die aber, für die der Bußgeldbescheid seine lernpsychologische Wirkung gezeigt hatte, konnten mit halbwegs ordentlichen Noten versetzt werden.

Aber auch wenn man zum Unterricht erscheint, sind Konflikte vorprogrammiert. Immer geht es um eine Balance zwischen Versagen und Gewähren. Gleich welchen psychologischen Ansatz man zurate zieht, stets findet man einen zentralen Mechanismus, durch den gelingende Erziehung geprägt sein muss. Wohlgemerkt, jedes Kind muss Liebe und Geborgenheit erfahren. Darum geht es hier nicht. Aber ich schließe mich hier Anna Freud an. Ihrer Ansicht nach sind schmerzliche innere Konflikte der Preis, den jedes Individuum für die Höherentwicklung seiner

Persönlichkeit zu zahlen hat (Freud, 1971, S. 116ff). Ist das Leben aber durch Geschmacksverstärker weich gespült, so wird es schwer, eine derartige Entwicklung schadlos und „gesund" zu durchlaufen.

Im Unterricht sitzen also in der Regel 30 Schüler. Laut neuester Aussage des für Gesamtschulen zuständigen Dezernenten können Klassen auch bis 36 Schüler aufstockt werden. Ich mag es mir nicht vorstellen, denn der denkende Mensch bedarf der Kantschen Apriori Zeit und Raum. Weder das eine noch das andere steht dann aber Schülern und Lehrern zur Verfügung. Aber ich will nicht abschweifen. Diese Schüler nun empfinden häufig das ihnen angebotene Wissen als langweilig, wissen nicht, wozu sie es brauchen, möchten lieber mit ihrem Nachbarn sprechen, möchten nicht schon wieder schreiben, können das, was an der Tafel steht, nicht immer entziffern, weil sie kaum mehr Wortbilder gespeichert haben, sind so heterogen in ihrem Leistungsvermögen, dass der eine schon längst fertig ist, während der andere noch seine Materialien sucht oder sich lauthals von dem hinter ihm sitzenden Mitschüler einen Stift leiht. Ein anderer steht auf, weil er seinen Stift anspitzen möchte. All das sind Dinge, die in der Regel vom unterrichtenden Lehrer freundlich aber bestimmt verboten werden. Findet ein Unterrichtsgespräch statt, so hören Schüler sich auch häufig untereinander nicht zu, oft rauscht der Unterricht an ihnen vorüber, ohne dass sie am Ende wissen, was thematisiert wurde. Natürlich gibt es auch erfreuliche Unterrichtsstunden und fleißige, bemühte, bildungswillige Schüler. Vor Pauschalisierung muss man sich stets hüten. Sind aber in jedem Kurs nur einige wenige Schüler, die die Rituale, die es für ein gelingendes Miteinander braucht, nicht respektieren, dann treten Störungen auf. Ich selbst lernte als Studentin noch solch markante Sätze wie „Störungen haben Vorrang" von Ruth Cohn. Was aber, wenn Störungen die Regel sind und gelingendes Miteinander die Ausnahme? Wie kann das sein? Und wie sollten Lehrer reagieren?

Beginnen wir mit der ersten Frage. Im Folgenden möchte ich den symbolischen Interaktionismus zu Rate ziehen, denn er hilft zu erklären, warum die Schüler so sind, wie sie sind und welche Konsequenzen das wiederum für den Erfolg oder Misserfolg von Sanktionen hat. In seinem

Hauptwerk „Geist, Identität und Gesellschaft" entwickelt George Herbert Mead eine Theorie der Persönlichkeit und der Kommunikation. Kennzeichnend für das menschliche Denken ist seine Fähigkeit, Reaktionen zu verzögern und vorwegzunehmen, Gesten zu interpretieren, den Sinn von Situationen und Handlungen zu verstehen (Mead, 1968). All das wird möglich durch das signifikante Symbol, durch Sprache. Signifikant deshalb, weil es im Gegenüber, d.h. im Kommunikationspartner die gleiche Vorstellung über die dahinter-stehende Sache auslöst. Nur so wird wechselseitige Verständigung möglich. In der Sprache speichern wir kollektive Erfahrungen und können Wissen intersubjektiv teilen. Wir können mit Hilfe der Sprache in die Zukunft blicken, die Vergangenheit aufleben lassen, uns selbst zum Objekt werden, indem wir über uns nachdenken mit Hilfe nach innen verlegter signifikanter Symbole. Sprache also als symbolisches Kommunikationsmedium ist die entscheidende evolutionäre Leistung schlechthin. Durch signifikante Symbole kann ego sich vorstellen, was alter denkt, alter kann die Reaktionen und Aktionen von ego antizipieren und seine Reaktionen gedanklich durchspielen, bevor er sie in die Tat umsetzt. Mead nennt das „Taking the role of the other". Nur dadurch ist soziales Handeln möglich, dass der eine die Perspektive des anderen übernehmen kann, kurz auch mit dem wohlklingenden Begriff Empathie bezeichnet. Zentral sind also Wechselseitigkeit und Hineinversetzen in den anderen, und zwar gedanklich. In abstrakter Weise mit Hilfe signifikanter Symbole denken wir darüber nach, was der andere über sich und über uns denkt, und dadurch, dass wir das tun, lernen wir unsere Identität zu finden und zu entwickeln. „Wer bin ich". Identität ist nur dadurch möglich, dass ich mich selbst mit den Augen der anderen sehe. Das wiederum funktioniert besser, wenn wir signifikante Symbole teilen und ihrer mächtig sind. Dann schauen wir uns bei dem, was wir tun gleichsam selbst zu, sind gleichzeitig Subjekt unseres Handelns und Objekt. Für einen gelingenden Spracherwerb ist diese Wechselseitigkeit und das Hineinversetzen in den anderen unabdingbar, auch das Lesen soll ja den Sprachschatz erheblich erweitern.

Im Laufe seiner Entwicklung erwirbt das Kind die grundlegende Fähigkeit der Empathie und damit die Basis für eine gelingende Identitätsentwicklung durch das „play", später das „game". Im Play, d.h. in Phantasiespielen übernimmt das Kind die Rollen wichtiger Bezugspersonen, des Vaters, der Mutter und einiger weniger anderer aus seinem nahen Umfeld, die Mead als signifikante Andere bezeichnet. Es denkt und handelt so, wie es meint, dass diese signifikanten Anderen denken und handeln. Indem es sich im Spiel auf andere Identitäten einlässt, bekommt es ein Gefühl für die eigene Identität. Machen wir hier kurz eine Theoriepause und schauen uns in der Welt um.

Wenn ein Kind geboren wird, dann wird es nicht nur in eine Welt der Geschmacksverstärker hineingeworfen, sondern es erfährt auch in den meisten Klein-Allein-Erzieher- oder Patchwork-Familien, dass es einen weiteren Hausgenossen gibt, der zum Leben nicht nur unabdingbar dazugehört wie ein Familienmitglied, sondern der teilweise sogar wichtiger als Vater und Mutter ist – der Fernseher bzw. die Medien. Wohlgemerkt, es geht im Folgenden nicht um eine Verteufelung der Medien. Tatsächlich kann man die Zeit nicht zurückdrehen und Medien sind sinnvoll genutzt bildend und unterhaltsam.

Es muss aber die Frage erlaubt sein, ob heute heranwachsende Kinder noch das erfahren, was Mead als „play" bezeichnet? Wer sind die Signifikanten Anderen: Vater, Mutter, Pokemon, Dieter Bohlen oder das Medium an sich, der ständig flimmernde Fernseher? Vor einigen Jahren verdammten Pädagogen das aus Japan eingeführte Tamagochi. Ein kleines elektronisches Plastikgerät, das Kinder betreuen konnten, um das sie sich kümmern mussten, und das starb, wenn man es vernachlässigte. Natürlich starb auch der Reiz des Spielzeuges relativ schnell wieder, weil der Markt neue produzierte und Kinder das Interesse verloren. Was aber ist so problematisch an diesem und vielen anderen elektronischen Spielen?

In diesem Spiel muss das Kind sich nicht auf eine andere Identität einlassen, die ihm möglicherweise auch widerständig entgegenkommt. Bei keinem der Spiele, bei keiner einzigen Fernsehsendung, mit der Kinder zugemüllt werden, muss das heranwachsende Wesen die Haltungen, die ein signifikanter Anderer ihm gegenüber einnimmt, verarbeiten, geschweige denn, dass es sich der Reaktionen des Anderen vergewissern muss. Erschwerend hinzu kommt, dass das Bild als signifikantes Symbol das Wort verdrängt.

Mag es in der frühen Kindheit noch das „play" geben, so sind den Heranwachsenden weitestgehend die Möglichkeiten genommen, im game die Rollen des generalisierten Anderen einzunehmen. Computerspiele, Chatten, Internet, all das sind Kommunikationsmedien, die einen besorgniserregenden Haken haben. Es hat keinerlei Konsequenzen, wenn ich mich nicht in die Rollen, Aktionen und Reaktionen mehrerer Anderer hinein versetze. Mittlerweile sprechen sogar Psychologen von einer schleichenden Ich-Veränderung. Die Frage ist also, ob Schüler im Laufe ihrer Sozialisation, die über Interaktion stattfindet, die Fähigkeit des Role-taking und Role-making, die grundlegend nur durch Empathie zustande kommt, erworben haben bzw. erwerben können. Und was geschieht im Unterricht, wenn dies bei einigen Schülern nicht der Fall ist? Man möge mir verzeihen, dass ich an dieser Stelle über die Schüler und nicht über die Lehrer nachdenke.

Auch hier möchte ich das Problem durch einige exemplarische Fälle veranschaulichen.

Immer häufiger geschieht es, dass Schülerinnen und Schüler während des Unterrichts mit anderen Dingen als den unterrichtlichen beschäftigt sind. Sie unterhalten sich ungeniert, während ein Unterrichtsgespräch stattfindet. Während einige Schüler reden, malen andere, wiederum andere kippeln mit dem Stuhl oder klopfen ständig mit einem Kuli auf den Tisch, ein oder zwei von ihnen melden sich, nicht um sich am Unterrichtgespräch zu beteiligen sondern, weil sie unbedingt zur Toilette müssen. Währenddessen versucht die Lehrperson mit den Schülern ein Problem zu bearbeiten, eine Frage zu klären, kurzum Unterricht zu halten. Nun könnte man meinen, das alles läge am sogenannten „Frontalunterricht" oder an der Pubertät. Derartige Verhaltensweisen aber treten in jeder Jahrgangsstufe und bei jeder gewählten Unterrichtsform auf. Sei es nun beim kooperativen Lernen, das sicherlich sinnvoll, aber eben nicht allein seligmachend ist oder bei allen anderen traditionellen Ar-

beitsformen. Ja sogar, wenn das Medium Internet oder Fernsehen eingesetzt wird, kann es zu erheblichen Unterrichtsstörungen kommen. Und
viele davon sind nicht einmal mutwillig. Häufig ist den Schülern noch
nicht einmal so recht bewusst, dass sie stören. Wie kann das sein?

Bedient man sich des symbolischen Interaktionismus als Paradigma, so
ließen sich derartige Verhaltensweisen folgendermaßen erklären: Wenn
Kinder und Jugendliche nur noch Subjekt sind, sich selbst aber nicht
mehr zugleich zum Objekt werden können, sich also nicht mehr mit den
Augen des signifikanten Anderen, zum Beispiel ihres Lehrers oder ihrer
Mitschüler sehen, wenn sie sich schon gar nicht mehr mit den Augen des
generalisierten Anderen sehen, dann machen sie sich auch nicht deutlich
und ihnen wird nicht bewusst, was ihr Handeln im Anderen auslöst.
Subjektiv langweilt man sich, fühlt man sich unwohl, hat man gerade
irgendein Bedürfnis. Dabei nimmt der Schüler aber lediglich seine eigene Rolle ein, alle anderen bleiben dabei ausgeblendet. Wenn man Lust
hat, auf den Boden zu spucken, auch wenn gerade eine Lehrerin in der
Nähe ist, dann tut man es eben, oder man fragt „Soll ich Sie mal verna-
schen? Geht's Ihnen dann besser?"; „Frau V. wie würden Sie reagieren,
wenn Ihnen jetzt jemand ein 20cm langes Messer an den Hals halten
würde? Ach, kommen Sie, Sie würden doch nicht cool bleiben. Sie würden sich bestimmt vor Angst in die Hose machen." Was kann nun der
Lehrer in solchen Situationen tun? Vor ihm, ob nun in Tischgruppen
oder aber im Busbahn- oder Hufeisensystem sitzen ca. 30 Schülerinnen
und Schüler. Einige stören auf die beschriebene Art und Weise. Nun
wird der eine oder andere sagen, sie stören nur, weil die Beziehung zwischen Lehrer und Schüler nicht funktioniert. Das aber ist zu kurz gegrif-
fen. Denn auch wenn die Beziehung stimmt, wenn Schüler dem Lehrer
und der Lehrer den Schülern zu verstehen gibt, dass man sich mag und
respektiert, wenn der Lehrer oder die Lehrerin die langjährige Klassenlehrerin ist und die Klasse gerade eben von einer Klassenfahrt zurück-
gekehrt ist, wird gestört. Schüler, die stören und unaufmerksam sind,
stören in der Regel auch nicht nur bei einem bestimmten, sondern bei
vielen Lehrern. Nur selten kommt es vor, dass wirklich die sogenannte
„Chemie" nicht stimmt. Schickt der Lehrer den am meisten störenden

Schüler nach draußen auf den Flur, so verletzt er eigentlich seine Aufsichtspflicht. Nach traditionellen lernpsychologischen Erklärungen entzieht er dem Schüler einen angenehmen Reiz: Unterricht. Was aber, wenn Unterricht, wie bereits erläutert, an sich schon eine Sanktion, nämlich den Entzug von angenehmen Reizen darstellt? Vielen Schülern macht es zum Glück doch noch ein wenig aus, wenn sie aus der Lerngruppe ausgeschlossen werden. Letztlich aber ist eine solche Reaktion keine erzieherische. Aber der Lehrer hat bei 45 Minuten Unterricht nicht endlos Zeit, sich mit einem oder mehreren störenden Schülern zu beschäftigen. Einfach ignorieren, würde nun der Lernpsychologe raten. Dann kommt es zur Extinktion des Verhaltens. Es bleibt aber berechtigt zu fragen, wie lange der Lehrer derartiges Verhalten ignorieren soll, da es ja immerhin 29 andere am Lernen hindert. Wenn der störende Schüler konstruktiv mitarbeitet, könnte er belohnt werden im Sinne der Token Methode. Bleibt die Frage, was ist mit den anderen, die fast immer konstruktiv mitarbeiten oder wenigstens leise sind? Weil also all das nicht so recht funktioniert in der Realsituation Unterricht, Schüler aber ein Recht auf Unterricht und Bildung haben und es auch immer noch viele Kinder gibt, die etwas lernen möchten, gibt es seit einigen Jahren an vielen Schulen das Trainingsraum-Programm.

Das Grundkonzept basiert auf drei Regeln:
Alle Schüler haben das Recht ungestört zu lernen, alle Lehrer haben das Recht ungestört zu unterrichten und jeder muss diese Rechte respektieren. Diese Regeln und einige andere, die der jeweiligen Hausordnung der Schule entnommen sind, hängen in jedem Klassenraum. Hält ein Schüler sich nicht an diese Regeln, so sollte der Lehrer dem Schüler 5 Fragen stellen:
„Was tust du gerade?/ Gegen welche Regel verstößt du?/ Was geschieht, wenn du gegen die Regel verstößt?/ Wofür entscheidest du dich?/ Wenn du wieder störst, was passiert dann?"
Auf den ersten Blick und psychologisch betrachtet machen die Fragen Sinn, denn sie sollen der Bewusstwerdung dienen, den Schüler als Subjekt seines Handelns ernst nehmen, zugleich soll er die Möglichkeit be-

kommen, sich selbst zum Objekt zu werden. Auf jede Frage sollte der Schüler im Idealfall antworten.

Das mag folgendermaßen aussehen: „Der Sven hat mich nach meinem Radiergummi gefragt, da hab ich ihm das zugeworfen."/ Schüler überprüft die Regelliste, alle hat er nicht im Kopf, oder er denkt nach. „Ich habe nicht aufgepasst, aber der Sven brauchte ja sein Radiergummi."/ „Wenn ich das mache, dann störe ich."/ „Ich will nicht mehr stören und ich will hier bleiben."/ „Wenn ich noch mal was mache, dann muss ich in den Trainingsraum".

Wenn dieses Gespräch reibungslos abläuft, dauert es ca. ½ Minute. Was aber geschieht währenddessen mit den anderen 29, von denen im Übrigen 4 andere auch noch gestört haben und die sich nun während dieses Zwiegespräches langweilen.

In der Realität also ermahnt der Lehrer den Schüler und sagt ihm, wenn er noch mal störe, dann müsse er den Trainingsraum aufsuchen. Der Theorie entspricht dieses Verhalten zwar nicht ganz, es sorgt aber dafür, dass in der Zwischenzeit nicht andere Schüler unruhig werden. Stört der Schüler nun tatsächlich zum zweiten Male füllt der Lehrer einen Trainingsraumzettel aus, mit dem er den Schüler in den Trainingsraum schickt und dort findet mit dem Trainingsraumlehrer ein Gespräch statt. Schließlich füllt der Schüler einen Rückkehrplan aus. Die Akzeptanz des Trainingsraumes, so Prof. Balz, sei deutlich höher, wenn der Schüler sich gerecht ermahnt fühle. Und schon hat der Lehrer ein zweites Problem, denn vier andere haben auch gestört. Vor allem, was ist mit Sven, der den Radiergummi wollte? Eigentlich müsste er also nun auch den vier anderen die 5 Fragen stellen, das macht dann schon zwei Minuten, vielleicht auch etwas mehr. Soll er nun insgesamt 5 Schüler in den Trainingsraum schicken, falls die alle wieder stören? Vielleicht hat er auch Glück und von den fünf Ermahnten stören nun nur noch 2. Hinzu kommt, dass sehr viele Schüler auch in Gesprächen stets die Verantwortung für ihr Verhalten bei anderen, nur nicht bei sich selbst suchen.

Nun kann man erwidern, wegen eines Radiergummis muss doch niemand in den Trainingsraum geschickt werden. Nein, ich muss mich korrigieren: Wegen eines Radiergummis muss man doch niemanden 2x ermahnen? Weswegen werden denn nun Schüler ermahnt und auf den Trainingsraum hingewiesen? Ich will aus der Vielzahl der Fälle nur einige Beispiele nennen, die aber durchaus repräsentativ sind.

„H. hat mit einem Metalldraht grundlos auf einige Mitschüler eingeschlagen, Permanentes Stören, Arbeitsverweigerung, S. bewirft dauernd Mitschüler mit Kreide und stört dadurch dauernd den Unterricht, Florian wirft mit Papier und stiehlt anderen die Arbeiten, Unterrichtsstörung durch Reden im Unterricht und unangemessener Ton der Fachlehrerin gegenüber, Y. ruft ständig in die Klasse hinein, findet alles lächerlich, auch dass ich ihn in den Trainingsraum schicke, S. schlägt sich mit M.; permanentes Stören im Unterricht, Aufstehen ohne Erlaubnis und Bewerfen von Mitschülern; respektloses Verhalten gegenüber der Lehrerin, J. unterhält sich trotz Ermahnung ständig mit seinem Vordermann; N. stört, wirft mit Papier durch den Raum, ruft in die Klasse; P. stört wiederholt den Unterricht und lenkt Mitschüler ab. Nach der Ermahnung duzt er den Lehrer und redet ihn mit „Alter" an; A. hat ihr Handy an und weigert sich es herauszugeben; massive Beleidigung des Fachlehrers; M. steht mitten im Raum, provoziert Jungen, kaut Kaugummi, stört ununterbrochen; A. droht der Lehrerin „Ich klatsch dich um" Reinrufen, Ablenken von Mitschülern, lautes Rufen wegen der Toilette, Hämmern gegen das Fenster."

Betrachtet man die Gründe, die dazu führen, dass Schüler des Unterrichts verwiesen werden, so fällt letztlich bis auf wenige Ausnahmen ein Grundmuster auf. Viele Schüler sind nicht in der Lage, und zwar nicht aus Böswilligkeit, sich auf ein längeres Unterrichtsgeschehen zu konzentrieren, sich schweigend und zuhörend auf andere einzulassen, irgendwie reden und was machen wird zu einer Art Trieb und der duldet keinen Aufschub, was man sagen will, sagt man sofort und egal in welcher Lautstärke. Weder ist man bereit, mit sogenannten „Privatgesprächen" oder sonstigen Bedürfnissen zu warten, noch antizipieren die Schüler empathisch, dass das, was man selbst möchte, jetzt und in diesem Moment die Gemeinschaft stören könnte.

Diese gedankliche Arbeit, die eigentlich ab einem bestimmten Alter eine reife Psyche ausmacht, soll nun durch den betreffenden Schüler mit Hilfe des Trainingsraumlehrers und des Rückkehrplanes geleistet werden. Einigen Schülern gelingt die Reflexion annähernd, d.h. sie schaffen es sich selbst als Subjekt der Handlung zu sehen und zugleich als Objekt zu betrachten:

So formuliert D:

> „Ich habe mit meinem Mitschüler geredet und habe den Unterricht gestört. Aber der Lehrer hat die Verwarnungen von der 5. Stunde auch mitgezählt. In der 5. Stunde habe ich meinen Mitschüler gestört, aber ich wurde auch gestört und der Lehrer hat mich ermahnt und dann habe ich weiter gemacht und wurde auf die Tafel geschrieben und dann wurde ich gestört und wurde mein Mitschüler auf die Tafel geschrieben. Und dann gingen wir in den Informatikraum und haben dort auch geredet und dann war ich reif und der Lehrer packte den Trainingsraumzettel aus und schrieb. Dann wurde ich in den Trainingsraum geschickt.
> Mit dem ich geredet habe hat er eigentlich auch geredet, aber ich wurde wieder erwischt. Und der Lehrer hat von jedem den Namen geschrieben."

Auf die Rückkehrfrage, was geschähe, wenn mehrere Schüler sich zur selben Zeit ähnlich verhielten, antwortet D.

> „Es wäre nicht auszuhalten und man würde dann Kopfschmerzen bekommen. Es würde dem Lehrer keinen Spaß machen und der Lehrer würde aggressiv sein."

Einen Vorschlag für die Zukunft und für die eigene Verhaltensänderung bleibt der Schüler schuldig. Auch wenn er sich ungerecht behandelt fühlt, so erkennt er zumindest die Konsequenzen derartiger Verhaltensweisen.

Etwas reflektierter geht der Schüler P. mit dem Problem um. Er notiert:

> „Ich habe mich öfters mit Freunden unterhalten so wie mehrere bei uns aus der Klasse. Dann sagte Herr H., wenn noch einer in der Klasse redet, dann schicke ich den in den Trainingsraum. Daraufhin war ich für paar Minuten leise. Dann habe ich beobachtet, wie sich Mitschüler stritten. Darüber musste ich lachen und habe meinen Kommentar dazu abgegeben. Dann schickte mich Herr H. in den Trainingsraum. Als er den Zettel schrieb, spuckte ich mit Papierbällen herum."
> Auf die Frage des Rückkehrbogens, wie seine Mitschüler reagiert hätten, antwortet P. „Ja, sie haben lachend reagiert. Weil sie auch mehrmals ermahnt wurden und nicht in den Trainingsraum mussten."

Er gesteht aber zu, dass es totales Chaos gäbe und Unterricht nicht möglich wäre, wenn alle sich so benähmen wie er. Für die Zukunft nimmt er sich vor, sich so am Unterricht zu beteiligen, dass er nicht ans Stören denke und er schlägt vor, sein Lehrer möge ihn für einen Ordnungsdienst einteilen oder ihn mit vielen Aufgaben bestrafen, wenn er noch einmal auf die Idee komme mit Papier zu spucken.

Derselbe Schüler P. wird schon kurze Zeit später von einer anderen Lehrerin wieder häufig ermahnt, sucht wieder den Trainingsraum auf, diesmal hat er mit Deo in der Klasse herumgesprüht, er erkennt wieder, dass es Chaos gäbe, wenn alle dasselbe täten und er erwartet von der Lehrerin, dass sie ihn mit mehr Arbeitsmaterial versorgt, damit er nicht dazu komme Mist zu bauen.

Interessant für unseren Ansatz ist die Forderung des Versorgt-Werden-Wollens. Der eine oder andere mag nun denken, na ja Kinder tun so was schon mal. Erwähnt werden muss aber, dass es sich bei P. um einen Schüler des 9. Jahrganges handelt, der immerhin schon einige Monate zuvor sein erstes zweiwöchiges Betriebspraktikum absolviert hatte. Beide Schüler füllen ihre Bögen erfreulich ausführlich aus. Erkennbar wird das oben ausgeführte „Radiergummiproblem". Tatsächlich ist es in den meisten Fällen so, dass zum Gespräch zwei gehören, stören tut nie nur ein Schüler, sondern immer gleich mehrere. Wen aber trifft im Sinne der Interpunktion der Ereignisfolgen die Sanktion, denn in den Augen der Schüler ist es natürlich eine Sanktion. Liest man eine Vielzahl von Rückkehrbögen, so stellt man immer wieder fest, dass sie halbherzig, unvollständig und nachlässig bearbeitet sind. Ein Schüler, der mittlerweile der Schule verwiesen werden musste, war von Klasse 6 bis Klasse 9 insgesamt 19mal im Trainingsraum, stets notierte er, er brauche keine Hilfe, könne sein Verhalten selbst verbessern. Lediglich einmal merkte er an, es hülfe ihm, wenn seine Lehrerin ihn mehr beachte. Dass Unterricht nicht funktionieren könne, wenn seine Mitschüler ähnliches Verhalten zeigten wie er, wiederholte er jedes Mal fast automatenhaft. Auch andere Schüler, die man zu den Stammgästen des Trainingsraumes zählen kann, schreiben standardmäßig: „Es wäre kein Unterricht mehr möglich", bzw. „Man könnte keinen Unterricht mehr machen".

Im Trainingsraum soll es also darum gehen, sich in Empathie und Role-Taking zu üben. Ein Prozess, der eigentlich schon vor Eintritt in die Schule hätte erfolgreich durchlaufen sein müssen, wenn nicht die medialen Scheinwelten die Herrschaft über die Identität unserer Kinder errungen hätten. Angesichts der Vielzahl an Standardantworten bleibt aber die Frage – hier besteht noch ein Forschungsdesiderat –, ob und in welchem Ausmaße Schüler in der Stille des Trainingsraumes tatsächlich ernsthaft über ihre Rolle und die Rolle der Signifikanten Anderen nachdenken und in welcher Intensität sie sich empathisch mit ego und alter auseinandersetzen, denn das erfordert emotionale und intellektuelle Anstrengung ganz ohne Geschmacksverstärker.

Manch einem mag es auch nicht notwendig erscheinen, denn seit Montag, den 10.08.2009 nimmt sich der Sender RTL des Themas Problemschüler an. In einem Anzeigenblättchen vom Service der deutschen Post auf Seite 2 wird die Sendung folgendermaßen angepriesen:

> „Cooler Pauker mit richtig Bock
> In der neuen RTL Serie „Der Lehrer" wird das Thema „Problemschüler" auch mal komisch durchgespielt: Gewalt in Schulen, bekiffte Schüler, verbotener Sex mit Abhängigen…wir lesen das täglich in Tageszeitungen. Dieser leider ganz „normale" Alltag kommt nun als heiter-nachdenkliche Sitcom-Serie in acht Folgen bei RTL ins TV Klassenzimmer. Wobei das klassische Klischee vom Pädagogen alter Schule … tot ist. Lehrer Vollmer (Hendrik Duryn) hat nach einigen Jahren Auszeit wieder richtig Bock aufs Lehramt und startet an einer Hauptschule neu. Lernverweigerer und Störenfriede entwaffnet er mit seiner ungeheuer coolen Art. Dem Vater eines Problemschülers, Herrn Wasiliewski (…), erklärt er beispielsweise: ‚Solange niemand beim Kiffen erwischt wird, haben wir auch kein Drogenproblem.' Seine außergewöhnlichen Lehrmethoden bringen nicht nur Lacherfolge beim Zuschauer, sondern auch positive Noten bei den Schülern. (…)"

Dazu noch einmal Gernot Böhme:

> „(…) Diese an sich zunächst triviale und harmlose Sache wird zu einem Problem dann, wenn die Inszenierung der Umgebungen, der Dinge, der Menschen, mit denen wir zu tun haben, zu dem Eigentlichen und Entscheidenden wird, worum es geht" (Böhme: 2001, S. 20f.).

2.2.4 Das Sanktionsverhalten von Eltern und Schule bei psychisch kranken Schülerinnen und Schülern aus dem Projekt „Soulguard"

Pia Anna Weber und Verena Welling

„Soulguard"[4] heißt übersetzt Seelenwächter. So wie ein Leibwächter sich um das körperliche Wohl seines Schutzbefohlenen kümmert, wird in diesem Projekt versucht auf die seelische Balance erkrankter Kinder zu achten. Das Projekt richtet sich explizit an Kinder und Jugendliche, die die Schule verweigern. Die Schülerinnen und Schüler werden daher nach ihrer Entlassung aus der Psychiatrie zurück in die Schule begleitet. Das Hilfsangebot umfasst beispielsweise, je nach den Bedürfnissen der Kinder und Jugendlichen, die Schulbegleitung, ein Verweilen in der Schule an der Seite besonders ängstlicher Schülerinnen und Schüler, eine Kontaktaufnahme mit der Klassenlehrerin oder dem Klassenlehrer und der Schuldirektion. Weiterhin kann eine Unterstützung beinhalten, bei der Beschaffung von Schulmaterialien zu beraten und Strukturierungshilfen und Anregungen für die Alltagsbewältigung zu geben. Auf diesem Weg sollen Probleme in der Reintegration entdeckt und Lösungen entwickelt werden.

Im Folgenden stellen wir drei verschiedene Fallbeispiele vor, anhand derer wir das Sanktionsverhalten verschiedener Instanzen (Familie, Schule, Therapeuten) aufzeigen möchten. Aus dem Sanktionsverhalten der verschiedenen Instanzen ergeben sich Implikationen für den weiteren Schulbesuch.

Das Therapieangebot für die Kinder und Jugendlichen findet in einem soziotherapeutischen Setting statt, d.h. es werden Einzeltherapie, Familientherapie, Gruppentherapie und Elternberatung angewendet. Zudem besuchen die Kinder und Jugendlichen, eingebettet in einen festen Ta-

---

[4] „Soulguard" beschäftigt sich mit der Schnittstelle zwischen Kinder- und Jugendpsychiatrie und Schule. Das Projekt ist ein Kooperationsprojekt der Universität Duisburg-Essen, Fakultät für Bildungswissenschaften und der Kinder- und Jugendpsychiatrie Essen-Werden (Dr. Januszewski und Dipl. Psych. Sipal) und es wird von der RWE-Jugendstiftung gefördert.

ges- und Wochenplan, die Klinikschule und unternehmen gemeinsame Freizeitaktivitäten.

Die schulabstinenten Kinder und Jugendlichen, die im Rahmen des Projektes „Soulguard" betreut werden, leiden unter den verschiedensten Krankheitsbildern, die mit unterschiedlichen Symptomen einher gehen. Das gleiche Symptom kann im Einzelfall durch verschiedene Ursprungserkrankungen hervorgerufen werden. Daher unterscheiden wir nachfolgend zwischen Krankheitsmerkmalen die 1. durch psychische Störungen und 2. durch ein Vermeidungsverhalten hervorgerufen werden. Diese Differenzierung ist für die weitere Behandlung der erkrankten Schülerinnen und Schüler von enormer Wichtigkeit, denn sie bestimmt, ob eine therapeutische und/oder erzieherische Einwirkung erforderlich ist.

Der Fall Mia

Mia Faber ist 14 Jahre alt und besucht die 7. Klasse einer Realschule. Seit drei Monaten verweigert die Schülerin konsequent die Schule. Sie klagt über Übelkeit und Bauchschmerzen, besonders morgens fühlt sie sich schlecht. Ihre Übelkeit tritt in allen Unterrichtsfächern auf. Vor etwa sieben Monaten hatte Mia eine Magen-Darm-Krankheit, seitdem tritt die Übelkeit bei ihr verstärkt auf. Anfangs ist sie mit dieser Übelkeit zur Schule gegangen. Ihre Mutter hat sie morgens zur Schule gebracht und vor Schulschluss wieder abgeholt, weil Mias Beschwerden in der Schule nicht besser wurden. Sobald sie zu Hause war ging es ihr immer besser. Plötzlich verweigerte sie die Schule konsequent. Statt zur Schule zu gehen, sah sie morgens fern, spielte mit ihren Haustieren, während die Eltern beide berufstätig und außer Haus waren. Seitdem sie konsequent die Schule verweigert, trifft sie sich nicht mehr mit Mitschüler/-innen, auch nicht mit Freunden außerhalb der Schule.

Mia ist traurig darüber, dass ihre beste Freundin Paula, die zusammen mit ihr die 7. Klasse besucht nach den Sommerferien von der Realschule in ein Gymnasium wechselt.

Mia war bereits vor ihrem Klinikaufenthalt in ambulanter Behandlung bei einem Kinder- und Jugendpsychiater, der ihr Antidepressiva verschrieb. Mias Vater, der an Depressionen leidet, nimmt ebenfalls Antidepressiva ein. Mia und ihre Eltern sind überzeugt, dass Mia diese Antidepressiva gegen ihre Übelkeit helfen.

Ursachenanalyse

Die Ursachen lassen sich in psychische Störungen und in ein Vermeidungsverhalten unterteilen.

Psychische Störungen
Mia leidet unter einer somatoformen Störung. Ihre körperlichen Beschwerden, die sich nicht auf eine organische Erkrankung zurück führen lassen, treten verstärkt im Zusammenhang mit Schule auf. Auffällig ist, dass die Symptome zu Hause abklingen und vollständig verschwinden.

Vermeidungsverhalten
Ein behandelnder Therapeut vertritt die Ansicht, dass Mia ihren Magen als Vermeidungsinstrument einsetzt. Sie konzentriere sich so stark auf ihre Magenregion, bis sie dort einen Schmerz verspürt. Der Schmerz, der von ihr selbst erzeugt wird, wird dann für sie real. Die automatisierte starke Innenschau führe sie dann ins Leid. Dies sei ein erlerntes Verhalten. Mia habe gelernt Übelkeit und Schule kombinatorisch einzusetzen, um im geschützten Elternhaus bleiben zu können, wo sie sich sicher fühle.
   Wie gehen Eltern und Lehrer/-innen mit Mias Schulverweigerung um? Und welche Bedeutung hat dies für den weiteren Schulbesuch?

Sanktionsverhalten der Eltern
Mia konnte selbst entscheiden, ob sie mit Übelkeit die Schule besucht oder nicht. Frau Faber selbst beschreibt ihren Umgang mit ihrer Tochter oftmals als nachgiebig, manchmal als streng. Ihre Tochter habe den „Bonus" an einer Stoffwechselkrankheit zu leiden. Mias Depression werde durch diese Stoffwechselkrankheit ausgelöst. Mia habe nicht genügend Serotonin. Durch ein geeignetes Medikament würde der Mangel an Serotonin kompensiert. Deshalb nehme sie auch aktuell ein Antidepressivum ein. Frau Faber befürchtet, dass sie ihre Tochter manchmal zu sehr unter Druck gesetzt habe, weil sie häufiger zu ihr sagte, dass sie in der

Schule am besten Einsen und Zweien schreiben solle, bloß keine Dreien und Vieren. Sie begründete ihre Aussagen, indem sie sagte, dass nur die Besten einen Ausbildungsplatz bekommen oder Abitur machen können. Sie vermutet, dass ihre Tochter sich gegen diese Aussagen nicht wehren konnte. Außerdem wünschte sich Frau Faber, dass ihre Tochter einmal mehr erreicht als sie selbst.

Interessant ist, dass sich die Erwartungen der Mutter an ihre Tochter seit der Schulverweigerung verschoben haben. Es geht Frau Faber jetzt nicht mehr so sehr darum, dass Mia gute Noten mit nach Hause bringt. Vielmehr steht jetzt der regelmäßige Schulbesuch von Mia im Vordergrund. Frau Faber bedauert es sehr, dass ihre Tochter aufgrund der vielen Fehltage schon jetzt viel Unterrichtsstoff versäumt hat.

Zum Umgang mit der Schulverweigerung sagt sie, dass sie anfangs davon ausging, dass die Übelkeit organische Ursachen habe und dass sie als Konsequenz daraus ihre Tochter zu Hause lassen müsse. Sie habe Mia auch häufiger mit dem Auto zur Schule gefahren. Vor der Schule hat Mia geweint und habe sich geweigert aus dem Auto zu steigen, so dass sie ihre Tochter wieder mit nach Hause nahm. Herr Faber habe Mia auch ein Mal mit dem Auto zur Schule gebracht und sie gezwungen in die Klasse zu gehen. Kurz darauf hat Mias Klassenlehrerin bei den Eltern angerufen und die Eltern gebeten Mia aus der Schule abzuholen, weil sie im Unterricht stark weinte und sich nicht beruhigen ließ. Frau Faber sagt, dass ihr Mann die Auffassung vertritt, dass Mia zur Schule gehen muss, dass sie es zumindest probieren müsse, zur Schule zu gehen. Nach Angaben der Therapeutin hält sich Herr Faber eher aus der Erziehung heraus. In Elterngesprächen in der Klinik äußere er sich nur, wenn er konkret angesprochen wird.

Wenn Mias Beschwerden wieder stark sind, schenkt ihre Mutter ihr besonders viel Aufmerksamkeit. Frau Faber kocht ihr dann einen Tee und macht ihr ein Kirschkernkissen warm. Mia bleibt sozusagen während ihrer Krankheitsphase von allen häuslichen und schulischen Pflichten verschont.

Sanktionsverhalten der Schule

Mias Lehrerin reagiert eher vorsichtig auf ihre Beschwerden. Als sie merkte, dass Mia nicht mehr aufhört zu weinen, kontaktiert sie ihre Eltern. Es ist davon auszugehen, dass auch die Lehrerinnen und Lehrer möglicherweise denken, dass ihre Beschwerden organisch begründet sind. Mobbing kann in diesem Falle ausgeschlossen werden. Unseren Beobachtungen zufolge, ist Mia in die Klasse gut integriert. Am ersten Tag der Reintegration wird sie von drei Mitschülerinnen an der Bahnhaltestelle in Empfang genommen. Vor dem Schulgebäude gesellten sich weitere Mitschülerinnen aus Mias Klasse hinzu und standen um sie herum. An diesem und an den nachfolgenden Tagen sprach niemand aus der Klasse sie auf ihren Klinikaufenthalt in der Kinder- und Jugendpsychiatrie und auf ihre langen Fehlzeiten an. Es ist davon auszugehen, dass die Mitschülerinnen und Mitschüler nicht Grund ihres schulischen Fernbleibens sind.

Welche Konsequenzen ergeben sich aus dem Sanktionsverhalten der Eltern und Lehrerinnen und Lehrer für Mias weiteren Schulbesuch?

Die Bedeutung des Sanktionsverhaltens für den weiteren Schulbesuch

Mia hat im Laufe der Zeit gelernt, dass ihre Eltern, insbesondere ihre Mutter, sich verstärkt um sie kümmert, wenn sie sich schlecht fühlt. Geht es Mia besser, stellt ihre Mutter klare Anforderungen an sie. Im schulischen Bereich erwartet Frau Faber von ihrer Tochter gute Noten. Frau Faber erzählte, dass sie viel mit ihrer Tochter lerne und dass beide häufig den gesamten Nachmittag mit der Bearbeitung von Mias Hausaufgaben verbringen sowie gemeinsam für Prüfungen lernen.

Das Verhalten von Frau Faber gegenüber Mia ist als ambivalent zu bezeichnen. Einerseits tut ihr Tochter ihr mit ihren Beschwerden leid. Andererseits stellt sie hohe schulische Anforderungen an diese. Möglicherweise weil sie selbst auf einer für sie nicht geeigneten Schulform war (Hauptschule) und damals als Schülerin sehr darunter litt. Die Ambivalenz der Mutter macht sich noch auf einer weiteren Ebene bemerkbar. Einerseits freut sich Frau Faber über den erfolgreichen Reintegrationsversuch von Mia. Andererseits macht sie sich verstärkt Gedanken darüber, was ihre Tochter an Unterrichtsinhalten verpasst hat und plant, wann sie den Lernstoff am besten nachholen könne und meint, dass sich die Sommerferien, die in wenigen Wochen beginnen, am besten eignen würden, um zusammen mit ihrer Tochter die verpassten Unterrichtsinhalte zu Hause nachzuholen.

Der Fall Lisa
Die 16-jährige Lisa Hansen besucht die 8. Klasse einer Gesamtschule. Zum letzten Schuljahresbeginn wiederholte die Schülerin die 8. Klasse. Seit etwa zwei Jahren besucht Lisa nur noch unregelmäßig die Schule. Das Mädchen hat Fehlzeiten von über 100 Schulstunden, davon auch unentschuldigte Fehlzeiten. Lisa ist eine schüchterne und zurückhaltende Jugendliche, die häufig denkt, sie könne es anderen nicht recht machen. Auch habe sie manchmal Angst, alles perfekt machen zu müssen. Aus Angst eine falsche Antwort geben zu können, meldet sie sich nie im Unterricht. Lisa wird von ihren Mitschülerinnen und Mitschülern im Unterricht manchmal ausgelacht oder sie reden hinter ihrem Rücken schlecht über sie. Ein Mal sei sie deshalb heulend aus der Klasse gerannt. Lisa verweigert sowohl spezifische Unterrichtsfächer, wie Französisch, Mathe und den Sportunterricht als auch komplette Schultage. Statt die Schule zu besuchen ist Lisa zu Hause geblieben, hat dort Bücher gelesen oder Nintendo DS gespielt oder sie ist zur Stadtbibliothek gegangen und hat dort gelesen. Lisa trifft sich nie mit Freunden, stattdessen hat sie einen hohen PC-Konsum.

Seit etwa zwei Jahren zeigt Lisa autoaggressives Verhalten, indem sie sich selbst ritzt.

Lisas Eltern sind seit 4,5 Jahren getrennt. Herr Hansen hat wieder neu geheiratet. Lisa lebt mit ihrer Mutter und ihrer 13 Jahre alten Schwester Lena zusammen. Mit ihrem Vater trifft sie sich regelmäßig an Wochenenden. Das Mädchen leidet unter der Trennung ihrer Eltern und steht immer zwischen ihren Eltern, die sich hassen. Außerdem setzt sie sich stark mit der Trennung der Eltern auseinander, sie habe Schuldgefühle gegenüber ihrer Mutter, wenn sie sich bei ihrem Vater aufhalte und umgekehrt. Außerdem streitet sie sich häufig mit ihrer Mutter. Bei den Streitereien geht es meist um die Trennung der Eltern und um Alltägliches im häuslichen Bereich.

Ursachenanalyse

Psychische Störungen

Lisa leidet unter einer depressiven Entwicklung und an autoaggressivem Verhalten. Das Ritzen wird von dem behandelnden Therapeuten so interpretiert, dass Lisas Selbstverletzung als ein Symptom zu sehen ist, welches ein Machtgefälle erzeugt und Hilflosigkeit bei anderen auslöst. Lisa erklärt mit dem Ritzen: „Mir geht es schlecht wegen Dir!" Die Selbstverletzungen seien kein Ausdruck einer psychiatrischen Störung, aus dem Grunde seien erzieherische Handlungen der Eltern als Konsequenz auf Lisas autoaggressives Verhalten dringend erforderlich. Lisa kommuniziert über das Ritzen mit ihren Eltern. Die Eltern sollten als Gegenreaktion ihr diese Möglichkeit nehmen, indem sie wieder miteinander sprechen, statt über Lisa zu kommunizieren. Damit sie Lisa die Möglichkeit nehmen, die Eltern gegeneinander auszuspielen.

Vermeidungsverhalten

Der behandelnde Therapeut geht davon aus, dass sich bei Lisa ein Vermeidungsverhalten entwickelt habe. Lisa hat im Laufe der Zeit gelernt, unangenehme schulische Situationen zu vermeiden, in dem sie zu Hause bleibt und Alternativen zur Schule wählt, die für sie positiv sind. Es gibt bestimmte Fächer, wie Französisch, Mathematik und Sport, die ein höheres Risiko für das Mädchen bergen, nicht zur Schule zu gehen. Bereits am Morgen merkt sie ein Unwohlsein und hat sich in der Vergangenheit Strategien überlegt, wie sie ungeliebte Fächer vermeidet. Es gab Tage, an denen sie das Haus verlassen hat und ihre Mutter in dem Glauben ließ, sie ginge zur Schule. Lisa ist dann direkt zum Arzt gegangen und habe sich ein Attest ausstellen lassen, um nicht die Schule besuchen zu müssen.

Wie gehen Lisas Mutter und ihr Vater mit ihrer Verweigerungshaltung um?

Sanktionsverhalten der Eltern

Aufgrund von Lisas Passivität im Schulunterricht, hat ihr Vater zusammen mit ihr einen „Aufzeigeplan" für den Unterricht entwickelt. Mit Hilfe des Aufzeigeplanes soll Lisa sich in der Schule aktiver verhalten. In Bezug auf die schulischen Faktoren gibt Herr Hansen an, dass er sich in den letzten zwei bis drei Jahren stark zurückgehalten habe. Stattdessen habe sich Lisas Mutter um die schulischen Belange gekümmert. Seinen Umgang mit Lisa bezeichnet Herr Hansen als streng. Diesbezüglich sagt er, dass er wisse, dass seine Tochter in zwei verschiedenen Welten lebe. Sein Umgang mit Lisa sei streng, Lisa habe großen Respekt vor ihm. Den erzieherischen Umgang seiner Ex-Frau Lisa gegenüber bezeichnet er als nachgiebig. Herr Hansen ist der Auffassung, dass seine Ex-Frau Lisas Schulverweigerung in gewisser Weise mit unterstützt habe, weil sie im Umgang mit ihr nicht „hart" genug gewesen sei. Er fügt hinzu, dass es aber auch möglich sei, dass Lisas Mutter mit der Gesamtsituation überfordert gewesen sei. Von seiner Tochter erwartet er, dass sie im schulischen Bereich aktiver wird, d.h. dass sie sich im Unterricht häufiger meldet. Er erwarte keine besseren Noten, sondern vielmehr, dass sie sich im Unterricht selbst mehr zutraut, in dem sie sich am Unterricht mündlich beteiligt und sich selbst für fähig hält, vor der Klasse zu reden.

Frau Hansen erwartet im schulischen Bereich von ihrer Tochter, dass sie sich bemüht in ihren E-Kursen (Englisch und Mathe) eine drei zu bekommen, damit sie nicht in G-Kurse zurückgestuft wird. Auf die Frage, wie Frau Hansen mit schlechten Noten umgeht, antwortet sie, dass sie ihrer Tochter immer wieder vor Augen führe, dass sie selbst in einem Kaufhaus arbeite und kaum Geld genug zum Leben habe. Lisa solle wieder zur Schule gehen und sich anstrengen, damit sie es später im Leben, einmal besser hat als sie.

Frau Hansen bezeichnet sich selbst als nachgiebig im Umgang mit ihrer Tochter. Als Beispiel nennt sie, dass sie Lisa eine Strafe wegen ihrer Schulverweigerung gegeben habe. Die Strafe bestand darin, dass Lisa drei Tage das Internet nicht mehr nutzen durfte. Daraufhin machte Lisa ihrer Mutter ein Geschenk (sie backte ihr einen Kuchen) und Frau Hansen hat ihr die Internetnutzung nach einem Tag wieder erlaubt. Frau

Hansen sagt, sie wisse durchaus, dass ihr Verhalten inkonsequent sei, sie sei aber in dem Moment dem Charme ihrer Tochter unterlegen.

Der behandelnde Therapeut vermutet, dass Lisa sich selbst Verletzungen zufügt, um darüber Aufmerksamkeit bei den Eltern zu erregen. Lisa selbst sagt, dass sie sich häufig in Situationen ritzt, in denen sie keinen anderen Ausweg sieht, insbesondere dann, wenn sie sich über ihre Eltern ärgert.

Auch wenn es den Eltern oftmals nicht bewusst ist, können sie mit ihrem Verhalten die Verweigerungshaltung ihrer Kinder aufrechterhalten oder gar verstärken. Nicht nur Eltern können Einfluss auf die Schulverweigerung nehmen, sondern auch die Schule. Denn auch Lehrerinnen und Lehrer haben aufgrund ihrer sozialen Stellung die Möglichkeit in solch einem Falle offensiv oder defensiv zu sanktionieren.

Sanktionsverhalten der Schule

Lisas Klassenlehrerin sagt, dass sie und andere Fachlehrerinnen und Fachlehrer Lisa vor dem Klinikaufenthalt geschont haben, weil eine baldige Behandlung absehbar war. Sie musste von Seiten der Lehrer keine Referate vor der Klasse halten, sondern durfte ihre Arbeit schriftlich abgeben.

Die Klassenlehrerin habe bemerkt, dass viele Schülerinnen und Schüler über Lisa lachen. Außerdem habe sie erfahren, dass manche Schülerinnen und Schüler Lisa „Ritzerin" nennen. Diese Titulierung würde sie auf keinen Fall dulden. Sie werde mit den entsprechenden Schülerinnen und Schülern noch Gespräche führen.

An einem Schultag hat Lisa ihre Sportsachen vergessen. Daraufhin meldete sie sich bei ihrer Klassenlehrerin, um sie darüber zu informieren. Die Klassenlehrerin sagt zu ihr, dass es nicht schlimm sei, dass sie ihre Sportkleidung vergessen habe, sie hätte ja sowieso nur eine Stunde Sport an dem Tag gehabt, was sich ja nicht wirklich rentiert hätte. Zusammenfassend lässt sich festhalten, dass auch die Schule mit Lisas Schulverweigerung eher defensiv umgeht.

Die Bedeutung des Sanktionsverhaltens für den weiteren Schulbesuch

Lisa wird von den bedeutenden Personen aus ihrem sozialen Umfeld unterschiedlich sanktioniert. Während Frau Hansen und ihre Klassenlehrerin sich nachgiebig verhalten, pflegt Herr Hansen einen strengen Umgang mit seiner Tochter und konfrontiert sie mit Aufgaben, denen sie nicht gerecht werden kann. Einmal erzählte uns Lisa, dass ihr Vater von ihr verlangte, dem Klinikpersonal ein Gedicht vorzutragen oder ein Lied vorzusingen.

Frau Hansen verhält sich in bestimmten Situationen inkonsequent, indem sie Verbote ausspricht und diese Verbote vor Ablauf der Frist wieder aufhebt. Aufgrund von Herrn Hansens Aussagen ist zu schließen, dass er sich insgeheim eine Tochter wünscht, die aktiver und redseliger ist. In seinen Augen ist die Passivität im Unterricht ein größeres Problem als die Vielzahl an Unterrichtsstunden. Möglicherweise ist Herr Hansen über das Ausmaß an Fehlstunden seiner Tochter überhaupt nicht informiert. Die Eltern tauschen sich untereinander nicht aus, was von Lisa ausgenutzt wird. Aufgrund der fehlenden Kommunikation zwischen den Eltern, übernimmt Lisa diese Rolle, indem sie ihre Mutter bei ihrem Vater schlecht redet und umgekehrt. Sie lenkt damit die Wahrnehmung auf ihre Eltern und lenkt von sich und ihren Problemen ab. Das Ritzen wird von Herrn Hansen im Interview nur am Rande thematisiert.

Der Fall Henry

Henry Weinand ist 13 Jahre alt und besucht die 6. Klasse einer Hauptschule. Nach den Sommerferien 2008 musste der Schüler die 6. Klasse wegen schlechter Schulleistungen in allen Fächern wiederholen und wechselte auf eine andere Hauptschule. Im laufenden Schuljahr fand ein zusammenhängender Schulbesuch von nur vier Wochen statt. In den Schulfächern, in denen er aktuell schlecht steht, hat der Junge auch ein schlechtes Verhältnis zu seinen Lehrerinnen und Lehrern. Henry hat einen Migrationshintergrund und hat Schwierigkeiten mit schriftlichen Leistungen. Da er zusammen mit seinen Eltern in einem anderen Ort wohnt, als dort, wo er zur Schule geht, hat der Junge täglich einen langen Schulweg zu bewerkstelligen. Henry ist täglich eine Stunde pro Strecke mit öffentlichen Verkehrsmitteln unterwegs. Daneben empfindet der Schüler das Ganztagsangebot der Schule als belastend. Es ist für ihn unbefriedigend täglich erst um 17:00 Uhr zu Hause zu sein. Generell berichtet Henry, das er keine Lust auf Schule habe, viel lieber würde er seine Zeit zu Hause verbringen und morgens länger ausschlafen. Anstelle des Schulbesuches schläft er am Morgen aus, sieht fern und spielt PC-Spiele. Das Beste an der Schule sind für Henry die Pausen. Henry erbricht sich ein Mal pro Woche oder alle 14 Tage, wobei das Erbrechen ausschließlich im Zusammenhang mit der Schule auftritt. Begonnen hat das Erbrechen in der 5. Klasse. Er habe sich damals schon häufig während der Schulzeiten erbrochen und sich über Bauchschmerzen und Kopfschmerzen beklagt. Seit der vierten Klasse hat Henry eine diagnostizierte ADS-Störung. Aktuell ruft er wiederholt von der Schule seine Mutter an und bittet sie, ihn abzuholen oder früher nach Hause gehen zu können. An Tagen, an denen er nicht zur Schule fährt, hält er sich zu Hause auf, sieht fern oder spielt am Computer.

Ursachenanalyse

Psychische Störungen
Henry leidet unter einer emotionalen Störung des Jugendalters (Somatisierungsstörung). Daneben weist er ein dysfunktionales Sozialverhalten auf. Durch Henrys starke Beschäftigung mit der X-Box können, nach Angaben des behandelnden Therapeuten, die sozialen und kognitiven Kompetenzen nicht hinreichend trainiert werden. Henrys Bauchschmerzen entstünden aus der Folge von Druck, weil die Kompetenzen in den genannten Bereichen nicht genügend ausgeprägt bei ihm sind. Die Übelkeit sei als ein erlerntes Verhalten zu interpretieren, ausgelöst und aufrechterhalten durch erlernte positive oder keine Konsequenzen von Seiten der Eltern.

Vermeidungsverhalten
Henry erlebt die Schule als langweilig. Gleichzeitig stehen ihm attraktive Alternativen (ausschlafen, fernsehen, Computerspiele) zu Hause zur Verfügung. Vermutlich ist die Attraktivität der Alternativen zur Schule für Henry hoch genug, dass er Strategien entwickelt hat, mit Hilfe derer er die Schule vermeiden kann. Henry sagt, dass das Ganztagsangebot für ihn problematisch sei. Auch in Englisch habe er Probleme. Es gäbe andere Dinge, die ihm mehr Spaß bereiten. Er spiele lieber Spiele am PC,

statt den ganzen Tag in der Schule zu verbringen. Der PC steht sozusagen in Konkurrenz mit anderen (schulischen) Alternativen.

Kooperation zwischen Eltern und Schule
Frau Weinand gibt an, Kontakt zu Henrys Lehrerinnen und Lehrern zu haben, allerdings wäre der Weg zur Schule so weit, die Schule sei mit öffentlichen Verkehrsmitteln schlecht erreichbar, so dass sie nicht regelmäßig mit Henrys Lehrerinnen und Lehrern sprechen könne. Einen Elternsprechtag habe sie bereits in der neuen Schule besucht. Darüber hinaus habe sie zwei bis drei Mal mit Henrys Klassenlehrer und der Schulsozialarbeiterin wegen Henrys sozialer Probleme gesprochen. Henrys Eltern vermuten, dass Mobbing der Grund ist, warum Henry die Schule verweigerte. Allerdings wissen sie bis heute nicht wirklich, was das Problem war. Auf Nachfragen der Eltern, sagt der Junge, dass ihm die Schule zu lange dauern würde. Ängste erwähne er keine. Die Haltung der Eltern gegenüber Henrys neuer Schule ist ablehnend, das Ganztagsangebot sei für Henry ungeeignet, der Schulweg sei zu lang, auch bestünde kaum Kontakt zu den Lehrerinnen und Lehrern im Vergleich zur vorherigen Schule.

Sanktionsverhalten der Eltern
Frau Weinand beschreibt ihren erzieherischen Umgang mit ihrem Sohn als nachgiebig und locker. In Konfliktsituationen zwischen Henry und ihr gebe sie nach einer gewissen Zeit freiwillig nach.

Sowohl Herr als auch Frau Weinand erwarten von ihrem Sohn, dass er wieder regelmäßig die Schule besucht und dass er sich im schulischen Bereich verbessert. Aktuell seien beide mit Henrys Noten nicht zufrieden. In der Regel erzählt Henry seinen Eltern nicht, wann er Klausuren schreibt und welche Noten er bekommen hat. Frau Weinand gibt an, dass sie gelegentlich mit Henry schreie, wenn er schlechte Noten mit nach Hause bringe. Ihr Sohn nehme sich dies allerdings nicht zu Herzen. Herr Weinand äußert, dass er meistens nicht mitbekomme, wenn Henry schlechte Noten habe, weil er täglich erst gegen 19:00 Uhr von der Arbeit nach Hause komme. Frau Weinand bemängelt am Ganztagsangebot der

Schule, dass das Ganztagsangebot der Schule vorsieht, dass die Schülerinnen und Schüler ihre Hausaufgaben in der Schule machen, so dass sie nicht mehr kontrollieren könne, ob ihr Sohn die Hausaufgaben mache oder nicht. Beide Eltern sagen, dass Henry immer ihre volle Aufmerksamkeit erhalten habe, weil er Einzelkind sei.

Frau Weinand erzählt, dass Henry sich ein bis zwei Mal am morgen erbrechen würde, mal vor der Haustür, mal im Treppenhaus. Er habe auch schon fünf Mal hintereinander erbrochen, als sie versuchte, ihn trotz Erbrechen zur Schule zu schicken. Frau Weinand kann ihren Sohn nicht zur Schule begleiten, weil sie berufstätig ist und morgens um 07:15 Uhr das Haus verlässt.

Henry arbeitete während des Klinikaufenthaltes nicht genügend mit. Er gab zehn Tage hintereinander keinen Fragebogen ab. Als er daraufhin nach Hause geschickt wurde und Frau Faber darüber informiert wurde, hat sie diese Sanktion von Seiten der Klinik ausgehebelt, in dem sie behauptete, Henry habe keinen Haustürschlüssel. Die Therapeuten vermuteten, dass dies nicht der Wahrheit entspreche. Während des Klinikaufenthaltes kristallisierte sich heraus, dass auch die Eltern im Therapieprozess nicht genügend mitarbeiten. Die Therapieziele, die in der Klinik zusammen mit den Eltern in Bezug auf Henry erarbeitet wurden, wie mehr Ordnung halten, mehr Verantwortung tragen, weniger PC-Konsum, wurde zu Hause von den Eltern nicht umgesetzt. Der Vater verhielt sich generell in allen Situationen sehr apathisch, die Mutter trifft die Entscheidungen in Bezug auf ihren Sohn. Die Eltern bekamen von Seiten der Klinik Hinweise, wie sie sich konkret im Umgang ihres Sohnes verhalten sollen. Sie erhielten die Information, dass die PC-Nutzung für Henry sehr ungünstig sei. Sie erlaubten ihm aber weiterhin, zehn Stunden pro Tag am Wochenende PC zu spielen. Henry berichtete diesbezüglich den Therapeuten, er habe an einem Wochenende zehn Stunden am Tag Computer gespielt. Als die Eltern mit dieser Information konfrontiert wurden, behauptete seine Mutter, dass Henry lügen würde und dass er nur eine Stunde am PC saß. Die Eltern zeigten sich in ihrem Verhalten inkonsequent und haben keine bis zu wenige Erwartungen an ihren Sohn formuliert. Dies führt dazu, dass der Junge keinerlei Verantwortung im häuslichen Bereich übernimmt und dort auch nicht mithelfe. Henrys Symptomatik kann aufgrund des Elternverhaltens nicht genügend reduziert werden. Außerdem habe sich herausgestellt, dass es einen ehelichen Konflikt gibt. Frau Weinand habe geäußert, sie wolle sich scheiden lassen, da ihr Mann sich mit ihrem Sohn solidarisch zeigt und ebenfalls keine Verantwortung für die Familie übernehmen würde und kein positives Vorbild für Henry sei. Herr Weinand spielt in seiner Freizeit ebenso gerne PC-Spiele wie sein Sohn, woraufhin Frau Weinand mit einem ärgerlichen Unterton den Wunsch äußert, dass er statt der Computerspiele lieber mit ihr und Henry etwas unternehmen solle.

Sanktionsverhalten der Schule
Das Sanktionsverhalten der Schule bezieht sich auf die Phase der Reintegration. Für die erste Reintegrationsphase waren drei Schultage geplant. Am zweiten Tag wurde Henry eine Stunde früher als vorgesehen aus der Schule nach Hause geschickt, weil er Kreislaufbeschwerden hatte. Der Klassenlehrer berichtet, dass Henry sehr bleich aussah und dass es ihm schlecht ging. Er lag eine halbe Stunde im Sanitätsraum der Schule auf einer Liege. Einen Tag später sei Henry wieder in der Schule erschienen und fiel dem Klassenlehrer, der auch Henrys Sportlehrer ist, positiv im Sportunterricht auf. Der Junge sei motivierter und leistungsstarker als vor dem Klinikaufenthalt. Hinzu fiel dem Klassenlehrer positiv auf, dass Henry stark an Gewicht abgenommen hat.

Die Schulsozialarbeiterin hat Henry an dem Dienstag als wenig orientiert im sozialen Training wahrgenommen. Er sah bleich aus und war zittrig. Daraufhin wurde er in den Schulsanitätsraum geschickt, wo er sich auf einer Liege erholen konnte.

Auch die Schule verstärkte unwissentlich Henrys unerwünschtes Verhalten, in dem sie ihn nach einer kurzen Auszeit im Sanitätsraum nach Hause schickten.

In einer gemeinsamen Konferenz, an der auch der Klassenlehrer und die Schulsozialarbeiterin anwesend waren, bekräftigt Henrys Klassenlehrer das Therapieprogramm der Klinik und bestätigt, dass Kinder Rituale, klare Strukturen und feste Regeln brauchen. Die Schulsozialarbeiterin appelliert an Henry, der beim Gespräch anwesend war, dass er lernen solle, einen Schultag auszuhalten, sie sei sich sicher, dass er das schaffe. Ihm könne diesbezüglich mehr zugemutet werden.

Sanktionsverhalten der Klinik
Bezüglich der Entwicklung und Einhaltung von allgemeinen und sozialen Regeln habe sich Henry in der Klinik mal positiv und mal negativ gezeigt. Bedingt durch Henrys Ärger in Bezug auf die Erledigung von Hausaufgaben gab es häufiger Konflikte zwischen Henry und dem Klinikpersonal. In Bezug auf die Anforderungen der Klinik kam es manchmal zu Problemen zwischen Henry und dem Klinikpersonal, insbesondere dann, wenn Henry die täglichen Zielvereinbarungen nicht erfüllt hat. Es fiel dem Jungen manchmal schwer seine Ziele zu erreichen. Die Ziele umfassten Arbeitshaltung, die Schwierigkeit ernsthaft zu kommunizieren und Anstrengungsbereitschaft. Diese waren in ihrer Umsetzung nur gering ausgeprägt.

Die Bedeutung des Sanktionsverhaltens für den weiteren Schulbesuch
Henry hat nie von zu Hause Druck bekommen, beispielsweise über Pflichten, die ihm aufgelegt wurden. Dieser Umgang war für die Entwicklung des Jungen negativ, weil er nie gelernt hat mit Druck umzugehen, im Gegensatz zur Schule, die über ihr Ganztagsangebot und über eine Schulpflicht Druck auf ihn ausübt. Im Vergleich zur Schule, wo Henry viele Unterrichtsausfälle zu verzeichnen hat, ist er zur Klinik und zur Klinikschule regelmäßig gegangen, bis auf zwei bis drei Tage, an denen er krank war. Auf die Frage, wie Henry es geschafft habe, regelmäßig zur Klinik und zum Unterricht in der Klinik zu gehen, antwortete er, dass in der Klinik weniger Druck gegeben hätte. Deshalb ginge er regelmäßig zur Tagesklinik und zum Unterricht dort.

Henry ist isoliert und weist deshalb einen Mangel an sozialen Kompetenzen auf. Dadurch entstehen Konflikte mit Gleichaltrigen sowie dysfunktionale Verhaltensweisen im Umgang mit Gleichaltrigen. Die unangemessenen Verhaltensweisen können wiederum den Umgang mit Gleichaltrigen negativ begünstigen, was möglicherweise zu Konflikten führen kann.

Die Symptomatik des Erbrechens kann eine Reaktion auf die negative Resonanz aus seinem sozialen Umfeld sein. Durch die ehelichen Konflikte seiner Eltern wird Henry instrumentalisiert. Die Eltern bleiben durch die Sorge um Henry vereint. Dies nimmt Henry wahr und reagiert darauf mit seinem bekannten Verhalten. Den Eltern wurde die Aufgabe zuteil, sich um ihn zu kümmern. Die Probleme der Eltern wurden durch die Sorge um Henrys Erbrechen und seine Schulverweigerung verdeckt.

Gegenüberstellung der Fälle

Mia konnte selbst entscheiden, ob sie zur Schule geht oder nicht. Ihre Mutter verhielt sich im erzieherischen Umgang eher nachgiebig, während ihr Vater sich eher zurückhielt, verhielt sich auch die Schule eher defensiv und schickte sie bei der Äußerung von Beschwerden nach Hause. Lisa hat irgendwann gelernt, dass ihre Mutter sich verstärkt um sie kümmert, wenn sie sich schlecht fühlt. Geht es ihr besser, stellt die Mutter konkrete schulische Anforderungen an sie. Darüber hinaus hat Mia gelernt, dass sie sich zu Hause beschützt und geborgen fühlen kann und dass ihr im Gegensatz zur „gefährlichen Welt da draußen" nichts passieren kann.

Lisas Eltern hingegen sanktionieren ihre Tochter unterschiedlich. Während Lisas Vater sich als streng bezeichnet und klare Anforderungen an seine Tochter stellt, verhält sich Lisas Mutter nachgiebig und inkonsequent in Bezug auf ihre Tochter. Aufgrund der Trennung der Eltern vor etwa 4,5 Jahren bewegt sich Lisa in einem ständigen Wechselspiel zwischen Vater und Mutter, indem sie den unterschiedlichen Erwartungen der Eltern versucht gerecht zu werden. Strafen werden von Lisas Mutter auferlegt, dann aber, bevor die Frist abläuft, aufgehoben. Auch die Lehrerinnen und Lehrer schonen Lisa. Sie muss keine Referate vor der Klasse halten, so wie es vorgesehen ist, sondern bekommt stattdessen die Möglichkeit eine schriftliche Ausarbeitung abzugeben. Als Lisa ihre Sportsachen vergisst, wird dieser Vorfall von der Klassenlehrerin bagatellisiert. Lisas Vater stellt einen „Aufzeigeplan" mit seiner Tochter auf und erwartet von ihr, dass sie sich häufiger im Unterricht meldet, was wiederum im Widerspruch zum Schonverhalten von Lisas Lehrerinnen und Lehrern steht.

Henry, der die Schule als extrem langweilig erlebt, stehen eine Vielzahl an attraktiven Alternativen neben der Schule zur Verfügung, die ihm mehr Spaß bereiten. Aufgrund des nachgiebigen Verhaltens von Seiten seiner Mutter und gleichzeitiger Passivität seines Vaters, konnte der Schüler im Laufe der Zeit Strategien entwickeln, mit deren Hilfe er die Schule vermeiden kann. Henry wusste nach einer gewissen Zeit, dass seine Mutter nach einer bestimmten Zeit freiwillig nachgibt und er attraktiven Alternativen nachgehen kann. Zu seinen Strategien zählte das regelmäßige Erbrechen am Morgen vor dem Schulbesuch. Die Einstellungen von Henrys Eltern, insbesondere seiner Mutter in Bezug auf Schule ist ähnlich negativ wie Henrys Einstellungen zur Schule und ihrem Ganztagsangebot, so dass es für Henry nicht sonderlich schwierig war, seine Schulunlust vor der Mutter zu rechtfertigen. Auch die Schule verstärkte unbewusst und unabsichtlich Henrys Vermeidungsverhalten, in dem sie dem Schüler die Möglichkeit gaben, sich im Sanitätsraum der Schule auszuruhen und ihn dann vor Unterrichtsende aus der Schule nach Hause schickten.

Zusammenfassend lässt sich festhalten, dass sich alle drei Mütter ihren Kindern gegenüber nachgiebig verhalten, so dass es für die Jugendlichen kein Problem darstellt, ihr Verhalten nach ihren Wünschen auszurichten. Alle drei Väter spielen im Familiensystem eine passive Rolle. Die Schule bewerten die Jugendlichen als negativ.

In Tabelle 1 sind zusammenfassend die vorläufigen Schlussfolgerungen aufgestellt, die wir aus unserer bisherigen Fallarbeit gezogen haben und als Arbeitshypothesen weiterverfolgen.

In diesem Beitrag wurde häufig von erlerntem Verhalten der Kinder gesprochen. Das hier beschriebene und systemisch betrachtete Verhalten, welches die Kinder im Laufe der Zeit erlernt haben, ist jedoch nicht mit Lerninhalten zu vergleichen, die beispielsweise in der Schule gelernt werden.

Psychisch kranke Kinder sind nicht bewusst in der Lage, ihr Verhalten gezielt zu steuern (z.b. es zu zeigen oder es zu ihrem Vorteil einzusetzen). Ebenso wenig kann dieses Fehlverhalten gelöscht werden, indem eine Person (z.b. Therapeuten, Eltern) ein Verhalten als falsch bezeichnet und/oder verbietet. Fehlverhalten zu löschen ist ein langer Prozess und kann nicht innerhalb eines kurzen Zeitraums erfolgen. Kinder und Jugendliche werden bis zu drei Monaten in der Kinder- und Jugendpsychiatrie behandelt und darüber hinaus meistens von einem ambulanten Psychologen weiterbetreut. Dabei unterliegen sie einem erheblichen Leidensdruck.

Tabelle 1: Was können wir aus den Fallanalysen bzgl. des Sanktionsverhaltens lernen? Erste Schlussfolgerungen und Arbeitshypothesen

Was wirkt nicht?		Was ist aussichtsreich?
Das Kind (krankheitsbedingt) zu Hause verweilen lassen und es attraktiven Alternativen überlassen (ausschlafen, TV, PC)	→	Für angemessene Aufgaben sorgen (z.B. im Haushalt, regelmäßiger Schulbesuch); Grenzen setzen, z.B. festgelegte Zeiten für PC-Spiele.
Dem Kind krankheitsbedingt von Freizeitaktivitäten mit Gleichaltrigen abraten.	→	Kontakt zu Klassenkameraden/-innen und Freunden fördern, soziale Isolierung vermeiden, Anreize schaffen.
Überbehütung und übermäßige Schonung des Kindes.	→	Realistische Erwartungen an das Kind formulieren (z.B. regelmäßiger Schulbesuch, Übernahme von Aufgaben im häuslichen Bereich).
Medikamentöse Behandlung als Schlüssel zum Erfolg sehen.	→	Medikamentenkonsum kritisch hinterfragen; als mögliche Unterstützung in Kombination mit Therapie sehen.

Nachgiebigkeit	→	Empathische, aber konsequente Reaktionen, Erarbeitung von Strategien gemeinsam mit dem Kind, was es tun könnte, wenn die Symptome auftreten.
Ein (erlerntes) Vermeidungsverhalten durch Belohnung verstärken.	→	Das erlernte dysfunktionale Verhalten löschen, d.h. das funktionale Verhalten belohnen, sich an Therapieanweisungen halten.
Dem Kind während der Erkrankung ungeteilte Aufmerksamkeit geben.	→	Dem Kind gezielt Aufmerksamkeit (z.B. 1 Std. vor dem zu Bett gehen o.ä.) schenken, damit es Aufmerksamkeit nicht mit Krankheit in Verbindung bringt.
Die starke Rolle nur eines Elternteils.	→	Kongruentes Verhalten beider Elternteile gegenüber dem Kind.

2.2.5   Psychopathologisierung und Erziehung

Wichtig für das vorliegende Thema ist der Fakt, dass sich die Kultur in Deutschland stark in Richtung einer individualistischen Kultur gewandelt hat. Die erwachsene Population in Deutschland stellt stärker als vor 50 Jahren ihr persönliches Wohlergehen in den Vordergrund. Erwachsene fungieren jedoch als Modelle für Kinder. Deshalb wundert es nicht, dass es in einem japanischen Klassenzimmer anders zugeht als in einem deutschen. Das liegt nicht an der Verdorbenheit der Jugend, sondern an den grundlegenden gewandelten kulturellen Bedingungen, denen sich niemand entziehen kann. Wenn das persönliche Wohlergehen unser Verhalten und unsere Aufmerksamkeit lenkt, dann wird alles, was uns persönlich nicht wohl tut (häufig gleichbedeutend mit „bringt keinen unmittelbaren Spaß") negativ bewertet und nur schwer ertragen. So kann es zu dem kommen, was immer wieder im schulischen Kontext beobachtet werden kann: Eine Gruppe von Schülern und Schülerinnen erträgt den als langweilig bewerteten Unterricht nicht, eine Gruppe von Lehrern und Lehrerinnen erträgt die als schlecht erzogen oder krank bewerteten Schüler und Schülerinnen nicht, eine Gruppe von Eltern erträgt das negative Feedback der Lehrer und Lehrerinnen nicht. Alle können sich erst beruhigen, wenn der Schüler oder die Schülerin sich geändert hat. Wir finden hier häufig viel Ärger, Wut, Wunsch nach Vergeltung, absolute Bewertungen, das gegenseitige Zuschreiben von Verantwortung und die Wahrnehmung von Kontrollierbarkeit. Aber schuld ist immer der Andere. Im schlimmsten Fall fliegt der Schüler oder die Schülerin von der Schule. Oder schafft keinen Abschluss. Oder wird wirklich krank (Haep & Brendgen, 2008).

Lehrer kennen sich besonders gut aus mit ADHS. In manchen Lehrerzimmern hängt sogar eine Checkliste wie man mit Kindern mit ADHS umgehen soll. Ein so diagnostizierter Schüler kann medikamentös eingestellt werden. Obwohl aber alle wissen, dass die Medikamente nicht heilen, sondern lediglich die Symptome reduzieren und die Langzeitwirkungen nicht bekannt sind, werden diese Medikamente möglicherweise häufiger verschrieben als nötig. Alle profitieren von der Einnahme des Medikamentes durch den Schüler. Die Eltern fühlen sich entlastet, da ihr Kind krank ist (Whalen & Henker, 1976), sie müssen sich nicht verantwortlich fühlen und fühlen sich nicht schuldig. Die Lehrkräfte müssen weniger Störungen befürchten und weniger schimpfen. Das Kind hat zwar die Nebenwirkungen zu ertragen, erhält aber weniger negatives Feedback von seiner Umwelt (Schöning et al., 2002). Die Pharmaindustrie und die Ärzte und Ärztinnen verdienen. Deswegen wird es in Kauf genommen, dass in Deutschland mehr Kinder als notwendig auf diese Weise ruhig gestellt werden.

Da die Verschreibung dieses Medikaments sehr viel häufiger vorkommt als noch vor zehn Jahren, kann man davon ausgehen, dass viele Kinder, die nicht das Glück hatten, eine Erziehung zu genießen, die sie auf die Schule vorbereitet, pathologisiert werden (Schüler, 2008). Sie erhalten von ihrer Umwelt beispielsweise die Diagnose ADHS und werden von einer Psychiaterin begutachtet. Diese ist in einem moralischen Dilemma. Viele Psychiater werden erkennen, dass das Kind nicht psychopathologisch diagnostizierbar ist, sondern Erziehungsdefizite hat. Sie wissen, dass die meisten Schulen kein Konzept haben, um diese Erziehungsdefizite aufzufangen und konstruktiv zu beeinflussen. Eine Krankenkasse bezahlt jedoch keine Therapie für ein Kind mit der Diagnose „Schlechte Erziehung", obwohl gerade diese Kinder am meisten davon profitieren könnten. Also bekommen die Kinder eine Diagnose um therapierbar zu sein. Diese Vermengung von nicht funktionierender Erziehung und Psychopathologisierung ist sicherlich ein spannendes Forschungsfeld, zu dem es aber noch so gut wie keine Befunde gibt. Die These, dass die steigende Anzahl von Diagnosen in der Kinder- und Jugendpsychiatrie auf einer administrativ notwendigen Pathologisierung der Ergebnisse unterlassener guter Erziehung beruht, wäre eine lohnenswerte Forschungsaufgabe. Wenn das Elternhaus hier keine gute Arbeit geleistet hat, kompensiert die Schule, die ebenfalls einen Erziehungsauftrag hat, das nur in seltenen Fällen.

„Eine Gruppe von Schülern und Schülerinnen erträgt den als langweilig bewerteten Unterricht nicht, eine Gruppe von Lehrern und Lehrerinnen erträgt die als schlecht erzogen oder krank bewerteten Schüler und Schülerinnen nicht, eine Gruppe von Eltern erträgt das negative Feedback der Lehrer und Lehrerinnen nicht. Alle können sich erst beruhigen, wenn der Schüler oder die Schülerin sich geändert hat."

Folgend wird aus der Perspektive einer Gymnasiallehrerin an einem Fall dargestellt, wie auch ein fruchtbares Zusammenspiel beteiligten Schnittstellen an Erziehungsdefiziten scheitern kann. Auch soll dieses Fallbeispiel an dieser Stelle bewusst machen, dass es uns in diesem Buch keinesfalls darum geht, eine einseitige Kritik an schulischer Praxis zu üben; ganz im Gegenteil soll es verdeutlichen, dass die gegenwärtigen Rahmenbedingungen des Aufwachsens und der Erziehung auch die professionell Verantwortlichen mit sehr herausfordernden Problemen konfrontiert, die nur mit ungewöhnlichen Mitteln zu lösen sind (Kapitel 7).

Ein Fallbeispiel: Die Grenzen schulischer Sanktionsmaßnahmen
Bereits am ersten Beobachtungstag zeigte K seine Verweigerungshaltung. Bei einem Kennenlernspiel, bei dem die Kinder etwas über sich erzählen sollten, schwieg er, als er an die Reihe kam. Dieses Schweigen hielt er auch in den kommenden Tagen konsequent aufrecht. Am dritten Tage sprach er nach dem Unterricht einen Lehrer an und bat um ein Gespräch. Unter vier Augen erklärte er, er habe in die Hose gemacht. Er redete ganz ohne Scheu und er redete plötzlich sehr viel. Von nun an erwies er sich als sehr anlehnungsbedürftig und teilweise distanzlos. In die Klassengemeinschaft integrierte er sich nur schwer, es gelang ihm nicht Freundschaften aufzubauen und aufrecht zu erhalten und es kam immer wieder zu kleineren und später großen Konflikten und Gewalttätigkeiten.

Die ersten Zwischenfälle in Form von Gewalt gegen Mitschüler und Mitschülerinnen und Verweigerungshaltung
Nach vier Tagen schlug er im Sportunterricht ein Kind, ohne dass ein Grund erkennbar war. Er begründete sein Verhalten damit, dass sich Wut in ihm aufgestaut hätte. Reue zeigte er nicht. Nach diesem Vorfall verweigerte er die Teilnahme am Unterricht der nächsten Stunde. Er wollte den Klassenraum nicht betreten. Der Beratungslehrer informierte die Eltern telefonisch über die Verweigerungshaltung und bat sie das Kind abzuholen, weil die Aufsichtspflicht unter den gegebenen Umständen von Seiten der Schule nicht zu gewährleisten sei. Als die Eltern

zur Abholung des Kindes erschienen, führte der Beratungslehrer ein Beratungsgespräch mit ihnen. Als K nach Gründen für seine Verweigerungshaltung gefragt wurde, zuckte er nur mit den Schultern und meinte: „Weil ich nicht will!"

In den folgenden Tagen und Wochen verweigerte K sich immer wieder und wurde jedes Mal von den Eltern abgeholt. Teilweise war er nicht einmal dazu zu bewegen, sich vom Platz zu bewegen und in einen anderen oder überhaupt einen Raum zu gehen. Schweigend verharrte er auf dem Flur. Es halfen weder gutes Zureden noch Aufforderungen und klare Anordnungen von Lehrern, Klassenlehrern, Beratungslehrer, Abteilungsleiter und Schulleitung. Im Unterricht schwieg K und verweigerte die mündliche Mitarbeit konsequent.

Einen Monat nach Schuljahresbeginn trat K beim Sportfest einen Schüler mehrfach brutal in den Unterleib und die Rippen. Lehrkräfte schritten ein. Man musste ihn festhalten, er riss sich los und stürzte sich erneut auf den Schüler. Dann schwieg er wieder, zeigte keine Einsicht oder Reue und wurde wieder von der Mutter abgeholt. Als Begründung für sein Verhalten meinte er in einem Gespräch, das einige Tage später stattfand, der Schüler habe ihn doof angeguckt, das habe ihn wütend gemacht und er habe zugetreten. Nun täte es ihm leid und er habe sich bei dem Jungen entschuldigt. Eigentlich wolle er gerne mit dem Jungen befreundet sein, der wolle das aber nicht.

Die ersten Sanktionen – Kontaktaufnahme mit den Eltern – Anhörungsgespräch
Der Klassenlehrer schrieb einen Brief an die Eltern, in dem er den Eltern das Fehlverhalten des Kindes schilderte und die Eltern aufgrund der Schwere der Gewaltanwendungen gegenüber den Mitschülern und Mitschülerinnen und der immer wiederkehrenden Verweigerungshaltung bat, professionelle ärztliche Hilfe in Anspruch zu nehmen. Die Eltern wurden gebeten, binnen einer Frist von sechs Wochen professionelle Unterstützung zu suchen und sich in einem nach Ablauf der Frist stattfindenden Beratungsgespräch mit Klassenlehrer und Beratungslehrer über die weitere Vorgehensweise auszutauschen.

Es folgte als erzieherische Einwirkung ein Elterngespräch. Der Klassenlehrer lud die Eltern schriftlich zu einem Anhörungsgespräch ein und teilte mit, dass u.a. über die erfolgenden erzieherischen Maßnahmen beraten werden müsse.

Weitere Vorfälle – Ks Verhalten im Schulalltag – Anhörungsgespräch
Knapp vier Wochen später schlug und trat K innerhalb weniger Tage und in verschiedenen Situationen weitere Kinder. Jedes Mal wurde K vom Unterricht ausgeschlossen und musste von den Eltern abgeholt werden. Immer wieder telefonierte der Klassenlehrer oder der Abteilungsleiter mit den Eltern.

In dieser Zeit fand das Anhörungsgespräch statt. Neben dem Klassenlehrer und Beratungslehrer nahmen auch der Abteilungsleiter und die Sozialpädagogin teil. Sie war zwischenzeitlich hinzugezogen worden und hatte mehrere Gespräche mit K geführt und ihn aufgefordert, ein Verhaltenstagebuch zu führen und ihr regelmäßig vorzulegen. Weil Ks Verhalten im Sportunterricht zunehmend problematisch wurde, sollte er für einen gewissen Zeitraum die Stunden bei ihr verbringen. Sie betonte in dem Elterngespräch, K sei für die Schule wegen der zahlreichen Gewalttätigkeiten gegenüber Mitschülern und Mitschülerinnen nicht mehr tragbar. Außerdem solle der sonderpädagogische Förderbedarf (E-Schule) überprüft werden. Den Eltern wurde dringend geraten, eine Erziehungsberatungsstelle aufzusuchen und eine stationäre Behandlung des Kindes in Betracht zu ziehen. Die Eltern zeigten sich sehr kooperativ.

Im Unterricht verhielt sich K unauffällig. Er erledigte alle schriftlichen Aufgaben, verweigerte aber weiterhin die mündliche Mitarbeit. Wurde er gebeten, einen mündlichen Beitrag zu leisten, erhielt sein Gesicht einen angespannten Ausdruck und er schwieg. An Gruppenarbeiten nahm er nur nach eigenem Ermessen und stets stumm teil.

Im Musikunterricht schlug K plötzlich und ohne erkennbaren Grund einer Mitschülerin mehrfach so brutal ins Gesicht, dass diese eine schwere Kopfverletzung erlitt und ärztlich behandelt werden musste. Der Musiklehrer wollte K vom Unterricht ausschließen, das übliche Abholungsritual sollte erfolgen, aber K weigerte sich so massiv, dem Folge zu leisten, dass der stellvertretende Schulleiter (der Schulleiter befand sich nicht im Haus) informiert werden musste. Nach mehrfachen Aufforderungen, gelang es, K zum Verlassen des Musikraumes zu bewegen.

Ordnungsmaßnahme nach dem Schulgesetz – Ausschluss vom Unterricht
Noch am selben Tag informierte der Klassenlehrer die Schulleiterin über den Vorfall. Diese veranlasste zum Schutze der anderen Kinder unverzüglich eine Ordnungsmaßnahme nach dem Schulgesetz (Ausschluss vom Unterricht für eine Woche). In ihrem Brief begründete sie den Ausschluss vom Unterricht und forderte die Eltern auf, jetzt dringend eine psychiatrische oder psychologische Behandlung in die Wege zu leiten, welche die Eltern bereits vor Wochen einzuleiten zugesagt hätten. Die Schwere des Fehlverhaltens und die Gefährdung der anderen Kinder mache außerdem eine Untersuchung der Schulfähigkeit notwendig. Diese müsse schnellstmöglich erfolgen.

Die Schulfähigkeit wurde festgestellt und in einem schriftlichen Gutachten dokumentiert. Man riet zu einem Anti-Aggressionstraining und zunächst zu einer ambulanten Therapie (Verhaltenstherapie).

Zusammenarbeit mit den Eltern – Reaktionen der Eltern
In zahlreichen Elterngesprächen zeigten sich diese zwar kooperativ und sicherten alles zu, was an sie herangetragen wurde, aber weder eine Teilnahme an einem Anti-Aggressionstraining erfolgte noch eine Verhaltenstherapie wurde eingeleitet.

K weigerte sich nun auch, ihm übertragene Aufgaben (Dienste) auszuführen und es kam innerhalb der Schule zu Sachbeschädigungen und kleineren Übergriffen auf Mitschüler und Mitschülerinnen. Von Seiten der Schule war man sich einig, man müsse nun den Druck auf die Eltern erhöhen. Die Eltern wurden erst mündlich und dann schriftlich über die Vorfälle informiert. Ks Verhalten wurde zunehmend streng und konsequent sanktioniert. Er weigerte sich z.B. den Ordnungsdienst auszuführen. So musste er eben eine weitere Woche den Dienst ausführen. Bei einer weiteren Weigerung wurde der Dienst um eine weitere Woche erweitert. Dieses „Spiel" führten wir so lange fort, bis er eine Woche lang den Dienst vorbildlich vollzog.

Eine weitere Ordnungsmaßnahme nach dem Schulgesetz
Als K ein weiteres Mal gegenüber einer Mitschülerin gewalttätig wurde, erfolgte nicht nur eine Abholung durch die Eltern, sondern eine weitere Ordnungsmaßnahme nach dem Schulgesetz durch die Schulleiterin (Ausschluss vom Unterricht für eine Woche). Jetzt bemühten sich die Eltern um einen Platz für K in einer Kinder- und Jugendpsychiatrie, den sie auch innerhalb kürzester Zeit erhielten.

Reaktionen der Lehrbeauftragten und Meinungen
Die Lehrer reagierten unterschiedlich auf Ks Verhalten. Einige meinten, er sei für eine Regelschule nicht tragbar, denn die Lehrer seien nicht entsprechend ausgebildet, um adäquat mit ihm umgehen zu können und man habe die Pflicht, die anderen Kinder vor ihm zu schützen. Andere befürchteten Konflikte mit den Eltern der anderen Kinder, weil die Schule in den Augen der Eltern auf die Vorfälle zu „milde" reagiere. Manche Kollegen und Kolleginnen hielten das Kind für „krank", manche meinten K sei einfach nur verwöhnt und habe keine Grenzen kennen gelernt.

Emotionale Herausforderungen für den Klassenlehrer: Eine Bilanz
Dieses Fallbeispiel zeigt sehr deutlich, wie schwierig ein adäquater Umgang mit problematischen Schülern und Schülerinnen im Schulalltag ist. Es muss bei den beschriebenen Ausschreitungen zeitnah gehandelt werden, wenn das Wohl anderer Schüler und Schülerinnen gefährdet ist. Das ist im Alltag jedoch oft nicht unproblematisch: Ein Kind wird vorübergehend vom laufenden Unterricht ausgeschlossen, weil es andere Kinder gefährdet hat. In diesem Moment befindet sich die Lehrperson allerdings in einer schwierigen Situation, da sie die Aufsichtspflicht sowohl für das auszuschließende Kind als auch für die zu unterrichtende Lerngruppe trägt. Entsprechend ist eine zeitnahe Handlung oft problematisch, wenn aufgrund von einem erhöhten Aggressionspotential und

einem erhöhten Erregungszustand auf beiden Seiten (dem schlagenden Kind und dem geschlagenen Kind), beide Kinder im Klassenraum (oftmals in sehr kleinen Klassenräumen, die es oft nicht möglich machen, die Kinder voneinander zu trennen oder ihnen einen „Schutzraum" zur Beruhigung zu ermöglichen) zu betreuen. Erschwerend kommt hinzu, dass die Lehrkraft ja auch noch die Lerngruppe unterrichten und Stoff vermitteln muss.

Ks Klassenlehrer berichtete im konkreten Fall:

> „Als Klassenlehrer war ich immer sehr gefordert, wenn K gewalttätig wurde. In einer sehr großen Schule mit mehreren Schulgebäuden pendelt man bisweilen an einem Schultag mehrmals zwischen den verschiedenen Gebäuden und befindet sich nicht immer in dem Gebäude, in dem die eigene Klasse untergebracht ist. Bei einem Vorfall ist man oft nicht vor Ort. Der andere Fall: Es ereignet sich ein Vorfall und man muss handeln, weiß aber auch, dass man in 5 Minuten wieder in einem anderen Gebäude unterrichten muss, oder man hat eine Pausenaufsicht. Da ist immer wieder das Problem der Aufsichtspflicht zugegen."

Auch eine Terminierung der Elterngespräche bedeutet häufig eine große Herausforderung: Für das Anberaumen von Elterngesprächen auf offizieller Ebene müssen sowohl die Eltern eingeladen werden, als auch die weiteren Beteiligten, was im System Schule, in dem alle Beteiligten viele Verpflichtungen und Termine wahrnehmen müssen, nicht immer einfach zu koordinieren ist.

Erschwerend kommt teilweise hinzu, dass Fristen eingehalten werden müssen, dennoch kann es vor deren Ablauf erneut zu schweren Zwischenfällen kommen, auf die auch wieder reagiert werden muss. Das führt die Dynamik vor Augen, die das Leben und Lehren und den Umgang mit verhaltensauffälligen Kindern in der Schule mit sich bringt. So kommt es teilweise zu Überschneidungen verschiedener Handlungsstränge, die dann auch wieder entsprechend laut Gesetz ablaufen müssen. Was bedeutet das im konkreten Fall für den/die Klassenlehrer-/in?

> „Als K zu Beginn des Schuljahres deutlich ein auffälliges Verhalten zeigte, führte ich das zunächst auf Hemmungen aufgrund des Lehrerwechsels zurück. Es gibt immer Kinder, die in diesem Zusammenhang sehr sensibel reagieren. Das Verhalten von K empfand ich intuitiv als sehr alarmierend. Glücklicherweise erwies er sich zwar in den ersten Tagen als auffällig, aber auch unauffällig, weil er sich zwar

nicht aktiv am Unterricht beteiligte, die ihm übertragenen Aufgaben jedoch erfüllte. Kinder, die sich nicht so lebhaft am Unterricht beteiligen, erlebt man ja häufiger. Als die Verweigerungshaltung jedoch eskalierte und er sich zunehmend weigerte, am Unterricht teilzunehmen oder den Unterrichtsraum zu betreten, fühlte ich mich zunehmend überfordert. Fachlehrer klagten ihr Leid und die Phasen der täglichen Ausschulungen forderten mich sehr! Immer wenn ich das Gebäude betrat, hoffte ich, dass es zu keinen weiteren Vorkommnissen gekommen war, auf die ich reagieren musste. Ich betrat die Schule und betete, dass K nicht vor dem Lehrerzimmer auf mich wartete. Manchmal war das sehr anstrengend. Ich habe ja auch meine weiteren Verpflichtungen, denen ich nachkommen muss. Ich unterrichte viele Klassen und stelle mich u.a. mental auf den folgenden Unterricht ein. Hinzu kommen natürlich weitere administrative Aufgaben, die ich zu erledigen habe. Die Zwischenfälle, die sich häuften, forderten mich sehr und ich befand mich oft noch immer erregt im weiteren Unterricht, wo ich wieder perfekt agieren musste.

Innerhalb der Klasse, war es zunehmend schwierig, die Kinder sowohl vor K zu schützen als auch dafür zu sorgen, dass er nicht zum Außenseiter wurde. Er tat mir leid, aber ich konnte ihm auch nicht wirklich helfen. Ich musste z.T. zusehen, wie er zum Außenseiter wurde, versuchte ihn aufzufangen und zu unterstützen. Aber auch die anderen Kinder der Klasse benötigten Unterstützung und Hilfe und oft arbeitete ich an meinem Limit.

Die Zusammenarbeit mit den Eltern verlief anfänglich vermeintlich sehr positiv. Bald erkannte ich jedoch, dass sie nur scheinbar kooperativ agierten und mein Engagement und meine Empathie scheinbar ausnutzten. Das machte mich nicht nur wütend, ich fühlte mich auch ohnmächtig. Wie konnte ich diesem Kind nur helfen? Neben der emotionalen Zerreißprobe forderte mich K zunehmend: Elternbriefe wollen geschrieben werden, Elterngespräche müssen vorbereitet und protokolliert werden, Ordnungsmaßnahmen müssen beschlossen und in die Wege geleitet werden, jeder Vorfall muss dokumentiert werden und man muss auch noch die beteiligten Kinder trösten und beruhigen und teilweise Gespräche mit den Eltern der Opfer führen und sie beruhigen; das kostet alles sehr viel Zeit und Kraft und der Schulalltag läuft währenddessen weiter.

Anfänglich hoffte ich, die Eltern von K würden entsprechend der Absprachen, schnell eine professionelle Hilfe einleiten. Als dem nicht so war, wurde mir klar, dass der Leidensdruck auf die Eltern, der auch leider das Kind selbst betreffen würde, erhöht werden müsse. Mir tat es weh, dass dieses Kind mehr negative und schmerzliche Erfahrungen sammeln musste, als es nötig gewesen wäre. Aber das schien der einzige gangbare Weg.

Es war auch zunehmend schwierig, sich gegen die Kollegen-/innen zu behaupten. Die Meinung, das Kind sei einfach nur verwöhnt und müsse „härter angepackt" werden, kursierte eine sehr lange Zeit. Glücklicherweise fand ich im Kollegium auch „Verbündete".

2.3 Folgen der Divergenz von Erziehungs- und Bildungsauftrag

2.3.1 Eine Unterrichtsbeobachtung

Lehrer und Lehrerinnen können theoretisch einfach ihren Unterricht machen. Gerade, wenn eine Schule als System kein Konzept für ein Sanktionssystem hat, ist eine gewisse Wahrscheinlichkeit gegeben, dass die individuellen Bemühungen des Lehrers seinen Erziehungsauftrag zu erfüllen, scheitern. Was passiert, wenn zwar der Bildungsauftrag ausgeführt wird, aber der Erziehungsauftrag am einzelnen Lehrer hängt? Es lohnt sich, einmal minutiös den Schulalltag einer siebten Klasse zur Kenntnis zu nehmen, um dies zu verstehen:

Die 25 Schüler und Schülerinnen umfassende Klasse einer nordrheinwestfälische Hauptschule gilt als schwierig. Die folgenden Beobachtungen wurden mittels eines von uns leicht veränderten Erhebungsbogens nach Wettstein (2008) und einem leicht modifizierten Beobachtungsbogen nach Wettstein (2008) festgehalten.

Die Sitzordnung der Klasse besteht einerseits aus Reihen, andererseits aus Tischgruppen. Die Schüler und Schülerinnen sitzen relativ auseinander gezogen in der Klasse, so dass sich insgesamt ein unübersichtliches und unstrukturiertes Bild ergibt. Die Schüler und Schülerinnen haben sich offensichtlich in verschiedene Cliquen gruppiert, die auch durch die Sitzordnung unterstrichen wird. Zwei von ihnen sitzen frontal vorne, P und J. J wird während der gesamten Schulzeit nicht den Platz wechseln. Sie dreht sich nicht einmal um und sagt während der gesamten Schulzeit nichts. Nur einmal liest sie beim Rundlesen einige Sätze vor. P beteiligt sich rege.

Rechts an einer seitlich angebrachten, langen Tafel hängen zwei Pappplakate, eines mit den Gesprächsregeln und ein anderes mit den Klassenregeln. Von meiner mittigen hinteren Sitzposition aus konnte ich[5] die Gesprächsregeln nicht entziffern, da sie relativ klein notiert worden sind. Die Gesprächsregeln wurden nur mit einem Teil der Klasse in ei-

---

[5] Die Beobachtung wurde von Gisela Steins durchgeführt

nem über einen sehr kurzen Zeitraum stattfindenden externen Kurs aufgestellt. Die eigentlichen Klassenregeln hängen nicht aus, sie werden uns von dem Klassenlehrer, Herrn S., übergeben.

Erste Stunde: Erdkunde mit Frau P
Heute haben die Schüler und Schülerinnen in der ersten Stunde Erdkunde bei Frau P. Nach 30 Minuten können zweimal hintereinander verbale aggressive Attacken von D und nach 40 Minuten eine verbale aggressive Attacke von S beobachtet werden.

Die Lehrerin kommt in den Raum, steht in der Mitte und kündigt kurz das Unterrichtsthema an: Klimazonen. Durch eine Frage-Antwort-Technik versucht Frau P ein paar Grundlagen zu wiederholen. Einige Schüler und Schülerinnen haben noch ihre Mütze auf dem Kopf, viele Schüler und Schülerinnen reden halblaut miteinander, während Frau P ihre Fragen stellt. Frau P fordert einen Schüler auf, das Kaugummi aus dem Mund zu entfernen und fordert R auf mit den Spielereien aufzuhören. Schüler rufen auf die Fragen der Lehrerin immer wieder laut in die Klasse und reden über die Tische hinweg miteinander, ohne dass dies von Frau P kommentiert wird. Ein Schüler sitzt vollständig ohne Arbeitsmaterialien da und gähnt. Eine Schülerin wird ermahnt, da sie offensichtlich privaten Interessen nachgeht. Mehrere Schüler haben kein Buch dabei. D hat bis zur 20. Unterrichtsminute bereits unkommentiert dreimal „Arschloch" zu verschiedenen Personen seiner Umgebung gesagt. Die Mädchen, die wegen ihrer privaten Tätigkeiten ermahnt wurden (L und S), schreiben einfach ihre Briefe weiter, Kaugummi wird weitergekaut. Ein Mädchen leiht sich Rs Spitzer und geht damit zum Papierkorb, gibt ihn danach wortlos R zurück.

In der 28. Unterrichtsminute teilt die Lehrerin ein Arbeitsblatt aus, die Schüler sollen Klimazonen markieren und zuordnen. Zwei Schüler teilen das Arbeitsblatt aus, ein Schüler liest den Arbeitsauftrag vor. Die Lehrerin bemerkt, dass ein Schüler kein Buch dabei hat und organisiert eines. Sechs Schüler und Schülerinnen haben zu diesem Zeitpunkt immer noch ihre Jacke an. Während der Arbeitsphase geht Frau P herum und beantwortet Fragen, lobt die Schüler und Schülerinnen. Diese freuen sich sehr über das Lob. Da sie Farbstifte für die Aufgabenbearbeitung verwenden müssen, leihen sie sich gegenseitig welche und stehen dafür auf, gehen ebenfalls herum, kramen in ihren Schlampermäppchen. Da viele Schüler und Schülerinnen offene Spitzer haben, gibt es einigen Zulauf zum Papiereimer. R spitzt auffallend viel und ausdauernd an seinem Platz. Bemerkungen wie „Halt die Fresse, Du Arsch, ich rede nicht mit dir" (S) sind zu hören, werden aber nicht kommentiert. Durch informelle Nachfrage eines Schülers stellt sich heraus, dass das Arbeitsblatt benotet wird. Y ist relativ schnell fertig und knipst danach die ganze Zeit mit ihrem Stift. K sagt mehrmals, dass er fertig ist, seine Aufgabenbearbeitung wird von der Lehrerin kritisch kommentiert. Das ruft bei K Empörung hervor. Frau P geht eher zu Schülern und Schülerinnen, die sich nicht melden und lässt Schüler und Schülerinnen, die sich melden, warten. R, der sich sehr lange erfolglos gemeldet hat, beginnt irgendwann zum Schluss der Stunde auf sein Geodreieck zu schlagen, so dass es springt. Er wird von F zurecht gewiesen, der sich dadurch gestört fühlt. Die Schüler können mehrheitlich nicht abwarten bis die Lehrerin zu ihnen gekommen ist und ihnen persönlich Feedback gegeben hat. Die Stunde verläuft sich in informellen Gesprächen und geht auch so zu Ende.

Zweite Stunde: Förderunterricht mit Herr S
Der Förderunterricht findet mit 15 Schülern und Schülerinnen aus zwei Klassen statt. Heute fehlen allerdings fünf Schüler und Schülerinnen, so dass nur 11 Schüler anwesend sind. A ist dabei die mit einer trockenen Ajaxschicht bedeckten Tische zu polieren. Herr S kommt in die Klasse und kämpft zu allererst mit dem Overheadprojektor, der nicht so richtig funktioniert. Dabei schimpft er und verbalisiert negative Inhalte wie „… immer noch nicht". Die Schüler reden dabei sehr laut miteinander. S und D streiten lauthals. Herr S kämpft um Ruhe.

In der sechsten Unterrichtsminute fordert er dann D auf vorzulesen. Es geht um Konjugation, den Schülern fehlt jedoch offensichtlich die Erinnerung an diesen Fachbegriff. Herr S kommentiert dies ärgerlich. Er fordert D auf, das Fachwort zu sagen. Daraufhin ergreift ein anderer Schüler das Wort, der mit „Du bist nicht D, Gott sei Dank!" zurecht gewiesen wird. Obwohl D sagt, dass er nicht weiß, was der Lehrer will, bohrt dieser weiter. Daraufhin gibt D schlechte Antworten, auch beleidigende Antworten, die von Herr S mit „Mein Gott" kommentiert werden. In der 13. Unterrichtsminute teilt er Arbeitsblätter aus: „Ihr werdet verstehen, was ich meine, es ist ganz einfach." A teilt das Arbeitsblatt aus. Manche Schüler und Schülerinnen kommen nicht damit klar, viele Schüler und Schülerinnen melden sich nicht, sondern rufen in den Unterricht hinein. Herr S verwickelt sich in Nebengespräche mit Schülern und Schülerinnen, mit denen er schimpft: „Es reicht wohl nicht, dass es dick ist (die Aufgabenstellung ist fett gedruckt)." „Du sollst..." ist eine sehr häufig von ihm verwendete Formulierung. Sein Tonfall ist teilweise beherrscht, teilweise sehr genervt und verärgert. Als S es dann richtig macht, sagt Herr S „Gott sei Dank". Nun geht es um den Dativ (21. Unterrichtsminute). Es entspinnt sich ein Frage-Antwort-Dialog mit A. Aus den Fragen geht hervor, dass das Konzept des Falles nicht klar geworden ist. Es ist auffallend, dass mindestens 60% aller Beiträge durch L getätigt werden. Selbst wenn es Alternativen gibt, wählt Herr S L aus. L darf ihre Ergebnisse anschreiben. Herr S kommentiert dabei Fehler in den Bemerkungen zum Arbeitsblatt von anderen mit Kommentaren wie „Schwachsinn". Es laufen parallel sehr viele Gespräche.

Herr S fordert nun K auf nach vorne zu gehen. Während die Schüler ihre Lösungen aufschreiben, laufen viele andere Ereignisse ab. A darf die restlichen Lösungen vorne aufschreiben. A reagiert sehr empfindlich auf kritische sachliche Bemerkungen von Herr S. Herr S kommentiert es nicht, als S A immer wieder sein Lösungsblatt wegnimmt. Stattdessen bezeichnet er sehr gut vernehmbar Ks Schrift als Sauklaue und unterstellt A Absicht bei dem Verschreiber Schanke statt Schänke. Und sagt zu ihm „Scherzkeks", allerdings nicht humorvoll. Es ist bis zu diesem Zeitpunkt nicht klar, ob das Arbeitsblatt benotet wird (43. Unterrichtsminute). Der Parallelkurs kommt verfrüht zurück, Herr S schimpft mit K, der nicht fertig geworden ist.

Bemerkung: Die Sitzordnung ist unstrukturiert. Die Schüler und Schülerinnen sitzen verstreut im ganzen Raum. Der Lärmpegel ist recht hoch. Die ganze Zeit ist ein Fenster weit geöffnet, die Heizungsluft flirrt in dieser Kältegrenze. R ist es so kalt, das er in Handschuhen da sitzt und wird deswegen auch ermahnt. Das Fenster wird erst in der darauf folgenden Stunde auf meine Bitte hin geschlossen.

Dritte und vierte Unterrichtsstunde: Doppelstunde Deutsch
L darf zunächst einen Elternbrief vorlesen, den die Schüler und Schülerinnen ihren Eltern mitgeben sollen. Dabei gibt es viele Nebengespräche, die von Herrn S mit einer ärgerlichen Mimik kommentiert werden. Er droht R nun damit, ihm die Handschuhe wegzunehmen, die er anhat, tut es aber nicht. Auf Rs Klage, dass ihm kalt sei, geht er nicht ein. Zu diesem Zeitpunkt steht das Fenster noch weit offen. Y neben mir knipst die ganze Zeit mit ihrem Stift. Nach fünf Minuten ist der Brief vorgelesen und eingesteckt.

Nun soll ein Arbeitsblatt bearbeitet werden. Herr S schimpft in der 7. Unterrichtsminute mit D: „Guck darauf, aber halt den Mund dabei!", „Da du morgen sowieso eine Konferenz bekommst, brauche ich mir sowieso keine Mühe mehr zu machen." Es scheint von vorneherein festzustehen, dass D die Schule zu verlassen hat. Herr S erklärt die mit dem Arbeitsblatt verbundene Grammatik. Die Schüler beginnen das Blatt zu bearbeiten. Der Lehrer droht A, der in Nebengespräche verwickelt ist, damit, ihn rauszuschicken, tut es aber nicht. Zwischendurch ruft er R zu „Du sitzt falsch auf deinem Stuhl" (für mich nicht erkennbar). L und S zicken sich an. Die Schüler, die sich nun länger gemeldet haben, rufen Herrn S mit Namen. Er reagiert nicht darauf. D möchte die Plätze tauschen. R wird von K gehauen. Herr S schmeißt D raus und droht gleichzeitig A mit Rausschmiss. Neben mir schreit Y „Halt deine Fresse, du Alter."

L darf nach ungefähr 22 Minuten nach vorne und ihre Lösungen anschreiben. Die Klasse wird nicht einbezogen, sondern sitzt rum. Herr S nimmt nun auch andere Schüler dran, die nach vorne kommen sollen; er schaut sie dabei nicht an. R und K sind in Kämpfe verwickelt, die vornehmlich unter dem Tisch in Beinarbeit stattfinden. R muss dann unvermittelt vorlesen, was an der Tafel steht. Dabei merkt er nicht, dass er auch unkommentiert Ls Fehler mit vorliest. Herr S unterbricht ihn: „Du wirst ja wohl so was nicht vorlesen." Es entsteht eine große Unruhe: Während R weiter vorliest, spricht L laut in die Klasse. Herr S geht sachlich auf Ls Kommentar ein, schimpft kurz danach mit A (der auch nun ohne Melden in die Klasse reinruft). Herr S fordert R auf, leise zu sein und sagt „R hat heute keine Lust". Ein Schüler schlägt immer mit dem Arm auf den Tisch. L bestreitet den Unterricht weiter. Die Schüler und Schülerinnen können nicht definieren, was ein Adjektiv ist. Herr S sagt ironisch: „Oh wie schön!"

Das Arbeitsblatt wird als Hausaufgabe aufgegeben. „Wer's nicht macht, kriegt eine 5; dafür habt ihr letztens nicht viel aufbekommen. Fangt jetzt damit an." D klopft und kommt rein, zwischenzeitlich hatte ich zu B gesagt, er solle aufhören K den Arm umzudrehen (der schon kreidebleich war). D wird von Herrn S sofort in den Trainingsraum geschickt. Er kommt auch wieder rein. U wird rausgeschickt, weil er nicht den Platz wechseln will. Er klopft, um wieder reinzukommen, wird aber wieder rausgeschickt.

Fünfte Unterrichtsstunde: Englisch Förderunterricht mit Herr S
Hier ist wieder nur eine Teilgruppe anwesend. In dieser Stunde konnte ich viermal verbales oppositionelles Verhalten gegen die Lehrkraft beobachten und zwar zweimal von S, einmal von A und einmal von D. S sollte den Platz wechseln, macht es aber nicht, auch nicht nach wiederholter Aufforderung. A soll vorlesen, tut es aber nicht. D macht sich lustig über die Bemerkungen von Herrn S. Einmal beobachte ich aktives körperliches aggressives Verhalten: A schlägt R von hinten auf den Kopf.

Herr S teilt ein Arbeitsblatt aus. Die Schüler sollen zunächst auf Englisch beschreiben, was auf den Bildern zu sehen ist. Herr S versucht immer wieder anzufangen, aber es gibt immer wieder störende Nebengespräche. A sitzt nicht auf seinem Platz. S soll vorlesen. Dann soll A vorlesen. Dann K. Y lacht über Ss Stimme. S sagt „Lach nicht." Herr S redet sehr viel über die Bilder, so dass die Schüler nur kleine Ergänzungen machen können. In der 15. Unterrichtsminute klingelt Ls Handy. Herr S sagt „Mach's weg." und fordert sie auf, den Platz zu tauschen. Das macht L nicht. D hat bis jetzt gar nicht mitgemacht, das fällt Herrn S auf. Nun liest R vor. Dabei fordert Herr S S und L auf, ihre Gespräche zu beenden und droht mit Rausschmiss. S liest denselben Text noch mal vor. S und L müssen nun auf einem leeren Blatt eine Regel immer wieder aufschreiben, da sie immer weiter geredet haben.

Nun wird „Fehlergelesen": Regel ist, dass der nächste weiter liest, sobald sein Vorgänger einen Fehler in der Aussprache gemacht hat. Nun liest D vor. Wenn er einen Fehler macht, lacht A. Reihum wird weiter vorgelesen. Während K vorliest, machen sich viele über seine Stimme lustig. Sobald D den ersten Fehler macht, wird er unterbrochen, das wird allerdings sehr unterschiedlich gehandhabt. P darf viele Fehler machen. A reagiert darauf empört. Darauf wird nicht eingegangen. S und L schreiben nun immer wieder die Regel auf und beteiligen sich gar nicht mehr. Als A einen Fehler macht, muss er viermal hintereinander immer dasselbe sagen, wird dabei ungeduldig. Der Ton zwischen ihm und Herrn S ist scharf.

Trotz der Unruhe habe ich den Eindruck, dass die Schüler und Schülerinnen gerne vorlesen und diese Unterrichtsform sehr gerne haben. Die zehnzeilige Geschichte, die immer wieder vorgelesen wurde, war ihnen offensichtlich nicht zu langweilig. Auch die dazu gehörenden Übungen schienen ihren Fähigkeiten zu entsprechen. Herr S saß die ganze Zeit vorne. Dadurch, dass das Vorlesen der Reihe nach ging, gab es Minuten überraschender und entspannter Harmonie.

Eigentlich wollte ich mit dem anderen Teil der Klasse in den laufenden Parallelkurs, aber die Lehrerin hat es nicht zugelassen. Sie sagt zu mir: „Das geht heute nicht. Ich habe für heute nichts vorbereitet."

Sechste Unterrichtsstunde: Wirtschaftslehre mit Frau B

In dieser Stunde beobachtete ich einmal verbales oppositionelles Verhalten von A gegen Frau B: A will auf Frau Bs Forderung hin nicht den Platz tauschen, da er nicht der einzige sei, der laut wäre (was in diesem Falle zutreffend ist). Außerdem fragt S L wiederholt: „Bist Du behindert?"

Ich beobachte in dieser Stunde außerdem 4mal aktives aggressives Verhalten von Schülern und Schülerinnen gegen andere Schüler und Schülerinnen. S schlägt P. P und R schlagen sich wiederholt gegenseitig, anfangs im Spaß, dann immer heftiger (über einen Zeitraum von 20 Minuten). U und L schlagen sich, sie reagieren nicht auf Frau Bs Forderung aufzuhören. D schlägt K von hinten mit seinem Schlüsselbund (intentional).

Dazu kommt, dass D R mit seinem Taschenmesser droht, der davon so verängstigt ist, dass er weint. Frau B lässt sich das Messer zeigen; D darf es zurückstecken.

Dreimal kann ich aggressives Verhalten gegen Gegenstände beobachten. D tritt gegen einen Stuhl, den er zurückstellen soll. K zerstört Rs Geodreieck. Mehrere Jungen (B und R) hacken mit einem Zirkel intensiv auf Flaschendeckel, um sie als Spritzpistole zu verwenden.

Die Stunde beginnt damit, dass Frau B auf die andere Kurshälfte warten muss. Sie kündigt einen Test an, Material darf dafür benutzt werden. Die Schüler und Schülerinnen kramen nach ihren Mappen. Es ist ein ohrenbetäubender Lärm, der unmittelbar mit Frau Bs Ankunft losbrach. A wird zum letzten Mal verwarnt, er solle leise sein, obwohl die meisten sehr laut sind.

Die Antworten zu dem Test sollen auf ein Extrablatt geschrieben werden; viele haben kein Blatt dabei, so geht eine unstrukturierte Organisation nach leeren Blättern los. Meistens wird Y gefragt, die jedem bereitwillig ein leeres Blatt gibt, der nachfragt. A soll nun endgültig den Platz tauschen, er tut es aber nicht, da auch die anderen laut sind. R kippt mit dem Stuhl um. Die Schüler tauschen sich über den Test aus. Frau B fixiert besonders A. Währenddessen sind U, R und D sehr viel lauter. R und P schlagen sich sichtbar und laut und zwar über einen recht langen Zeitraum.

Nach zehn Minuten stellt Frau B fest, dass nicht alle ein Extrablatt haben, auch haben nicht alle die Aufgabe mitbekommen und ihre Antworten auf das Aufgabenblatt geschrieben. L und U fangen an, sich in der 16. Unterrichtsminute zu schlagen, denn U hat sich eine Sache von L genommen (ich glaube einen Spitzer). Z läuft im Raum herum und wird ermahnt sich wieder hinzusetzen, D redet sehr laut mit anderen. D, R, Z, A und K laufen in der Klasse herum und hören nicht auf Frau Bs Forderung sich wieder hinzusetzen. K gibt den Test in der 22. Minute ab. Z wird von der Lehrerin nach vorne gerufen. D attackiert von hinten R. T und K machen Quatsch am Waschbecken; sie spritzen mit den Flaschen, die sie vorher mit den Zirkeln bearbeitet haben. S macht mit. Sie hören nicht auf die Lehrerin. Fünf Minuten machen sie weiter. Die Lehrerin muss körperlich einschreiten, um sie auf die Plätze zu zwingen (berührt sie an den Oberarmen). Kaum dreht sie ihnen den Rücken, machen K und D wieder weiter am Waschbecken. Während K weiter mit dem Zirkel eine neue Flasche bearbeitet, verletzt er dabei versehentlich U. Die Lehrerin versucht vehement D und K vom Waschbecken wegzubekommen. Hier ist schon die 35. Unterrichtsminute angebrochen und das Spiel mit dem Wasser zieht sich schon seit zehn Minuten hin. Während Frau B daran arbeitet, die Beiden auf ihre Sitzplätze zu bekommen, steht P auf, stellt sich vor eine Pinnwand und beginnt, diese zu studieren. Es ist ein extrem hoher Lärmpegel, nur ab und zu versteht man Wortfetzen wie „Halt die Schnauze". R und P spielen Basketball mit Papierbällen und Papiereimer. Y schreit „Säue!", als ihr ein Papierball vor die Füße fällt. R verschwindet hinter der Tafel, die von P hochgeschoben wird und sie werfen sich über die Tafel Rs Handschuhe zu. Zwischendurch fragen manche Schüler Frau B indem sie laut in die Klasse rufen: „Was passiert, wenn ich ordentlich schreibe?". Sieben Minuten vor Unterrichtsschluss sind alle Schüler fertig, die meisten prügeln sich, pöbeln, rennen schnell durch die Klasse und sind sehr laut. Auch bislang relativ unauffällige Schüler wie L oder S. Ganz zum Schluss der Stunde heult R, weil er sich durch Ds Messer bedroht fühlt und dieser ihm auch damit gedroht hat. Frau B verlangt das Messer zu sehen. Es ist ein Schweizer Taschenmesser. D darf es einstecken. Weiter wird darauf nicht eingegangen. Die Stunde ist um. Der Unterricht ist für heute beendet.

Reflexion
Von außen betrachtet, über eine Summe zahlreicher Beobachtungen in dieser Klasse, kann man sagen, dass die meisten Lehrer und Lehrerinnen in dieser Klasse versuchen, ihren Stoff an die Schüler und Schülerinnen heranzuführen. Dabei bedienen sie sich verschiedener didaktischer Mittel, um die Aufmerksamkeit der Schüler und Schülerinnen zu bekommen. Sie versuchen auch verschiedene Arbeitsformen durchzuführen. Dieser kurze Einblick in das Sozialverhalten der Schüler und Schülerinnen zeigt jedoch, dass sich innerhalb dieser Klasse eine antisoziale Kultur herausgebildet hat, die nicht ganz unabhängig vom Verhalten der Lehrkraft entstanden ist. In Kapitel 7.1.1 stellen wir ein Modell zur Störungsprävention durch effiziente Klassenführung vor, welches durch den amerikanischen Forscher Jacob Kounin in den 70er Jahren begründet wurde.

Es gelingt dem Mathematiklehrer, dessen Unterricht an diesem Tag nicht stattfand, einen relativ störungsfreien Unterricht durchzuführen. Er hat ein ganz klares System von Anforderungen, das er zu Beginn der Stunde kontrolliert und bewertet. Die Schüler und Schülerinnen wissen genau, welche Arbeitsmaterialien sie bereits vor sich liegen haben müssen und was passiert, wenn sie nicht da liegen. Frau B hat jedoch offensichtlich überhaupt keine Sanktionsmacht mehr. Allerdings konnten wir auch nicht beobachten, dass sie diese jemals eingesetzt hätte. Herr S setzt seine Sanktionsmacht willkürlich ein. Die Schüler und Schülerinnen empfinden sein Verhalten als ungerecht. Herr S empfindet sehr viel Ärger, er hält von vielen Schülern und Schülerinnen menschlich nichts und lässt sie das deutlich spüren. Für die Schüler und Schülerinnen gestaltet sich deswegen der Unterricht bei ihm als unkontrollierbar. Sie spüren seine Abneigung und handeln nach dem Reziprozitätsprinzip: Die Anerkennung von Herr S ist nicht wichtig, denn er mag auch sie nicht. Es geht nur noch darum, Ärger mit den Eltern zu vermeiden und mit dem Schulleiter. Deswegen wird der Bogen nicht allzu weit überspannt.

Auf den Trainingsraum als Sanktionsmittel kommen wir an einer anderen Stelle noch zurück. Würde Herr S. sehen, über welches Verhaltensrepertoire die meisten seiner Schüler und Schülerinnen bei anderen Lehrkräften verfügen, würde er erstaunt sein.

„Dieser kurze Einblick in das Sozialverhalten der Schüler und Schülerinnen zeigt jedoch, dass sich innerhalb dieser Klasse eine antisoziale Kultur herausgebildet hat, die sicherlich nicht ganz unabhängig vom Verhalten der Lehrkraft entstanden ist."

„Frau B. hat offensichtlich überhaupt keine Sanktionsmacht mehr. Allerdings konnten wir auch nicht beobachten, dass sie diese jemals eingesetzt hätte."

2.3.2 Das Selbstkonzept als ein Bündel von Perspektiven und die Rolle von Sanktionen

Personen sind in den meisten Fällen nicht einfach böse oder gut. Ihr Verhalten schwankt erheblich mit dem Kontext, in dem sie sich befinden und das je stärker, desto jünger sie sind. Es ist ein Ziel des mündigen Menschen, kontextfrei aufgrund moralischer und ethischer Vorstellungen sein Verhalten nach bestimmten Maximen auszurichten und es ist nicht davon auszugehen, dass dies bereits den Schülern und Schülerinnen einer siebten Klasse gelingen kann. Auch deswegen besuchen sie eine Schule, um dies zu lernen.

Ideal wäre es, wenn Menschen irgendwann gelernt hätten, sich von den Anforderungen des Kontextes zu lösen und ihr Verhalten nach übergeordneten ethischen Prinzipien auszurichten. Da dies aber auch in der erwachsenen Population bislang eine Utopie war und geblieben ist, versuchen Gesellschaften durch Sanktionen die Auftretenswahrscheinlichkeit unerwünschter Verhaltensweisen zu senken. Man kann zwar beispielsweise trotz Alarmanlagen, Schlössern und Sicherheitsdiensten nicht verhindern, dass es zu Einbrüchen und Diebstahl kommt, aber es besteht die Hoffnung, dass der potenzielle Dieb abgeschreckt wird. Ängstlichere Naturen werden sich aus Angst vor den möglichen Folgen auch ohne ethische Prinzipien von einem Einbruch abschrecken lassen. Ist die Gelegenheit aber günstig, werden auch sie einen Diebstahl ausüben. So gilt es in manchen Subgruppen auch gar nicht als unmoralisch einen Diebstahl zu begehen, man darf sich nur nicht erwischen lassen. In anderen Kontexten kann jedoch ein und derselbe Mensch sehr moralisch denken und handeln.

Will man ein funktionierendes Sanktionssystem etablieren, dessen negative Sanktionen nur außerordentlich selten in Kraft treten sollen, dann muss man mit den Individuen der entsprechenden Population in einen überzeugenden, lang anhaltenden Diskurs über Ethik eintreten. Diese traditionelle Aufgabe der Religion und des Elternhauses gehört mittlerweile zum Erziehungsauftrag der Schule. Es lohnt sich, diese Aufgabe systematisch umzusetzen, denn die Divergenz von Erziehungs- und Bildungsauftrag hat Folgen für die Lehrkräfte und die Schülerschaft.

2.3.3   *Folgen der Divergenz für die Lehrerschaft*

Ein Lehrer, der seinen Bildungsauftrag unter Umständen wie oben beschrieben durchzieht (Abschnitt 2.3.1, eine Unterrichtsbeobachtung), weiß sehr wohl, dass er nur einen Bruchteil der Schülerschaft erreicht. Selbst motivierte Schüler und Schülerinnen werden aufgrund des Lärmpegels keine Chance haben, ihm zu folgen. Das Beispiel von Frau B zeigt, dass sehr viel Unterrichtszeit vergeudet wird, einfach weil die sozialen Voraussetzungen des Lernens in diesem Kontext fehlen. Was die Einschätzung der eigenen Selbstwirksamkeit als Lehrerin angeht, wird sich Frau B sicher nicht als besonders selbstwirksam einschätzen können. Eine Gruppe von Lehrkräften wird nun dazu neigen, die Situation als persönliches Versagen zu erleben.

Hier gilt: Die Interpretation und Bewertung des Unterrichts wird die Qualität und Intensität der eigenen Gefühle steuern. Ein Lehrer, der die laute Klasse als Ausdruck persönlichen Versagens empfindet und dies als schlimm bewertet, wird sich deprimiert fühlen und Angst entwickeln, in die Schule zu gehen. Im schlimmsten Fall entwickelt diese Lehrkraft eine Depression.

Bei den meisten Lehrern werden aber hier die üblichen Mechanismen des Selbstwertschutzes einsetzen. So vertritt auch Frau B die Überzeugung genauso wie Herr S, dass die Schüler eben schwierig und nicht zu begeistern sind. Anders als Herr S sind bei Herrn T überhaupt keine Emotionen zu erkennen, sein Verhalten wirkt fast lethargisch. Diese Erklärung hat im Vergleich zu der depressogenen Bewertung den Vorteil, dass Lehrkräfte mit solchen Überzeugungen möglicherweise ihren Beruf nicht mehr lieben, aber auch nicht in Depressionen verfallen. Wünschenswert für die Schüler und Schülerinnen ist keine der beiden Interpretationen. Eine depressive Lehrerin nützt den Schülern und Schülerinnen nichts und schadet sich selbst, ein resignierter Lehrer führt jedoch zum gleichen Resultat. Bei beiden Reaktionen handelt es sich um verpasste Verhaltensalternativen, die Lehrkräfte selbstwirksamer machen könnten und den Schüler und die Schülerin klüger.

2.3.4 Folgen der Divergenz für die Schülerschaft

Wenn ein Schüler sich aggressiv verhält und erhält kein Feedback, dann kommt er zu dem Schluss, dass er nicht notwendigerweise für sein Verhalten Konsequenzen zu tragen hat. Erfährt er wiederholt eine Nicht-Kontingenz von Verhalten und Konsequenzen, dann kann er sogar zu dem logischen Schluss kommen, dass sein Verhalten zwar schriftlich verboten, aber in der Realität erlaubt ist. Diese Verknüpfung zwischen Beobachtung der sozialen Realität und Schlussfolgerungen auf die ihr zugrunde liegende Regelung gilt für alle Verhaltensweisen.

Obwohl beispielsweise R sich von D so bedroht gefühlt hat (siehe 2.3.1 Eine Unterrichtsbeobachtung), dass er geweint hat, lernt D durch das Verhalten der Lehrerin, dass sein bedrohlich wirkendes Verhalten überhaupt keine Konsequenzen hat. Er darf also, in seinen Augen, ein Taschenmesser in der Klasse haben und damit einem Schüler Angst machen. Lehrer, die ihrem Erziehungsauftrag nicht oder nur halbherzig nachkommen, erziehen genauso wie Lehrer, die ihren Auftrag wahrnehmen. Sie kommen nur zu eindeutig schlechteren Resultaten.

2.3.5 Folgen der Divergenz für die Schule

Meistens kommen die Relationen zwischen Erziehungs- und Bildungsauftrag in einer Schule irgendwie hin. Eine Subgruppe im Kollegium engagiert sich, die andere nicht, so dass die Schüler und Schülerinnen schnell lernen, wie sie sich bei welcher Lehrkraft benehmen sollen und können. Das ist oft schon unbefriedigend genug. Verändern sich aber diese Relationen zu Ungunsten der engagierten Subgruppe, dann droht das Schulklima zu eskalieren und eine Schule kann sich regelrecht den

Ruf einer schlechten Schule mit schwierigen Schülern und Schülerinnen und hohem Gewaltpotenzial erarbeiten. Die Folgen für eine Schule können also gravierend sein, wenn sie nicht beide Aufträge ernst nimmt und systematisch koordiniert.

2.4   Fazit

Der Alltag der meisten Lehrer und Lehrerinnen dreht sich vorrangig um den Bildungsauftrag der Schule. Vor dem Hintergrund des gesellschaftlichen Wandels, der in nahezu allen unseren Lebensbereichen stattgefunden hat, auch in der elterlichen Erziehung, und der auch viele Vorteile mit sich bringt, ist der Erziehungsauftrag der Schule stärker als jemals zuvor in den Vordergrund getreten.

Wir behaupten, dass der Erziehungsauftrag der Schule sogar als vorrangig vor dem Bildungsauftrag angesehen werden kann, da Unterrichtsinhalte ohne eine funktionierende soziale und emotionale Grundlage nicht transportiert werden können. Leider ist dieser Erziehungsauftrag eher für Schüler und Schülerinnen deutlich, die sich negativ verhalten, aber er ist natürlich auch gegeben bei Schülern und Schülerinnen, die überangepasst sind, weil sie eine protestantische Arbeitsmoral internalisiert haben. Immer wenn das Emotions- und Verhaltensrepertoire eines Menschen unnötig eingeengt ist kann Erziehung helfen: Sie kann dämpfen und sie kann ermuntern. Das Thema Sanktionen als eine notwendige Begleiterscheinung von Erziehung ist deswegen nicht nur ein Thema von Schulen in sozialen Brennpunkten, es ist ein Thema mittlerweile in nahezu allen Schulen. Wir wollen hier zeigen, wie der Erziehungsauftrag über Sanktionssysteme so gestaltet werden kann, dass auch die Fachkultur und die Unterrichtskultur nicht nur nicht beschnitten, sondern sogar befruchtet wird.

Lehrer erziehen aufgrund ihrer Rolle immer, auch wenn sie ihren Erziehungsauftrag nicht ausführen wollen oder können. Erziehung hat Folgen. Wird sie ungünstig ausgeführt, hat das nicht nur für die einzelne Lehrkraft negative Folgen, sondern auch für die Schüler und die Schule als System. Deswegen lohnt es sich, Erziehung nicht nur in die Hände externer Anbieter zu geben, sondern die Möglichkeiten der Schule als System zu kennen und zu nutzen.

Die vielen schulalltagsnahen Beobachtungen in diesem Kapitel sollten die Dringlichkeit des schulischen Erziehungsauftrags deutlich gemacht haben. Gleichzeitig sollte jedoch auch klar sein, dass vor der Kulisse der gegenwärtigen Rahmenbedingungen des Aufwachsens dieser Erziehungsauftrag eine sehr große Herausforderung darstellt. Dabei sollte klar sein, dass die heutigen Schüler und Schülerinnen keine besonders missratene Generation bilden. Keine Generation ist besser oder schlechter als eine Andere, es sind die Probleme, die sich ändern.

Im folgenden Kapitel 3 „Der Status Quo in der Schule" befassen wir uns zunächst mit dem Ist-Zustand des Sanktionierens an Schulen. Wir stellen dazu die Ergebnisse der empirischen Untersuchungen von Welling (2008) vor, die das Sanktionieren aus unterschiedlichen Perspektiven behandeln. Darüber hinaus erläutern wir wichtige Begrifflichkeiten im Kontext des Sanktionierens.

3   Der Status Quo in der Schule

3.1   Begriffsbestimmung

Innerhalb dieses Kapitels werden vorab Begriffe im Zusammenhang mit
Sanktionen an Schulen vorgestellt und erklärt. Manche Bezeichnungen
sind mehrdimensional und daher missverständlich, andere werden in
der Alltagssprache anders definiert als in der Sozialpsychologie. Daher
werden die wichtigsten Begriffe zunächst geklärt.

3.1.1   Unterrichtsstörungen und Disziplinprobleme

Um sich eine Konsequenz für ein unerwünschtes Verhalten zu überlegen, muss zunächst geklärt werden: Was genau ist ein unerwünschtes
Verhalten? Was dürfen und müssen Schüler und Schülerinnen in der
Schule eigentlich – und was dürfen und müssen sie eben nicht?
   Zunächst einmal steht fest: Jeder Bürger der Bundesrepublik Deutschland hat Rechte und Pflichten, die elementar im Grundgesetz und in
einer Vielzahl von weiteren Gesetzen festgehalten sind. Diese Rechte
und Pflichten betreffen auch Schüler und Schülerinnen. Interessant für
den Bereich Sanktionen an Schulen sind primär die Pflichten des Schülers und der Schülerin. Juristisch betrachtet muss sich ein Schüler und
eine Schülerin an die Schulpflicht halten, muss regelmäßig am Unterricht und verbindlichen Schulveranstaltungen teilnehmen. Außerdem
muss er und sie im Unterricht mitwirken, sich auf den Unterricht vorbereiten und aufgetragene Arbeiten und Hausaufgaben erledigen. Die
Einhaltung dieser Pflichten ist Voraussetzung für eine „geordnete Unter-
richts- und Erziehungsarbeit der Schule sowie dem Schutz von Personen

und Sachen" (SchulG NRW, S.11 §53). Hält ein Schüler seine Pflichten nicht ein, so zeigt er demnach ein unerwünschtes Verhalten und stört den Unterricht(sablauf).

In der wissenschaftlichen Literatur findet man eine Vielzahl von unterschiedlichen Definitionen für Unterrichtsstörungen und Disziplinprobleme. Tücke (2005) gibt u.a. eine Liste vor, auf der eine Reihe von Verhaltensauffälligkeiten genannt sind, die den Unterricht stören (S. 405). Nolting (2002) nennt zum Thema Unterrichtsstörungen und Disziplinprobleme Schülerverhalten wie Unruhe, Unaufmerksamkeit, passives Verhalten, Konflikte, mangelnde Mitarbeit und aggressives Verhalten. Er kategorisiert dieses Verhalten nach möglichen Ursachen: Individuelle, gesellschaftliche und institutionelle Ursachen.

Weiterhin sollte berücksichtigt werden, dass Schülerfehlverhalten von jedem Lehrer subjektiv anders empfunden wird, d.h. Kommentare oder Blicke sind für eine Person störend, eine andere übersieht sie regelrecht. Im folgenden wird Schülerfehlverhalten als eine Störung des Lernklimas durch Schüler und Schülerinnen, als Disziplinprobleme/ Unterrichtsstörungen leichter und schwerer Art definiert (z.B. Unkonzentriertheit, mangelndes Interesse, Beschäftigung mit unterrichtsfernen Gegenständen, Hereinrufen in die Klasse, Aggressionen (verbal und physisch), Täuschung, Clownerien, Drogenmissbrauch …).

3.1.2 Sanktionen

Eine Sanktion ist eine gesellschaftliche Reaktion sowohl auf normgemäßes als auch auf von der Norm abweichendes Verhalten (Duden Fremdwörterbuch). Bei dem Begriff der Sanktion unterscheidet man positive und negative Sanktionen, d.h. die Billigung und Missbilligung bzw. Bewertung einer Handlung von Individuen und Gruppen (Dorsch, 2004). Demnach ist eine Sanktion nicht ausschließlich eine Strafe, wie es in der Alltagssprache häufig verstanden wird, sondern es gibt verschiedene Sanktionsformen: Strafe, Tadel und Lob.

Im Kontext von Schule stößt man auch noch auf andere Termini, die die Konsequenz auf ein (Fehl)verhalten beschreiben. Es gibt eine Reihe von Bezeichnungen aus der Erziehungswissenschaft, wie z.b. Erziehungsmittel. Im juristischen Bereich (so z.b. im SchulG) wird zwischen erzieherischen Einwirkungen und Ordnungsmaßnahmen differenziert.

Außerdem wird häufig der Begriff der Verhaltensmodifikation gebraucht. Hiermit ist gemäß Dorsch (2004) aber eine Verhaltensanalyse und eine Verhaltensänderung verbunden, die in der psychologischen Therapie angewendet wird. Tücke (2005) überträgt den Begriff der Verhaltensmodifikation teilweise auf den Schulalltag und gibt Beispiele zum Einsatz im Unterricht.

Für unsere Ausführungen wurde der Begriff der Sanktion favorisiert, weil diese Bezeichnung alle Konsequenzen auf ein Verhalten abdeckt. Um die unterschiedlichen Sanktionen etwas transparenter darzustellen, wird im folgenden zwischen Sanktionssystemen und -maßnahmen unterschieden.

„Bei dem Begriff der Sanktion unterscheidet man positive und negative Sanktionen, d.h. die Billigung und Missbilligung bzw. Bewertung einer Handlung von Individuen und Gruppen (Dorsch, 2004). Demnach ist eine Sanktion nicht ausschließlich eine Strafe, wie es in der Alltagssprache häufig verstanden wird, sondern es gibt verschiedene Sanktionsformen: Strafe, Tadel und Lob."

3.1.3 Sanktionssysteme und -maßnahmen

> „Die Maßnahmen, die Lehrerinnen und Lehrer ergreifen, sind oft spontan, vom
> Augenblick diktiert und häufig für die Schüler nicht berechenbar. In den meisten
> Schulen gibt es kein stringentes und für alle Lehrerinnen und Lehrer verbindliches
> einheitliches und strukturiertes Vorgehen. Jede Lehrerin und jeder Lehrer reagiert
> individuell auf Störungen, einmal mit Humor, ein anderes Mal mit Hinwegsehen
> und wiederum ein anderes Mal mit Sanktionen der verschiedensten Art" (Bründel
> & Simon 2003, S.12).

Bründel und Simon (2003) beschreiben in diesem Absatz die Problematik von Sanktionen in Schulen sehr passend. Es wird deutlich, das es sinnvoll ist zwischen Sanktionsmaßnahmen und Sanktionssystemen zu unterscheiden.

Unter Sanktionsmaßnahmen werden hier Einzelmaßnahmen gefasst, wie beispielsweise Ignorieren, Blicke, Name an der Tafel notieren, Sonderaufgaben, Unterrichtsausschluss, Ermahnungen und die Androhung von weiteren Konsequenzen. Auch der bereits in Abschnitt 2.2.3 erwähnte Trainingsraum stellt eine solche Einzeltechnik dar.

Bei Tücke (2005) werden diese Verhaltensweisen von Lehrern und Lehrerinnen angesprochen. Zur Minimierung von Schülerproblemverhalten rät der Autor zu einer systematischen Vorgehensweise. Er gibt hierzu eine Übersicht an Verhaltensmodifikationsmöglichkeiten. Die oben genannten Einzelmethoden sind dann in dem Fall Teil eines Systems.

In der Praxis hat sich aber gezeigt, dass diese Einzelmethoden oft eben kein Teil eines Systems sind, sondern dass die Ruhe in einer Klasse nur vorübergehend hergestellt wird. Auch Wahl (2001) beschreibt (S. 407 f.), dass Lehrer und Lehrerinnen oftmals nicht in der Lage sind, längerfristig ein fruchtbares Lernklima herzustellen.

Julius (2004) nennt diese Einzelmethoden einfache Maßnahmen, sie werden aber als Maßnahmen zur Verstärkung in ein Token-Programm eingebettet.

Sanktionssysteme sind Programme, die festgelegten Abläufen folgen. Etabliert eine Schule z.B. ein Sanktionssystem, so ist Voraussetzung, dass jede Lehrperson in der Pflicht ist, die vorgeschriebenen Regeln einzuhalten und nach Plan durchzuführen. Der Erziehungsauftrag wird demnach systematisch auf alle Lehrerinnen und Lehrer verteilt. Für Schüler und Schülerinnen sowie Lehrerinnen und Lehrer wird transparent schriftlich festgehalten, auf welches Verhalten welche Konsequenz folgt. Für das Erreichen/Nicht-Erreichen eines Ziels können Belohnungen und Bestrafungen bestimmt werden.

3.2   Der juristische Hintergrund von Sanktionen

Für den Kontext Schule haben wir uns gefragt, was Schüler-/innen und Lehrer-/innen jeweils dürfen und müssen, wer sie kontrolliert und welche Konsequenzen bei falschem Verhalten entstehen. Aufschluss darüber geben das Schulgesetz (SchulG) und die Allgemeine Dienstordnung (ADO). In einer Untersuchung von Welling (2008) hat sich gezeigt, dass zwar der Großteil der Lehrkräfte Rechte und Pflichten kennt, es aber dennoch Lücken gibt. 46,3% der Lehrkräfte sagen, dass sie ihre rechtlichen Möglichkeiten kennen, demgegenüber stehen aber 50%, die nur teilweise damit vertraut sind. 2,5% wissen über ihre rechtlichen Sanktionsmöglichkeiten nicht Bescheid.

Wir möchten an dieser Stelle eine Übersicht geben, welche rechtlichen Rahmenbedingungen für Lehrkräfte und die Schülerschaft gelten. Dabei bedienen wir uns der juristischen Begriffe.

3.2.1   *Pflichten und Aufgaben der Lehrerschaft*

Lehrer und Lehrerinnen müssen ihr Amt unparteiisch und gerecht führen, sich für die freiheitliche demokratische Grundordnung einsetzen und bei politischer Betätigung Mäßigung und Zurückhaltung wahren. Es ist ihre Aufgabe sich amtsangemessen zu verhalten. Sie sind gebunden an Vorgaben aus Recht- und Verwaltungsvorschriften, Richtlinien und Lehrplänen, Konferenzbeschlüssen und Anordnungen der Schulaufsicht. In Erziehung und Unterricht ist alles zu vermeiden, was die Empfindungen Andersdenkender verletzen könnte.

Die Schüler und Schülerinnen sollen zur Selbstständigkeit erzogen werden. Sie müssen alle Belange ihres Tätigkeitsfeldes überwachen, die Notengebung vornehmen und schulische Prüfungen abnehmen. Darüber hinaus müssen sie Vertretungsaufgaben übernehmen und an Konferenzen teilnehmen. Außerdem haben sie eine Fortbildungspflicht.

3.2.2 Pflichten und Aufgaben der Schülerschaft

Auch der Schülerschaft kommen im Zuge der Schulpflicht einige Aufgaben und Pflichten zu. Sie müssen regelmäßig am Unterricht und verbindlichen Schulveranstaltungen teilnehmen, außerdem am Unterricht mitwirken und sich auf ihn vorbereiten. Das Schulgesetz schreibt ebenfalls vor, dass sie aufgetragene Arbeiten und Hausaufgaben zu erledigen haben.

3.2.3 Rechte der Lehrerschaft

Lehrer und Lehrerinnen in Deutschland haben Anspruch auf Fürsorge und auf Schutz bei der Ausübung ihrer dienstlichen Tätigkeit und sie dürfen in eigener Verantwortung erziehen, unterrichten, beraten und beurteilen. Weiterhin dürfen sie Bedenken gegen Beschlüsse der Schulkonferenz oder Rechtmäßigkeit dienstlicher Anordnungen der Schulleitung geltend machen. Ihre Eingaben werden an die Schulaufsichtsbehörde geleitet, dabei muss der erste Beschwerdeweg über die Schulleitung eingehalten werden. Beschwerden über Vorgesetze können unmittelbar an deren Vorgesetzte gerichtet werden.

3.2.4   Rechte der Schülerschaft

Schüler und Schülerinnen haben das Recht auf Bildung, Erziehung und individuelle Förderung, der individuelle Schulzugang ist abhängig von der jeweiligen Leistung. Grundlage für diese Rechte ist das Grundgesetz und die Landesverfassung des entsprechenden Bundeslandes. Die Schule sorgt für das Wohl des Kindes und bezieht, wenn nötig, das Jugendamt mit ein. Es herrscht die allgemeine Meinungsfreiheit unter Beachtung der persönlichen Rechte anderer, darunter wird auch das Betreiben einer Schülerzeitung ohne Zensur gefasst.

3.2.5   Konsequenzen der Pflichtverletzung von Lehrern und Lehrerinnen

Im Kontext unserer Perspektive ist es besonders interessant, welche Auswirkungen eine Pflichtverletzung von Lehrkräften und Schülern sowie Schülerinnen haben.

Im Schulgesetz bzw. der Allgemeinen Dienstordnung heißt es: „Der Beamte begeht ein Dienstvergehen, wenn er schuldhaft (vorsätzlich oder fahrlässig) die ihm obliegenden Pflichten verletzt." Dabei kann ein Dienstvergehen strafrechtliche (StGB) und disziplinarrechtliche Folgen haben. Manche Vergehen werden stärker geahndet, wenn sie im Amt begangen werden.

Solche Disziplinarmaßnahmen können sein: Ein Verweis, eine Geldbuße, eine Gehaltskürzung, eine Versetzung in ein Amt mit derselben Laufbahn mit geringerem Endgrundgehalt (Rangherabsetzung, Degradierung) und im schlimmsten Falle eine Entfernung aus dem Dienst.

3.2.6   Konsequenzen der Pflichtverletzung von Schülern und Schülerinnen

Sofern Schüler und Schülerinnen ihren Pflichten in der Schule nicht nachkommen, sind im Schulgesetz Erzieherische Einwirkungen und Ordnungsmaßnahmen zu Grunde gelegt. Dabei zu beachten ist der

Grundsatz der Verhältnismäßigkeit. Ordnungsmaßnahmen sind nur dann angebracht, wenn erzieherische Maßnahmen nicht ausreichen. Mit Erzieherischen Einwirkungen sind erzieherische Gespräche, Ermahnungen sowie Gruppengespräche mit Schülerinnen und Eltern gemeint. Ein Fehlverhalten kann mündlich und schriftlich missbilligt werden. Lehrerinnen haben auch die Möglichkeit, Schülerinnen von der laufenden Unterrichtsstunde auszuschließen. Eine Nacharbeit von verpassten Inhalten unter Aufsicht nach vorheriger Benachrichtigung der Eltern kann den Schülerinnen ebenfalls auferlegt werden. Dem Lehrer ist es auch gestattet, Gegenstände von Schülerinnen zeitweise wegzunehmen. Außerdem können die Schülerinnen mit Aufgaben betraut werden, die das Fehlverhalten verdeutlichen oder der Wiedergutmachung dienen. Bei wiederholtem Fehlverhalten können die Eltern schriftlich benachrichtigt werden.

Unter Ordnungsmaßnahmen versteht man den schriftlichen Verweis einer Schülerin von der Schule oder die Überweisung in eine parallele Klasse oder Lerngruppe. Weiterhin kann der Schüler vom Unterricht vorübergehend von einem Tag bis hin zu zwei Wochen von der Schule und von sonstigen Schulveranstaltungen ausgeschlossen werden. Bei wiederholtem Fehlverhalten kann es zu einer Androhung einer Entlassung oder der Entlassung von der Schule kommen. Die äußersten Maßnahmen sind die Androhung der Verweisung von allen öffentlichen Schulen des Landes durch die obere Schulaufsichtsbehörde bzw. die Verweisung von allen öffentlichen Schulen des Landes durch die obere Schulaufsichtsbehörde. Diese Ordnungsmaßnahmen werden nur bei schwerem und wiederholtem Fehlverhalten ausgesprochen, sie sind mit diversen rechtlichen Schritten verbunden (§53 SchulG).

3.3 Sanktionieren aus unterschiedlichen Perspektiven: Empirische Untersuchungen

Soweit die juristischen Rahmenbedingungen. Sie machen im Nachhinein auch nochmals das von Frau Dr. Schadt-Krämer in Abschnitt 2.2.3 beschriebene Handeln der Schule gegenüber Schulverweigerung klarer, ebenfalls das im Fall K „Die Grenzen schulischer Sanktionsmaßnahmen" beschriebene Handeln der Gymnasiallehrerin. Aber wie sieht es nun mit dem Erleben von Sanktionen aus? Die folgenden Studien von Verena Welling thematisieren diese subjektive Perspektive.

3.3.1 Sanktionieren aus Sicht der Lehrer und Lehrerinnen

In einer Studie von Welling (2008) wurde das Thema Sanktionieren aus Lehrersicht untersucht. Welling untersuchte die Begriffsverwendung und die Anwendung von Sanktionen im Unterricht sowie die Effektivität von Maßnahmen und die wissenschaftliche Grundlage für die verwendeten Sanktionen. Es wurden die individuellen Reaktionen der Lehrkräfte auf ein Schülerfehlverhalten abgefragt (N=80). Schülerfehlverhalten wurde in diesem Kontext als eine Störung des Lernklimas durch Schüler, als Disziplinprobleme/Unterrichtsstörungen leichter und schwerer Art definiert.

Die Mehrheit der Lehrkräfte definiert den Begriff Sanktion aus wissenschaftlicher Perspektive falsch. Die Ursache könnte darin liegen, dass in der Alltagssprache der Terminus der Sanktion oft mit dem der Strafe synonym verwendet wird. Aus dem Blickwinkel der Psychologie wird Sanktion aber als mehrdimensionaler Begriff verstanden, 40% der befragten Lehrkräfte schätzen dies richtig ein.

Die Ergebnisse für die Auftretenshäufigkeit von Disziplinproblemen und Unterrichtsstörungen sind weit gestreut. 45% der Befragten sagen, dass diese Störungen eher häufig in ihrem Unterricht vorkommen. 27% antworten, dass solche Probleme eher selten auftreten. 15% geben selten an, sowie 10% häufig.

Wo liegt die Ursache für die Streuung dieser Ergebnisse? Kounin (2006) hat sich ausführlich mit dem Thema Klassenführung auseinander gesetzt. Er sagt sinngemäß, dass das Schülerverhalten im hohen Maße von dem Verhalten der Lehrkraft abhängig ist. Ein gut strukturierter Unterricht mit klaren Aussagen führt dazu, dass sich Schüler und Schülerinnen situationsangemessen im Unterricht verhalten. Dass also bei den befragten Lehrern und Lehrerinnen so unterschiedliche Resultate aufgetreten sind, könnte also auf der einen Seite an der persönlichen Klassenführungstechnik liegen, auf der anderen Seite aber auch an zwischenmenschliche Aspekte oder subjektives Empfinden gekoppelt sein. Gute Beispiele für ein unterschiedliches Standing in der Klasse haben wir in Kapitel 2.3.1 bei der Unterrichtsbeobachtung in einer nordrheinwestfälischen Hauptschule bereits aufgezeigt.

Gibt es ein Sanktionssystem, welches in der Schulpraxis vorherrscht? 41,3% der Lehrkräfte denken, dass es in ihrem Unterricht wichtiger ist Fehlverhalten vorzubeugen als es im Nachhinein zu bestrafen. Demgegenüber sagen aber 48,8%, dass sie keine Aussage über die Relation von Bestrafung und Prävention geben können, weil sie situationsbezogen handeln. Bei 5% der Lehrkräfte nehmen Bestrafungen im Unterricht mehr Raum ein als die Prävention solchen Verhaltens. Ein ähnliches Bild ergibt sich bei der Frage nach einem Sanktionssystem. 45% der Befragten geben an, kein System zum Umgang mit Schülerfehlverhalten zu haben. 55% geben an, ein System zu verfolgen, welches sie in einem Freitext darlegten. Hierbei fiel auf, dass als System bereits eine Folge von Einzelmaßnahmen (z.B. Blicke, Ermahnungen, Ignorieren) begriffen wird. Auch war es Ziel zu erfahren, welche Maßnahmen als effektiv begriffen und auch im Unterricht angewendet werden. Am häufigsten werden von Lehrkräften Einzelgespräche, verstärktes Loben des richtigen Verhaltens und Klassenregeln eingesetzt, um Schülerverhalten zu beeinflussen. Einzelgespräche werden mit Abstand als effektivste Maßnahme beurteilt. Verstärktes Loben des richtigen Verhaltens und Klassenregeln folgen den Einzelgesprächen in ihrer Effektivitätseinschätzung.

Bei der Fragebogenerhebung wurden die Lehrer und Lehrerinnen hinsichtlich ihrer subjektiven Eindrücke befragt, daher ist davon auszugehen, dass das Wissensspektrum über diesen Bereich sehr weit auseinander klafft. Es hat sich herausgestellt, dass Lehrer und Lehrerinnen den Erfahrungsaustausch mit den eigenen Kollegen und Kolleginnen wissenschaftlicher Literatur vorziehen.

3.3.2 Sanktionieren aus Sicht der Schülerschaft

Wie Lehrer und Lehrerinnen zum Thema Sanktionen denken und handeln haben wir durch die vorherigen Ausführungen erfahren. Aber kommt diese Haltung auch bei den Schülern und Schülerinnen an? Fühlen sie sich gerecht behandelt und systematisch sanktioniert? Um dieses herauszufinden bleibt einzig und allein die Erhebung der Schülersicht. Die Studie von Welling (2008) erhob die Daten zur Schülersicht in Form von Studierendenbefragungen, die rückblickend auf ihre Schulzeit befragt wurden (N=107).

Bei der Auswertung der Ergebnisse hat sich gezeigt, dass die tatsächliche Anwendung von Sanktionen in der Schulpraxis und deren eingeschätzte Effektivität einen starken Gegensatz zueinander bilden.

Die Studierenden erleben in der Schule am häufigsten das Tadeln von falschem Verhalten, schätzen es hinsichtlich ihrer Effektivität aber niedrig ein. Ebenso verhält es sich mit Strafaufgaben/Sonderaufgaben und Klassenbucheinträgen. Sie werden sehr oft angewendet, nach Meinung der Befragten sind sie aber wenig effektiv. Ein Großteil der Lehrkräfte sanktionierte nach Ansicht der Studierenden demnach falsch. Verstärktes Loben des richtigen Verhaltens wird als effizienteste Sanktion betrachtet, in der Reihenfolge der tatsächlichen Anwendung liegt sie aber nur auf Rang fünf. Aus wissenschaftlicher Sicht erfreulich ist, dass Klassenregeln in der Schule häufig eingeführt werden. Die Studierenden halten diese Sanktion ebenfalls für häufig effektiv. Die Forschungsliteratur ist sich einig darüber, dass in der Institution Schule feste Strukturen nötig sind, die konsequent von allen Betroffenen durchgesetzt werden müssen. Als sehr effektiv stufen die Studierenden auch Token-Programme ein. Betrachtet man nun ihre Anwendung in der Schulpraxis, so muss man leider feststellen, dass über die Hälfte der Befragten (59,6%) Token-Programme in ihrer Schulzeit gar nicht beobachtet oder erfahren haben. Eine ähnliche Tendenz zeigt sich beim Einsatz von Einzelgesprächen. Aus den Skalen wie auch aus dem Freitext ergibt sich, dass die Studierenden Einzelgespräche sehr schätzen und als sehr effizient einstufen. Sie werden im Unterrichtsalltag aber nur mittelmäßig häufig angewendet. Daraus ließe sich ableiten, dass sich die meisten Schüler und Schülerinnen mehr individuelle Betreuung wünschen, diese aber im Kontext von Schule oft nicht geleistet wird oder geleistet werden kann.

Besonders interessant war für die Autorin der Studien, ob das Lehrerverhalten als systematisch wahrgenommen wird, denn eine klare Struktur ist wichtig für ein effektives Arbeits- und Lernklima. Die Hälfte der Befragten (49,1%) gab hierzu an, dass in ihrem Unterricht das Sanktionsverhalten eher häufig auf situativen Einzelmaßnahmen beruhte. Es war selten oder mittelmäßig häufig transparent festgelegt, welche Konsequenz auf welches Verhalten folgt. Nach Ansicht der Studierenden wurde größtenteils nie oder selten von jedem Lehrer und jeder Lehrerin systematisch gleich auf ein Schülerfehlverhalten reagiert. Die Gerechtigkeit der Lehrer und Lehrerinnen in Bezug auf Sanktionen wird als gering eingeschätzt, nur Wenige sanktionierten angemessen. Schüler und Schülerinnen sind demnach mit vielen Lehrpersonen konfrontiert, die Störungen in der Klasse wahrnehmen, aber situationsbezogen handeln. Es besteht kein übergreifendes Konzept, welches bei Schülerfehlverhalten greift.

Die Studierenden wurden auch nach den Gründen gefragt, wegen derer Lehrpersonen sanktionierten. Aus den sieben Möglichkeiten wird Hilflosigkeit als häufigster Grund für eine Sanktion gesehen. Hier wird ein Eindruck einer Lehrperson erweckt, mit dem mit Sicherheit kein Lehrer und keine Lehrerin zufrieden ist und zufrieden sein kann: Eine hilflose Lehrperson, die mit dem Unterrichtsgeschehen überfordert ist, willkürlich sanktioniert und nicht den Respekt der Schüler und Schülerinnen genießt. Weiterhin wird den Lehrkräften zugestanden, dass sie eher häufig aus pädagogischen Gründen sanktionieren. Dass also auf ein

Schülerfehlverhalten Konsequenzen folgen müssen, in dem Punkt sind sich Schülerschaft, Lehrerschaft und Wissenschaft einig. Diese Konsequenzen werden aber oftmals von Emotionen geleitet, dies zeigt die häufige Nennung von Ärger und Wut, schlechter Laune und Rache als Gründe für eine Sanktion. Gute Laune und Überschwang rangieren in der Reihenfolge auf den letzten beiden Rängen. Der Begriff der Sanktion ist also demnach negativ besetzt, er wird mit Strafe bzw. negativen Konsequenzen in Verbindung gebracht. Da aber ein Großteil der Sanktionen nach Meinung der Studierenden emotional geleitet sind, ist die Fehlinterpretation des Sanktionsbegriffs nicht verwunderlich.

Lehrpersonen sollten in Schule möglichst klare Regeln formulieren, damit eine Reduzierung auf die persönliche Ebene erschwert wird oder bestenfalls nicht mehr stattfindet. Diese Regeln sollten mit Schülern und Schülerinnen gemeinsam entwickelt werden, um ein Gemeinschaftsgefühl zu kreieren und die Verantwortung für ein angemessenes Lernklima auf die gesamte Klasse zu verteilen. Die Studierenden beklagen aber, dass Regeln häufig oder eher häufig von Lehrkräften entwickelt werden und nur selten gemeinsam. Sofern Regeln festgelegt werden, werden sie nur mittelmäßig oft oder selten konsequent durchgesetzt. Hierdurch büßt die Lehrperson an Glaubwürdigkeit und Authentizität ein. Dieses sind jedoch wichtige Eckpfeiler einer erfolgreichen Klassenführung.

„Diese Konsequenzen werden aber oftmals von Emotionen geleitet, dies zeigt die häufige Nennung von Ärger und Wut, schlechter Laune und Rache als Gründe für eine Sanktion. Gute Laune und Überschwang rangieren in der Reihenfolge auf den letzten beiden Rängen. Der Begriff der Sanktion ist also demnach negativ besetzt, er wird mit Strafe bzw. negativen Konsequenzen in Verbindung gebracht. Da aber ein Großteil der Sanktionen nach Meinung der Studierenden emotional geleitet sind, ist die Fehlinterpretation des Sanktionsbegriffs nicht verwunderlich."

3.4   Fazit

Durch die Studien von Welling (2008) wurde ersichtlich, dass sich viele Lehrkräfte nach Meinung ehemaliger Schüler und Schülerinnen bei Unterrichtsstörungen und Disziplinproblemen nicht systematisch und einheitlich verhalten. Aus rekonstruierter Schülersicht sanktionieren Lehrer und Lehrerinnen häufig aus Hilflosigkeit, das Sanktionsverhalten wird außerdem als situativ gesteuert wahrgenommen.

Ein weiterer Aspekt der Studien war die Effizienz von Sanktionssystemen und -maßnahmen. Obwohl es im schulischen Alltag zwischen Lehrkräften und Schülern und Schülerinnen oft zu Reibungspunkten kommt, so sind sie sich hinsichtlich der Effektivität von Sanktionen erstaunlich einig. Einzelgespräche, verstärktes Loben des richtigen Verhaltens sowie Klassenregeln werden als die effizientesten Sanktionen beurteilt. Aus wissenschaftlicher Perspektive kann diesen Beobachtungen nur zugestimmt werden, wichtig ist aber zudem, dass diese Maßnahmen besonders effektiv sind, wenn sie in ein einheitliches Sanktionssystem eingebettet sind.

Ein interessantes Ergebnis stellt die Kluft zwischen Wissen und Handeln dar, die aus der Analyse der Daten hervorgeht: Sowohl die Lehrer- als auch die Studierendenstudie bestätigen, dass nicht diejenigen Systeme und Maßnahmen am häufigsten verwendet werden, die als effektiv eingeschätzt werden.

Letztendlich berücksichtigen die Resultate der Studien weder die emotionalen Aspekte beim Sanktionieren noch die eigentlichen Ursachen für Unterrichtsstörungen seitens der Schüler. Für zukünftige Studien würden diese Themen neben einer Reihe weiterer Perspektiven gute Ansatzpunkte darstellen.

Vor dem in diesem Kapitel ausgeführten juristischen Hintergrund erstaunt es allerdings kaum, dass die Möglichkeiten von Sanktionen in der Schule sowohl aus Sicht der Lehrer-/innen als auch der Schüler-/innen nicht immer effizient eingesetzt werden, denn die Rechte und Pflichten sind insgesamt nur vage formuliert. Das hat den Vorteil eines großen Definitionsspielraumes, der jedoch scheinbar nicht allzu häufig – und das ist sein gleichzeitiger Nachteil – nutzbringend konkretisiert und verbindlich gestaltet wird. Auch haben wir den Eindruck, dass die juristischen Rahmenbedingungen kaum zu dem ermuntern, was unser Lösungsvorschlag ist (Kapitel 7), nämlich auch positiv konnotierte Sanktionsmaßnahmen zu implementieren und ein übergreifendes Sanktionssystem zu etablieren.

Bis hier hat der Leser und die Leserin nun alltagsnahe und juristische Eindrücke und Informationen zum Sanktionieren im Kontext Schule erfahren. Im folgenden Kapitel treten wir einen Schritt zurück von der Ebene des Schulalltags und gehen den psychologischen Motiven des Sanktionierens nach, um eine reflexive Perspektive einzuleiten, die dann mit Kapitel 5 abgeschlossen wird.

4 Warum sanktionieren wir?

4.1 Wahrnehmung von Verantwortlichkeit

Einem Lehrer fällt auf, dass ein Schüler seine Hausarbeiten nicht gemacht hat. Der Schüler wird sich bemühen, dem Lehrer dieses Verhalten plausibel zu machen und mildernde Umstände geltend machen. Schüler kennen ihre Lehrer und haben Wissen darüber erworben, was ihre Lehrer als mildernden Umstand gelten lassen oder nicht. Wenn das Verhalten des Schülers häufiger auffällt, wird er aller Wahrscheinlichkeit nach seine mangelnden Fähigkeiten anführen, denn bekanntlich löst Unfähigkeit Mitleid aus. Und über Mitleid wird die Hilfs- und Unterstützungsbereitschaft eines Lehrers angesprochen. Es ist also eher unwahrscheinlich, dass der Schüler einen Verweis für das Fehlen einer Hausaufgabe erhält, wenn er sagt, dass er die Aufgabe nicht machen konnte, weil er überhaupt nicht verstanden hätte wie er sie anfangen solle. Stellt sich hingegen heraus, dass der Schüler zu faul war, weil er statt Hausaufgaben zu machen, seine Zeit lieber im Schwimmbad verbrachte, dann wird dies den Lehrer sehr wahrscheinlich ärgerlich machen und seine Unterstützungsbereitschaft minimieren. Sehr wahrscheinlich erhält der Schüler einen Tadel oder eine andere Form einer negativen Sanktion.

Jeder von uns kennt die hier exemplarisch dargestellten Zusammenhänge: Wenn wir jemanden als verantwortlich für eine negativ bewertete Tat ansehen, dann löst das Ärger in uns aus und wir sind in der Regel nur bei engen Bezugspersonen bereit Hilfe zu leisten, um den Schaden zu begrenzen oder wieder gut zu machen. Wir sind sogar, je nachdem welche Folgen wir durch das negative Ereignis zu tragen haben, möglicherweise rachsüchtig und sinnen nicht so sehr nach Wiedergutmachung als nach Vergeltung. Anders sieht das aus im Falle der Wahrnehmung von unverschuldeten negativen Ergebnissen. Hier wird eher Mitleid ausgelöst und eine erhöhte Bereitschaft zu helfen und zu unterstützen. Diese Zusammenhänge wurden von Weiner (2000) innerhalb einer Theorie wahrgenommener Verantwortlichkeit systematisch beschrieben und überprüft. Eine beachtliche Zahl empirischer Untersuchungen stützt die Annahmen des Modells für sehr unterschiedliche Lebensbereiche (Rudolph et al., 2004; Steins & Weiner, 1999).

Der Schulalltag als Anwendungsbereich wurde ebenfalls eingehend untersucht. Aus der Analyse des schulischen Interaktionsmusters innerhalb Weiners Modell geht hervor, dass Hilfeverhalten logischerweise eine indirekte Fähigkeitsrückmeldung beinhaltet. Schüler, die Hilfe bei eigentlich leichten Aufgaben angeboten bekommen, erhalten gleichzeitig die Information, dass die Lehrerin sie für unfähig hält, sich selber etwas beizubringen. Ein Schüler, der getadelt wird und den Ärger des Lehrers spürt, bekommt die Information, dass der Lehrer ihn durchaus für fähig hält, eine Aufgabe zu lösen. Aus diesem Befund ergibt sich die überraschende Ableitung, dass belohnende Reaktionen wie Hilfe und Unterstützung als motivationshemmend gelten können, bestrafende Reaktionen wie Tadel, Verweise etc. jedoch durchaus motivationssteigernd.

Schüler und Schülerinnen interpretieren diese Informationen aber oft noch komplexer. Sie interpretieren sie in Bezug auf die Sympathiewerte, die sie bei einem Lehrer haben. Und in der Tat haben sie oftmals gar nicht so unrecht. Steins und Weiner (1999) konnten zeigen, dass die Wahrnehmung einer Person als unsympathisch die Wahrscheinlichkeit erhöht, dass sie auch als verantwortlicher für ein negatives Ergebnis gehalten wird im Vergleich zu der Wahrnehmung als sympathischer. Hymel, Wagner und Butler (1990) konnten zeigen, dass Lehrer für dasselbe Verhalten ungleiche Strafen verteilen und zwar abhängig von dem Sympathiegrad, den sie dem betreffenden Schüler entgegenbringen.

Schüler und Schülerinnen, überhaupt Kinder und Jugendliche, erlernen schnell die Wirkmechanismen der Verantwortlichkeit. Ein sehr kleines Kind äußert noch ehrlich seine Motive. Hat es seiner Schwester einen Bonbon weg gegessen, wird es ehrlich sagen, dass es der Meinung ist, dass alle Bonbons ihm gehören, weil es gerne Bonbons mag. Aber schon bald wird es gelernt haben, dass diese Antwort Ärger auslöst und dieser Ärger kleiner und erträglicher ausfällt, wenn es vorgibt nicht gewusst zu haben, dass das Bonbon seiner Schwester gehört. Juvonen (2000) berichtet hierzu folgenden Befund aus dem schulischen Kontext: Bei einem Misserfolg demonstrieren Schüler und Schülerinnen gegenüber Lehrern und Lehrerinnen wahrscheinlich mangelnde Fähigkeit. Sie haben gelernt, dass sie nur so auf Mitleid und Unterstützung hoffen können. Vor ihren Mitschülern und Mitschülerinnen jedoch werden sie in diesem Fall eher differenzielle Antworten geben. Gegenüber den Peers, die sie weniger mögen, werden sie betonen, dass sie sich nicht angestrengt haben. Da sie von diesen weder Mitleid, noch Unterstützung erhoffen, ist dies die selbstwertdienlichste Erklärung, denn sie lässt keine Schlussfolgerung über ihre Fähigkeit in dem jeweiligen Fach zu. Außerdem legt sie nahe, dass sie eigentlich Kontrolle haben. Gegenüber den eigenen Freunden jedoch wird eher auf mangelnde Fähigkeit abgehoben, denn die Wahrnehmung dieser Ursache bei Freunden und Freundinnen sichert Mitleid und Unterstützung.

4.2   Das Bedürfnis nach einer gerechten Welt

Das Bedürfnis nach einer gerechten Welt spielt beim Sanktionieren eine große Rolle (Lerner, 1980). Derjenige, der sich entsprechend der Normen verhält, soll belohnt werden, derjenige, der sie verletzt soll bestraft werden. Dass Menschen, die sich normverletzend verhalten das bekommen werden, was sie verdienen, erfüllt diejenigen Menschen mit Befriedigung, die ihr Verhalten entlang der Normen ausrichten. Wenn eine Schülerin „davon" kommt, dann hat das auf die anderen Schüler und Schülerinnen eine demoralisierende Wirkung.

Da nicht nur normtreue Schüler und Schülerinnen diesen Glauben an eine gerechte Welt internalisiert haben, sondern auch diejenigen, die gegen Normen verstoßen, finden es in der Regel alle gerecht, wenn ein Normverstoß negativ sanktioniert wird. Wenn für Schüler Strafen transparent sind, vorhersehbar und gerecht angewendet werden, werden

Schüler und Schülerinnen die Lehrperson nicht als willkürlich ansehen und deren Handlungen nicht mit der eigenen Person in Verbindung bringen, sondern – ganz im Gegenteil – sie sogar als verlässlich und gerecht ansehen. Nicht anders wird es den heutigen Lehrkräften als Schüler und Schülerinnen ergangen sein. Die Gerechtigkeitstheorie sagt vorher, dass Ungerechtigkeit nicht nur Wut und Aggression beim Verlierer, sondern durchaus auch Schuldgefühle beim Gewinner einer Situation auslösen kann (Walster et al., 1976; Steins & Götzlich, 1998).

Dennoch sollte man sich darüber bewusst sein, dass als gerecht empfundene Strafen für eine Verbesserung der Zukunft durchaus sinnlos sein können; sie dienen häufig nur der Beruhigung der Gruppe in der Gegenwart und haben die hauptsächliche Funktion, den Status Quo zu schützen und ihm Wert zu verleihen.

4.3 Professionalität und Normalität

Die bisherigen Inhalte zeigen, dass wir dann gewillt sind negativ zu sanktionieren, wenn wir jemanden als verantwortlich für seine negativen Handlungsergebnisse ansehen. Wir ärgern uns über dieses Verhalten, da wir es als kontrollierbar ansehen. Nehmen wir diese Person dann noch als unsympathisch war, und sind wir sehr erbost über die Handlungsergebnisse, sinnen wir nach Vergeltung und Rache, weniger nach Wiedergutmachung, und noch unwahrscheinlicher ist es, dass wir überlegen, wie wir die Person zu dem erwünschten Verhalten befähigen können. Werden die Gefühle und Handlungen der sanktionsmächtigen Person von dem Täter als ungerecht wahrgenommen, entstehen auf beiden Seiten feste negative Bilder der jeweils anderen Person, die einzig und allein den Sinn haben, die Meinung über sich selbst nicht revidieren zu müssen.

Interessanterweise wird Weiners Modell in der Praxis häufig als Beleg dafür genommen, dass man durch das Zeigen des eigenen Ärgers Schüler motivieren kann und dass es normal ist, wenn man sich ärgert und Unterstützung in Abhängigkeit von seinen Emotionen verteilt. Das Modell zeigt aber zunächst nur auf, wie Menschen sich verhalten, es bewertet dieses Verhalten nicht. Die spannende Frage ist aber, ob normales Verhalten, im Sinne von statistisch häufig auftretend, gleichbedeutend mit professionellem Verhalten ist. Weiner betont in einigen Arbeiten über das Modell, das es weiterführend ist, auch diesen Menschen Unterstützung zu geben, deren Versagen als kontrollierbar wahrgenommen wird. Auch ein Schüler, der „es eigentlich besser weiß", braucht Unterstützung, genauso wie ein Schüler, der es vielleicht noch nicht „besser weiß". Wenn ein Schüler beispielsweise seine Hausaufgaben nicht macht, weil er „faul" ist, braucht er Unterstützung darin, seine „Faulheit" zu überwinden (Erziehungsauftrag), genauso wie ein Schüler, der den Stoff inhaltlich nicht verstanden hat, noch ein paar Schritte erklärt bekommen muss (Bildungsauftrag). Da Menschen sich aber angesichts der Wahrnehmung von Kontrollierbarkeit bei negativen Ergebnissen ärgern, unterlassen sie in diesem Fall eine Unterstützung. Professionell ist es, den Ärger und seine Auswirkungen zu erkennen, ihn zu regulieren und Unterstützung zu geben.

4.4 Ärger, Rache und Vergeltung

Ein wichtiger Motivator, negative Sanktionen zu verhängen, ist der Wunsch nach Rache und Vergeltung. Dass dies auch in der Lehrer-Schüler-Interaktion so ist, wird auch von Welling aktuell ermittelt. Rache und Vergeltung hängen emotional stark mit den Ärgeremotionen zusammen, also mit Wut und Zorn.

Viele immer noch eingesetzte juristische Sanktionssysteme bedienen ganz offen den Wunsch nach Rache und Vergeltung wie beispielsweise der Einsatz der Todesstrafe in den U.S.A. (Leder, 2006). Die meisten europäischen juristischen Sanktionssysteme bemühen sich schon länger um vernünftigere Lösungswege der Sanktion, das heißt um Methoden, die es der verurteilten Person ermöglichen, aus ihren Fehlern zu lernen und es in einem weiteren so genannten Reintegrationsversuch besser zu machen. In vielen gesellschaftlichen Bereichen entdecken wir im kulturellen Vergleich sehr unterschiedliche Methoden in den Sanktionssystemen. Zivilisation bedeutet auch zu versuchen, Individuen nicht auszuschließen.

Es gibt neben dem Anstreben eines höheren Zivilisationsniveaus viele andere gute Argumente dafür, den Wunsch nach Rache und Vergeltung nicht auszuleben. Leder zeigt eindrucksvoll in seiner Analyse der Todesstrafe, dass der umgesetzte Wunsch nach Rache und Vergeltung nicht nur ein Vorgehen ist, dass die verurteilte Person vernichtet, sondern auch bewirkt, dass die Henker zu Opfern werden. Menschen, die beruflich immerzu schwere Strafen ausführen müssen, werden aller Wahrscheinlichkeit nach krank (Leder, 2006). Ohne das Leid von Opfern verharmlosen zu müssen, kann auch für Täter und Täterinnen Perspektivenübernahme stattfinden und Überlegungen jenseits von Rache und Vergeltung, wie mit diesen Personen human umgegangen werden kann.

Im Strafgesetz geregelte Sanktionen beziehen sich auf andere Regelüberschreitungen als im schulischen Alltag, jedenfalls nahezu gänzlich. Im schulischen Bereich stoßen wir ebenfalls auf eine Entwicklung weg von harten körperlichen Strafen hin zu Sanktionen, aus denen der Schüler und die Schülerin etwas lernen kann. Allerdings zeigen viele Indizien, dass die schulische Sanktionskultur nach wie vor als sehr unbefriedigend wahrgenommen wird und der Wunsch nach der Legitimation härterer Maßnahmen virulent ist. Einer Meldung vom 6.12.2004 konnte man entnehmen, dass eine christliche Privatschule in Großbritannien eine Sondergenehmigung zur Wiedereinführung der Prügelstrafe beantragt hatte, da die Züchtigung von Kindern Teil ihrer religiösen Überzeugungen sei. Es stellt sich heraus, dass die Schule seit einigen Jahren darum kämpft, diesen Glauben, legitimiert durch das Gesetz in der Praxis umsetzen zu dürfen. Seit 1996 (!) ist die Prügelstrafe in Großbritannien offiziell verboten (Recht auf den Rohrstock, 2004).

Ärger, Wut und Zorn über Schüler und auf der anderen Seite über Lehrer und Lehrerinnen ist ein häufig anzutreffendes Phänomen. Beide Gruppen sind sich hier häufig des Ursprungs ihrer Gefühle nicht bewusst, sondern nehmen sie als sicheres Indiz für die Richtigkeit ihrer Auffassungen.

„Eine Gesellschaft gilt als zivilisierter, wenn sie den ihr eigenen Wunsch nach Rache und Vergeltung regulieren kann und nach konstruktiven Lösungsmöglichkeiten sucht, um einem Individuum zu helfen, aus gemachten Fehlern zu lernen."

„Es gibt neben dem Anstreben eines höheren Zivilisationsniveaus viele andere gute Argumente dafür, den Wunsch nach Rache und Vergeltung nicht auszuleben."

„Ärger, Wut und Zorn über Schüler und auf der anderen Seite über Lehrer und Lehrerinnen ist ein häufig anzutreffendes Phänomen. Beide Gruppen sind sich hier häufig des Ursprungs ihrer Gefühle nicht bewusst, sondern nehmen sie als sicheres Indiz für die Richtigkeit ihrer Auffassungen."

4.5   Menschenbilder und Sanktionen

In den Kategorien eines juristischen Systems denkende Menschen haben häufig das Bild eines Menschen, der von Natur aus darauf aus ist für sich das Optimum an Nutzen herauszuholen und freiwillig nicht in der Lage ist sein Verhalten an ethischen Maximen auszurichten. So gesehen wäre ein Bankraub, bei dem niemand zu Schaden kommt, ein maximal rationales Ereignis: Niemand kommt zu Schaden und wird nach Rache und Vergeltung verlangen, aber die handelnde Person hat einen großen Nutzen, denn sie muss sich, wenn die Beute hoch war, wahrscheinlich eine lange Zeit keinen Gedanken mehr um ihren Lebensunterhalt machen. Dass nicht mehr Menschen einen Bankraub begehen als dies geschieht, ist nach Meinung juristisch denkender Menschen unserem Strafgesetz zu verdanken: Jemand, der gegen unsere Gesetze verstößt, wird angezeigt und verfolgt und seiner verdienten Strafe zugeführt. An diesem Beispiel ist leicht zu erkennen, dass Strafe als eine negative Sanktion etwas ist, das neben der individuellen Sanktionierung der gesetzeswidrig handelnden Person auch die Funktion hat, die Ansteckung schlechter Beispiele zu verringern. Würde ein Gesetzesbruch nicht negativ sanktioniert werden, würde ein wichtiges Fundament unseres gesellschaftlichen Zusammenlebens zusammenbrechen. Leder schließt:

> „Es ist daher für den Bestand jeder Gemeinschaft von höchster Wichtigkeit, dass die jeweiligen Gesetzesnormen nicht straffrei gebrochen werden können." (Leder, 2006, S. 32).

Eine wesentliche Funktion von Sanktionen ist also die Notwendigkeit, ein bestehendes System des Zusammenlebens aufrechtzuerhalten und die Ansteckungskraft schlechter Beispiele zu minimieren. Aus dieser Position heraus haben sich extremere Standpunkte gegenüber dem Sanktionieren entwickelt. Ein Exempel zu statuieren, also der Wunsch nach extrem harten Strafen zur Abschreckung von Folgetätern und Folgetäterinnen ist sicherlich eine dieser Positionen.

Ein anderes, humanistisch gefärbtes, Menschenbild geht davon aus, dass der Mensch im Kern gut sei und anders als juristisch denkende Menschen, würde man hier nicht davon ausgehen, dass ein Bankraub eine maximal rationale Tat sei, da es Instanzen wie beispielsweise das Gewissen gibt, die diese Tat moralisch so verwerflich machen würden, dass man keinerlei äußere Sanktionsmacht braucht, um keinen Bankraub zu begehen.

Für die Existenz beider Menschenbilder gibt es lebendige Beweise. Plünderungen nach krisenhaften Ereignissen wie beispielsweise einem Erdbeben, verdeutlichen, dass, wann immer die Gelegenheit günstig ist und die äußeren Umstände ein Aufdecken der Straftat unwahrscheinlich erscheinen lassen, die Rate krimineller Akte in die Höhe schnellt. Dennoch trifft dieses Verhaltensmuster nicht auf alle Menschen zu. Ganz im Gegenteil gibt es viele Beweise von altruistischem und empathischem Verhalten von Menschen anderen Menschen gegenüber. Wir sollten immer diese Varianz menschlichen Verhaltens im Kopf haben.

4.6   Fazit

Wir sanktionieren aus unterschiedlichen Motiven heraus. Bei dieser Analyse zeigt sich bereits, dass die Normeinhaltung in vielen Lebensbereichen als selbstverständlich vorausgesetzt wird. Ein Autofahrer bekommt keine Belohnung, wenn er zwanzig Jahre unauffällig fährt. Die Eltern bekommen keinen Brief von der Schule, wenn ein Schüler oder eine Schülerin niemals im Unterricht stört. Positive Sanktionen in der Schule erfolgen häufig gar nicht oder verzögert (in Form von halbjährlichen Noten). Negative Sanktionen erfolgen häufiger, in der Regel willkürlich und werden recht häufig als ungerecht wahrgenommen. Dieses Kapitel zeigt ein wesentliches Moment des Problems der Sanktionen im Schulalltag auf, nämlich, dass sie in Situationen erfolgen müssen, die spontan auftauchen und die bei der Lehrperson negative Emotionen auslösen, die sie bei den meisten Menschen auslösen würden. Professionalisierung bedeutet, aus dieser Normalität durch Reflexion und handwerkliches Können herauszukommen. Bleibt man hier im Normalen, das bedeutet bei dem Können, dass der durchschnittliche Mensch in diesem

Bereich zeigen kann, dann bleibt Schule weiterhin ein Ort der Willkür, Ungerechtigkeit und teilweise der Zusammenkunft von Individuen, die sich nicht akzeptiert fühlen. Schule soll aber vielmehr ein Ort sein, der die Schüler und die Schülerinnen befähigt, etwas zu lernen und sich als ein mündiger Mensch zu entwickeln. Die abschließenden Ausführungen zu verschiedenen Menschenbildern des Sanktionierens zeigen, wie schwierig es sein wird, zu plausiblen Schlussfolgerungen über das Sanktionieren zu gelangen. Das Thema ist komplex und kann nicht auf einfache Rezeptregeln reduziert werden. Im nächsten Kapitel beschäftigen wir uns mit den sozialen und emotionalen Folgen des Sanktionierens.

5 Was passiert, wenn wir sanktionieren?

5.1 Selbstwertdienliche Verzerrungen und das Bedürfnis nach Anerkennung und Zugehörigkeit

Schüler und Schülerinnen nehmen die Ungleichheiten in der Behandlung von Seite der Lehrkräfte sehr genau wahr und interpretieren sie als Ungerechtigkeit. Sie bilden Hypothesen über ihren Beliebtheitsgrad bei einzelnen Lehrkräften und strafen Schüler und Schülerinnen ab, die als besonders beliebt bei den Lehrpersonen gelten. Denn nicht gemocht zu werden, ungerecht behandelt zu werden, bedarf einer Erklärung.

Häufig sind Schüler und Schülerinnen jedoch nicht in der Lage die Rolle einer Lehrperson zu verstehen. Würden sie aber ihre eigene Interpretation ernst nehmen, dann liefen sie Gefahr, sich selber als unsympathisch wahrnehmen zu müssen. Deswegen machen sie das, was auch die meisten Erwachsenen in einer solchen Situation tun, sie versuchen ihr Selbstkonzept und ihren Selbstwert zu schützen.

William James schrieb 1890, dass wir als die Mitglieder der Spezies Mensch neben anderen sozialen Bedürfnissen auch das dringende Bedürfnis hätten, positiv beachtet zu werden. Wenn wir denken, dass unsere Zugehörigkeit zu einer Gruppe gefährdet ist, dann ist dies in der Regel für uns mit negativen Konsequenzen verbunden: Wir können uns zugleich traurig und wütend fühlen, fühlen uns ausgeschlossen, unser Selbstwert sinkt, unsere Kontrolle und die Bedeutsamkeit unserer Existenz wird eingeschränkt. Individuen reagieren auf einen drohenden Ausschluss aus einer Gruppe mit dem Versuch, einen besonders günstigen Eindruck auf die Gruppenmitglieder zu machen. Den Eindruck ihrer Person auf die Gruppe können sie positiver gestalten, wenn sie sich in Hinblick auf die Gruppenziele mehr anstrengen (Williams et al., 2005).

Drohender Ausschluss aus einer Gruppe kann ebenfalls zu einer aggressiven Reaktion führen. Über die negativen Konsequenzen des Ausschlusses aus einer Gruppe kann das Verhalten ihrer Mitglieder gesteuert werden.

Es kommt zu standardisierten Fixationen beim Individuum. Je nachdem wie die wahrgenommenen Standards für eine Bezugsgruppe sind, und wie wichtig diese Bezugsgruppe für eine Person ist, wird dieser Standard zu einer standardisierten Fixation (Sherif, 1966):

> "Established social values are standardized fixations which the individual incorporates in himself and which henceforth have a great deal to do with regulating his likes and dislikes, his closeness to or remoteness from other individuals, and his activities in satisfying his basic needs" (S. 125).

Nach dieser standardisierten Fixation richtet sich der eigene Selbstwert aus.

Alle Menschen merken es an vielen unter der Oberfläche ablaufenden Prozessen, wenn ihr Selbstwert sinkt. Man fühlt sich plötzlich seltsam und ausgeschlossen. Das Gefühl ist eindeutig negativ und intensiv. Menschen streben danach ihren Selbstwert möglichst zu erhalten und zu steigern (Tesser et al., 1988). Weil sich ein sinkender Selbstwert sehr negativ anfühlt, tun sie eine ganze Menge um ihn zu schützen. Entnimmt ein Schüler dem Verhalten der Lehrerin, dass diese ihn unsympathisch findet, dann wird er seinen Selbstwert schützen, indem er die Lehrerin nun auch unsympathisch findet. Das simple Reziprozitätsprinzip – wie du mir so ich dir – wird meistens angewendet und schützt. Von jemandem nicht gemocht zu werden, den man selber nicht mag, stellt einen balancierten Zustand dar und ist alles in allem nicht so problematisch wie der Fall, von jemandem nicht gemocht zu werden, den man selber schätzt (Heider, 1958). Den Selbstwert kann man schützen, indem man den Sender von ungewollten Nachrichten über die eigene Person als Träger negativer stabiler Dispositionen wahrnimmt. Sobald man diese Sicht der Person offiziell gemacht hat, eine soziale Realität dafür geschaffen hat, indem man seine Ansichten äußert, belegt und Verbündete sucht, ist es schwer, dieses Bild noch mal zu ändern, denn das hieße, dass man sich geirrt hätte (Forsyth, 2006).

Die hier beschriebenen Prozesse sozialer Wahrnehmung gelten ebenso für Lehrer und Lehrerinnen. Die Beurteilung der Lehrkräfte durch Schüler und Schülerinnen findet außerhalb des Unterrichts statt, die der Schüler und Schülerinnen durch die Lehrkräfte ebenso und zwar im Lehrerzimmer. Auch Lehrkräfte schützen ihren Selbstwert durch solche Prinzipien und suchen soziale Unterstützung für ihre Sicht der Dinge. Sobald man jedoch als Lehrperson einen Schüler als bösartig oder dumm oder therapiebedürftig eingeführt hat und dafür jemanden sucht, der die eigene Einschätzung teilt, wird man nur sehr schwer wieder von diesem Bild abrücken können. Die hier geschilderten Prozesse können sich in Hinblick auf die Wahrnehmung ganzer Gruppen generalisieren. So gibt es immer wieder „besonders schwierige" Klassen.

Selbstwertschutz entspringt einem tief liegenden Bedürfnis nach Anerkennung und Zugehörigkeit. Aus psychologischer Sicht ist man sich einig, dass dieses Bedürfnis ein Motor für unser gesellschaftliches Zusammenleben ist. Von Menschen, die einem wichtig sind, nicht die Anerkennung zu bekommen, die man gerne hätte und von ihnen ausgeschlossen zu werden, ist so verletzend für die meisten Menschen, dass sie das Bedürfnis verschieben auf andere, die ihnen diese Anerkennung geben können. Oder aber sie leugnen diesen Wunsch nach Anerkennung und drehen den Spieß um.

5.2   Die negativen moralischen Emotionen

Wir haben bisher ausgeführt, dass ein wesentlicher Motor menschlichen Verhaltens darin besteht, das Bedürfnis nach Zugehörigkeit zu befriedigen. Wenn wir uns zu normenwidrig verhalten, laufen wir Gefahr, dieses Bedürfnis nicht mehr befriedigen zu können. Bestimmte Emotionen scheinen die Funktion zu haben uns vor einem zu normenwidrigen Verhalten zu bewahren. Eine dieser moralischen Emotionen, welche eine solche Funktion haben könnte, ist Scham. Gruenewald et al. (2007) nehmen an, dass das Auftreten von Scham signalisiert, dass unser soziales Selbst bedroht ist: Wir könnten durch eine bestimmte Handlung unseren

Selbstwert, unseren Status oder die Akzeptanz Anderer verlieren. Das Empfinden von Scham ist verbunden mit dem Gefühl, klein zu sein, sozial isoliert werden zu können und weckt den Wunsch, sich vor anderen zu verstecken. Nach Weiners Theorie wird Scham dadurch erzeugt, dass die sich schämende Person ein Verhalten mit negativem Ausgang auf Charakteristika ihrer eigenen Person zurückführt (Weiner, 2006). Jeder von uns weiß, dass Scham ein sehr unangenehmes Gefühl ist, das verhindert, dass wir – Scham antizipierend – bestimmte Dinge machen und das bewirkt, dass wir in Zukunft solche Verhaltensweisen tunlichst unterlassen. Schuld und Verlegenheit sind mit Scham verwandte Emotionen.

Viele Versuche in der Geschichte der Sanktionen im allgemeinen gesellschaftlichen Kontext und im speziellen Kontext der Schule sind dadurch charakterisiert gewesen, bei demjenigen Individuum, das gegen eine Sitte, Norm oder Konvention verstoßen hat, auf eine Weise vorzugehen, dass es Scham empfindet. Auch heute wird die Täterin, die sich schämt, ihre Schuld eingesteht und bereut, immer noch als glaubwürdiger angesehen als der Täter, der nicht bereut. Durch das Empfinden der Scham erlebt ein Schüler, dass er zu weit gegangen ist und dass er vom Ausschluss bedroht sein könnte, wenn er sich auf diese Weise verhält. Insofern haben Emotionen wie Scham, Schuld und Verlegenheit eine soziale Funktion.

Fest steht aber auch, dass das Auftreten dieser Emotionen nicht nur ein geistiges Phänomen ist, sondern für unseren Körper ein stressvolles Ereignis darstellt. Wie Gruenewald et al. beschreiben, zeigt die Forschung hierzu, dass die Funktionsfähigkeiten unseres Immunsystems von dem Stressempfinden, das diese Emotionen begleitet, beeinträchtigt wird. Immer dann, wenn unser soziales Selbst beeinträchtigt wird, bedeutet das für uns einen stark ausgeprägten Stress und kann auf Dauer zu mentalen und körperlichen Beeinträchtigungen führen.

Nicht alle Individuen sind gleich anfällig für diese Emotionen und dem damit verbundenen Stress. Man wird durch schamauslösende Sanktionen also genau die Individuen besonders hart treffen, welche sich bereits von alleine schämen, nicht aber diejenigen, die hier robuster gegenüber moralischen Einflüssen sind und sich nicht besonders leicht ausgestoßen fühlen oder deren Zugehörigkeitsbedürfnis nicht besonders hoch ausgeprägt ist. Das folgende Beispiel illustriert diesen Aspekt, das von Braun (2009) im Rahmen mehrerer Unterrichtsbeobachtungen geschildert wird.

Braun (2009) beschreibt ein kollektives Konfliktgespräch zwischen einer dritten Klasse und ihrer Klassenlehrerin, das die Problematik moralischer negativer Emotionen sehr gut beschreibt. In der sonst relativ störungsarmen Klasse wurde eine Vertretungslehrerin von den Schülern sehr schlecht behandelt. Die Vertretungslehrerin musste vehemente Störungen hinnehmen, verbale Angriffe, wurde mit Papierkugeln beschmissen und angerülpst. Sie wendete sich daraufhin an die Klassenlehrerin. Diese teilte in der nächsten Stunde den folgenden Text aus ohne das vorherige Ereignis zu erwähnen (Braun, 2009, S. 89):

„Gefühle"
In der Schule gibt es bei den Schülern viele Gefühle: Freude über eine gute Note, Angst vor einer Klassenlehrerin, Wut auf Klassenkameraden, die ärgern, Stolz auf etwas, was gut gelungen ist. Auch Lehrer haben Gefühle. Frau Wagner (fiktiv) ging gestern mit dem Gefühl Ärger nach Hause. Sie hatte den Unterricht gut vorbereitet, abwechslungsreich, mit Dingen, die Spaß machen. Sie konnte nicht unterrichten, weil es so unglaublich laut war. Bei Frau Meier (fiktiver Name der Klassenlehrerin) hieß das Gefühl Enttäuschung. Enttäuschung über die Kinder ihrer Klasse, die einen vernünftigen Unterricht unmöglich gemacht haben. Was kann, was muss da geändert werden? Schreibe in dein Heft, was du tun willst, damit auch wir Lehrer gute Gefühle haben!"
Braun beobachtete diese Stunde und beschreibt, dass die Schüler sehr leise und konzentriert an dieser Aufgabe arbeiteten, während die Lehrerin von Tisch zu Tisch ging und in Einzelarbeit auf Fragen der Schüler antwortete. Er hielt folgendes anschließendes Gespräch, das er als „kollektives Konfliktgespräch" bezeichnet, fest (S. 89ff.):
„L.: Ich möchte, dass ihr zwei Minuten in euch selbst hineinhorcht, wie diese Aufgabe auf euch gewirkt hat und was für Gedanken und Gefühle ihr dabei hattet (...) Wie habt ihr euch während der Aufgabe gefühlt?
S1: Traurig, weil Frau Wagner den Unterricht nicht machen konnte.
S2: Schreiben war lustig, aber der Text war nicht lustig, weil Frau Wagner mit dem Gefühl Ärger und Traurigkeit nach Hause gegangen ist. Ich habe mich mittelmäßig gefühlt.
S3: Habe mich noch trauriger gefühlt.
S4: Fand das doof, dass sie traurig war.
S5: Schade und traurig.
S6: Schade, weil sie den Unterricht so gut vorbereitet hatte.
S7: Hatte ein total schlechtes Gewissen.

L: Dann habe ich erreicht, was ich wollte. Habe das nämlich schon leider sehr oft gehört, dass ihr den Unterricht stört, wenn ich nicht da bin. Ich hätte jetzt heute einen Vortrag halten können oder euch anschimpfen können, aber ich finde, dass dies besser gewirkt hat. Ich war sehr enttäuscht und dies, was gestern passierte, darf nie wieder passieren. Lehrer dürfen nicht angerülpst werden, nicht mit Papierkugeln beschmissen werden und so frech behandelt werden (…) Morgen möchte ich mit euch ein neues Plakat erstellen. Eure Aufgabe ist es Vorschläge zu sammeln, was man dafür tun kann, dass Lehrer mit einem guten Gefühl nach Hause gehen.
S3: Ich war gar nicht so traurig, da ich gestern schon so traurig war.
S2: Ich finde es schön, wenn wir uns bei Frau Wagner entschuldigen.
S7: Wir können für Frau Wagner ja eine Überraschung machen.
L: Dann könnt ihr euch ja als zweite Aufgabe überlegen, was man insbesondere auch für Frau Wagner tun kann."

Braun beschreibt, wie das schlechte Gewissen den Kindern ins Gesicht geschrieben steht und die Erleichterung, die bei dem Gedanken erfolgt, die Taten von gestern wiedergutmachen zu können. Er weist allerdings auch daraufhin, dass er nicht die Nachhaltigkeit dieser Maßnahme, von ihm als spezielle, durchdachte und qualitative Sanktion eingeordnet (S. 88), beobachten konnte.

Es lohnt sich vor dem Hintergrund der bisherigen Ausführungen zu den moralischen Emotionen, dieses Fallbeispiel kritisch zu diskutieren. Aus der Beschreibung des kollektiven Konfliktgesprächs wird deutlich, dass sich insgesamt sieben Schüler und Schülerinnen aktiv beteiligen. Das ist eine Minderheit der Klasse. Es ist auch nicht ersichtlich, ob dies gerade diejenigen Schüler und Schülerinnen waren, die sich am Tag zuvor normwidrig verhalten haben. Aus den Antworten geht im Gegenteil hervor, dass mindestens ein Schüler (S3) bereits während des kritischen Ereignisses Empathie gezeigt haben muss und sich aller Wahrscheinlichkeit deswegen bei den Störungen nicht beteiligt hat. Es ist zu vermuten, dass in einer solchen Situation diejenigen Kinder eine Wiedergutmachung vorschlagen und Scham empfinden, die sich ohnehin nicht an den Störungen beteiligt haben.

Auch ist es kein rationales handlungsorientierendes Ziel für Schüler und Schülerinnen die Lehrerin mit einem guten Gefühl aus dem Unterricht zu entlassen. Dafür ist weder Schule noch Schülerschaft da. Es ist überhaupt kein explizites wie implizites Ziel von Unterricht, dass die Lehrkraft mit einem guten Gefühl nach Hause geht. Ob sie ein gutes

Gefühl hat, liegt in ihrer Verantwortung, nicht in der des Schülers. Die Klassenlehrerin induziert hier Schuldgefühle, die bei den Schülern und Schülerinnen ankommen, die ohnehin empathiefähig sind.

Dennoch ist es im Kern eine nutzbringende Sache mit den Schülern und Schülerinnen Empathie zu üben. Dies ist aber nachhaltiger und wird bei weitaus mehr Kindern ankommen, wenn man dies nicht im Kontext von Scham und Schuld tut, da dies auch zu einem gegenteiligen Effekt führen kann, der innerhalb der Reaktanztheorie als Bumerangeffekt bekannt ist (Brehm, 1972; Steins, 2005, siehe Abschnitt 6.3).

Das Beispiel zeigt eine weitere Problematik auf. Kollektive Strafen, wie in diesem Beispiel das Induzieren eines schlechten Gewissens als internal erfolgende Sanktion, sind in der Regel nicht besonders wirksam. Hier werden diejenigen nicht erreicht, die normwidrig gehandelt haben. Deswegen werden sie auch ihr Verhalten nicht ändern. Lehrer und Lehrerinnen hoffen häufig, dass eine Kollektivstrafe das Verhalten der Schüler und Schülerinnen über Gruppendruck normalisiert, da Schüler und Schülerinnen sich dann untereinander durch Schuldinduktion, soziale Ausgrenzung etc. dazu bringen, die Normen einzuhalten. Aber Sanktionen wirken nicht bei allen gleich. Das ist ein grundlegendes Problem der bisherigen Sanktionsgeschichte (siehe hierzu differenzierend Abschnitt 6.6).

„Es ist keine diskussionswürdige Frage, ob man Kinder beschämen sollte.
Ein Kind, das sich sowieso schämt, ist in der Regel ein Kind, das sensibel
auf die Anforderungen der Umwelt reagiert und so überhaupt zur Scham
fähig ist."

„Ein Kind jedoch, das sich nicht schämt, wird man mit beschämenden
Akten nicht erreichen."

„Da Deutschland eine individualistische Gesellschaft geworden ist, ist die
Arbeit mit moralischen Sanktionen auch aus kultureller Perspektive als
nicht effektiv zu bewerten."

5.3   Eine positive Emotion: Stolz

Lob und Belohnungen können Stolz in uns hervorrufen. Sie können und werden als sozialer Hinweis interpretiert. Nach Weiner wird Stolz dadurch hervor gerufen, dass wir ein positives Ergebnis einer Handlung auf Charakteristika unserer Person zurückführen. Stolz auf eine Leistung zu sein wird als befriedigend empfunden und kann auch von anderen geteilt werden. Man sonnt sich im Anblick des Glanzes des anderen. Deutlicher Erfolg kann natürlich auch Neid bei anderen hervorrufen (Tesser et al., 1988).

Gesellschaft im allgemeinen und Schule im besonderen haben regelrechte Rituale ausgebildet, um in wohlverdienten Abständen den besonderen Leistungsträgern Augenblicke des Stolzes zu vermitteln wie beispielsweise bei der Verleihung eines Preises die Öffentlichkeitsdimension hinzu kommt. Die körperlichen Auswirkungen des Empfindens von Stolz sind noch wenig erforscht. Es erscheint jedoch plausibel anzunehmen, dass sie wie auch andere positive Emotionen entsprechende positive Korrelate auf der physiologischen Ebene haben. Produktiv ist Stolz nicht. So argumentiert Wicklund (1982), dass im Augenblick des Misserfolgs Individuen alles Mögliche tun, um die Zeitspanne des Erlebens des Misserfolgs zu verkürzen. Eine produktive Reaktion auf einen solchen negativen Moment wäre vermehrte Anstrengung. Das Erleben von Erfolg jedoch verlangt weder Flucht noch Verkürzung und kann dazu führen, dass man im Auskosten des Erfolgs verweilt. Man ruht sich auf den Lorbeeren aus.

„*Gesellschaft im allgemeinen und Schule im besonderen haben regelrechte Rituale ausgebil-*
det, um in wohlverdienten Abständen den besonderen Leistungsträgern Augenblicke des
Stolzes zu vermitteln wie beispielweise bei der Verleihung eines Preises die Öffentlichkeits-
dimension hinzu kommt.“

„*Produktiv ist Stolz nicht.*“

5.4 Fazit

Man sollte davon ausgehen, dass Belohnen und Bestrafen nichts Oberflächliches ist. Für die Individuen, die sozial sensibel sind, hat eine Bestrafung und eine Belohnung eine starke Bedeutung. Worte, die in dieser Richtung geäußert werden, sind nicht nur Schall und Rauch; sie bewirken bei diesen Individuen etwas. Wie wir gesehen haben, können beschämende Sanktionen einen großen Stress für ein Individuum bedeuten, der möglicherweise in keiner Relation zum Ausmaß des Normverstoßes steht. Wir sehen uns hier mit einer großen Schwierigkeit des Sanktionierens konfrontiert, nämlich mit der Tatsache, dass die Art und Weise, wie ein Individuum ganz persönlich emotional, sozial und körperlich auf Sanktionen reagiert, nicht immer bekannt ist. Wenn ein Schüler niemals mehr wieder eine solche Beschämung erleiden möchte, dann wird er alles tun, sich nicht mehr so zu verhalten. Nicht unbedingt weil er Einsicht gewonnen hat, dass es besser so wäre, sondern weil er das Gefühl vermeiden möchte, ausgeschlossen zu sein. Ein anderer wird seinen Selbstwert schützen, indem er Gründe für die Ungerechtigkeit der Sanktion finden wird, lernen, die Scham zu unterdrücken und immer unerreichbarer werden.

Es ist keine diskussionswürdige Frage, ob man Kinder beschämen sollte. Ein Kind, das sich sowieso schämt, ist in der Regel ein Kind, das sensibel auf die Anforderungen der Umwelt reagiert und so überhaupt zur Scham fähig ist. Es wird ihm nicht egal sein, was die anderen denken. Es wird ihm so wenig egal sein, was die anderen denken, dass es ihm sogar gut tun würde sich weniger zu schämen, um ein autonomes Selbst entwickeln zu können. Ein solches Kind kann man leicht erreichen und leicht sozialisieren und muss es möglicherweise sogar manchmal ermuntern sich unkonventioneller zu verhalten und die Grenzen mehr auszutesten. Ein Kind jedoch, das sich nicht schämt, wird man mit beschämenden Akten nicht erreichen. Man wird es nur ausschließen in den Augen der anderen und ihm eine Rolle auferlegen, aus der manchmal kein Entrinnen mehr ist. Und ein Kind, das sich schämt, aber autonom ist, wird so an sich arbeiten können, dass es unempfindlich gegenüber der eigenen Scham wird. Man kann also nur etwas verlieren, aber nichts gewinnen, wenn man mit Sanktionen über das Induzieren von moralischen Sanktionen arbeitet. Zu bedenken ist auch, dass das Empfinden von Scham in individualistischen Kulturen immer weniger akzeptiert wird, auch aus elterlicher Sicht im Vergleich zu kollektivistischen Gesellschaften, und so die handlungsweisende Kraft als soziale Emotion verloren hat, die es möglicherweise vor 60 Jahren noch hatte (Wong & Tsai, 2007). Da Deutschland eine individualistische Gesellschaft geworden ist, ist die Arbeit mit moralischen Sanktionen auch aus kultureller Perspektive als nicht effektiv zu bewerten.

Auch die Arbeit mit positiven moralischen Sanktionen wie Stolz ist ambivalent zu bewerten. Wie diese Ambivalenz aufzulösen ist, auch in Bezug auf die negativen moralischen Emotionen, wird in Abschnitt 6.7 skizziert. Zuvor widmen wir uns jedoch nach diesen zwei reflexiven Kapiteln der pragmatischen Frage: Was hilft? Und werden recht unterschiedliche wissenschaftliche Grundlagen zum Thema Effektivität verschiedener Maßnahmen der Verhaltensänderung kennen lernen.

6   Was hilft? Theoretische Perspektiven und Forschungsstand zur Effektivität verschiedener Maßnahmen der Verhaltensänderung

6.1   Eine verhaltenstheoretische Perspektive

Jeder weiß aus eigener Erfahrung, dass positive Anreize für das Ausführen eines Verhaltens motivierend wirken können. Ein Schüler mag Mathematik nicht, ist aber durchaus bereit sich anzustrengen, wenn eine bestimmte Zeugnisnote mit einem positiven Verstärker gekoppelt wird. Er darf zum Beispiel, wenn er eine befriedigende Note erzielt, sich ein neues Fahrrad kaufen oder er bekommt eine unangenehme Pflicht für eine bestimmte Zeit erlassen. Er muss zum Beispiel in den Sommerferien nicht den Rasen mähen. Die daraufhin extrinsisch motivierte Anstrengung kann dazu führen, dass er mehr Wissen in Mathematik erwirbt, zum ersten Mal Erfolg in diesem Bereich erfährt und idealerweise danach Mathematik mehr mag und auch ohne weitere Verstärker bereit ist, sich in diesem Fach anzustrengen, also intrinsisch motiviert wird. Genauso kann die Wirkung der Androhung von Strafen wirken. Der Schüler kann ebenfalls motiviert werden, sich anzustrengen, indem ihm im Falle einer schlechter als befriedigenden Note sein momentanes Fahrrad für eine bestimmte Zeit weggenommen wird.

Wirken Strafen ebenso gut wie Belohnungen? Dass Strafen irgendwie wirken, scheint auf den ersten Blick erkennbar zu sein: Die Regulierung des Straßenverkehrs zum Beispiel erfolgt über ein negatives Anreizsystem, wie generell die meisten gesellschaftlichen Systeme. Und irgendwie funktioniert das Ganze, obwohl es sicherlich zu verbessern wäre.

Aus verhaltenstheoretischer Perspektive gibt es sowohl Evidenz, die zeigt, dass Bestrafung unwirksam ist und ganz im Gegenteil sogar das

Auftreten des unerwünschten Verhaltens begünstigen kann (Estes, 1944; Guthrie, 1952), aber auch das Gegenteil wird gefunden (Solomon, 1960). Als gesichert gelten folgende Erkenntnisse zur Wirksamkeit von Bestrafung, die zum großen Teil auch im Einklang mit reaktanztheoretischen Erkenntnissen stehen.

Strafe wirkt am besten, wenn sie auf dem Fuß folgt.
Strafreize sind umso wirksamer, je früher sie eingesetzt werden (Aronfreed und Reber, 1965). Ein Kind, welches ein anderes schlägt, wird demnach am besten durch Bestrafung sanktioniert, bevor es überhaupt zuschlagen kann. Hat es bereits zugeschlagen, hat das einen gewissen Belohnungscharakter, da das Kind ein Bedürfnis befriedigen konnte. Dieser belohnende Charakter des Schlagens schwächt den bestrafenden Charakter einer negativen Sanktionierung ab. Auch ist Bestrafung durchaus in manchen Situationen unausweichlich, um Schaden von einem Kind abzuwenden. Einem Kind, das im Begriff ist, über eine befahrene Straße zu laufen, kann ein harsches lautes Schreien das Leben retten. Weiterhin kann ein Schüler, der eine vergleichsweise wichtige Grenze stark überschritten hat, in der oft langen Zeit, die zwischen Handlung und Strafe erfolgt, sein Verhalten rationalisieren, Verbündete suchen usw. und sich so kognitiv von dem Ausmaß seiner Handlungskonsequenzen weit entfernen, so dass er die Strafe nicht mehr direkt damit in Zusammenhang empfinden kann und sie vermutlich ungerecht finden wird.

Strafe wirkt besser, wenn sie nicht zu stark einschränkt.
Die Wirksamkeit von Bestrafungen wird durch die Existenz nicht bestrafter Verhaltensalternativen erhöht (Hermann und Azrin, 1964). Eine Schülerin, der verboten wird, sich im Unterricht informell auszutauschen, weil dies als störend empfunden wird, wird sich eher daran halten können, wenn sie eine Zeit in Aussicht gestellt bekommt, in der sie sich austauschen kann und dies positiv formuliert wird.

Strafe ist wirksamer, wenn die Beziehung positiv ist.
Die Wirksamkeit hängt eindeutig mit der Art der Beziehung zwischen Sanktioniertem und Sanktionierendem zusammen (vgl. auch Abschnitt 7.1.4). Eine negativ bewertete oder neutrale Person kann nicht so wirksam sanktionieren wie eine geschätzte Person (Parke und Walters, 1967). Nicht von ungefähr fragen mitunter verzweifelte Eltern einen guten Bekannten, ob er nicht mal mit dem Kind reden könne, denn sie hätten den Eindruck es würde auf ihn hören, nicht aber mehr auf sie.

Mit dieser letzten Erkenntnis sind wir an ein grundlegendes Problem des Sanktionierens angekommen: Kann eine Beziehung gleichzeitig wertschätzend, positiv und strafend sein? (vgl. auch hierzu Abschnitt 7.1.4) Ist es möglich, immer konsequent Strafreize anzuwenden ohne eine positive Beziehung zum Negativen zu verändern? Es ist auch für einen Lehrer zum Beispiel sehr viel angenehmer zu belohnen als bestrafen zu müssen. Deswegen ist die Versuchung groß, wenn Sanktionssysteme verstärkt negativ ausgerichtet sind, konsequentes Strafen zu unterlassen, da man ja auch immer direkt mit den emotionalen und sozialen Konsequenzen der Bestrafung konfrontiert wird, deren Agent man geworden ist. Auch verlieren Verstärker, ob negativ oder positiv, auf Dauer ihre Wirkung (French & Raven, 1959). Es ist auf den ersten Blick erkennbar, dass die Habituation an immer drastischere Strafen oder immer höhere Belohnungen im Sinne einer Erziehung zur Mündigkeit nicht gewünscht sein kann.

6.2 Eine machttheoretische Perspektive

Eine anschauliche Klassifikation, um diesen Gedanken innerhalb eines theoretischen Rahmenkonzepts zu verfolgen liefern French und Raven (1959). French und Raven unterscheiden sechs Grundlagen der Macht. Als Belohnungsmacht wird die Fähigkeit verstanden, Belohnungen für andere zu verteilen. Soziale Anerkennung materielle Verstärker wie Lohn, Urkunden, oder Medaillen können belohnend für den Empfänger sein. Belohnungsmacht ist umso größer, je mehr die Belohnung geschätzt wird, je mehr die Gruppenmitglieder von der Person abhängig sind, welche über die Belohnungen verfügt und je eher die Versprechungen des Belohnungsverteilers glaubwürdig erscheinen. Belohnungsmacht trägt in sich das Problem, dass Menschen sich an Reize gewöhnen und der Belohnungscharakter eines Objektes zum Beispiel über die Zeit sinkt. Deshalb ist es im schulischen Kontext besonders nachhaltig, wenn Belohnung eine intrinsische Komponente bekommt, sonst müssen immer neue Belohnungssysteme erfunden werden.

Die Macht zu zwingen, beinhaltet Bedrohen und Bestrafen von normverletzenden Verhaltensweisen. Auf einer nationalen und internationalen Ebene kann sich das in Form militärischer Attacken, wirtschaftlicher Sanktionen äußern, auf zwischenmenschlicher Ebene in Form von Nahrungsentzug, Lohnminderung, Strafen oder Liebesentzug. Bei zwei gleich starken Parteien tritt nach einiger Zeit eine Vermeidung des Gebrauchs dieser Macht auf (Lawler & Yoon, 1996). Genauso wie man an Belohnung habituiert, kann man dies auch an Bestrafung tun. So muss die Härte der Strafe immer höher ausfallen, damit sie überhaupt noch eine Wirkung erzielen kann.

Legitime Macht betrifft die Macht einer Autorität, die sich aus dem Recht des/der Machthabenden ableitet, Gehorsam zu verlangen. Legitime Macht entsteht durch Wahlen und Qualifikation. Die damit verbundenen Normen werden von der Gruppe als legitim akzeptiert. Macht wird als umso legitimer wahrgenommen, je besser es den Gruppenmitgliedern geht, und je respektvoller sie behandelt werden.

Referenzmacht bezieht sich auf den Einfluss, welcher auf der Identifikation mit der Zielperson, ihrer Attraktion oder dem Respekt ihr gegenüber beruht. Personen mit Referenzmacht stehen im interpersonellen Zentrum einer Gruppe. Alle wollen ihr gefallen. Sie strahlen ein so genanntes Charisma aus.

Expertenmacht beruht auf der Wahrnehmung, dass eine Person überlegene Geschicklichkeiten und Fähigkeiten besitzt.
Informationsmacht gründet sich auf den Gebrauch von Informationsquellen. Besonders der Gebrauch rationaler Argumente, Überredung und Fakten macht diese Quelle der Macht aus.

Die Autoren selbst folgern aus ihren Überlegungen und Untersuchungen, dass die Macht zu zwingen, wenn überhaupt, nur selten eingesetzt werden sollte (Psychologen und Psychologinnen sind ebenfalls dieser Meinung: Erchul et al., 2001). Menschen gewöhnen sich an Bestrafungen und damit diese weiter als abschreckend empfunden werden, müssen immer härtere Sanktionen eingesetzt werden. Aber auch Belohnungsmacht sollte sparsam eingesetzt werden, da auch hier ein Habituationsprozess einsetzt, der in jedem Lebensbereich zu beobachten ist.

Entgegen unserer Intuition, das zeigt die Forschung, verfügen Lehrer und Lehrerinnen nicht zwangsläufig über alle Machtquellen. Das Verhalten vieler Schüler und Schülerinnen zeigt deutlich, dass Lehrkräfte sich diese Quellen der Macht verdienen müssen. Die Expertenmacht und die Informationsmacht sind Machtquellen, die eine Lehrkraft ausbauen kann und die ihre Professionalität ausmachen.

Aus machttheoretischer Perspektive wird deutlich, dass das Arbeiten mit Strafen ein zweischneidiges Schwert ist – genauso wie das Arbeiten mit Belohnungen: Beide Effekte werden geschwächt durch die menschliche Fähigkeit der Habituation. Will man also nicht ständig neue Reize erfinden müssen, sollten Sanktionssysteme das Ziel haben mit der Zeit eine intrinsische Motivation zu etablieren.

„Entgegen unserer Intuition, das zeigt die Forschung, verfügen Lehrer und Lehrerinnen nicht zwangsläufig über alle Machtquellen. Das Verhalten vieler Schüler und Schülerinnen zeigt deutlich, dass Lehrkräfte sich diese Quellen der Macht verdienen müssen."

6.3   Eine reaktanztheoretische Perspektive

Auch aus anderen theoretischen Perspektiven kommt man zu dem Schluss, dass sowohl harte negative als auch unsinnige Sanktionen vermieden werden sollten. Solche Sanktionen können zum Beispiel den Widerstand von Schülern hervorrufen. Die reaktanztheoretischen Überlegungen liefern hier sehr gute Argumente.

In der Reaktanztheorie geht es um Freiheit und Widerstand gegen deren Einschränkung. Es geht um konkrete Freiheiten wie Entscheidungen zwischen unterschiedlichen Alternativen, Verhaltensalternativen, Wahlfreiheit zwischen unterschiedlichen Objekten, Einstellungen und Meinungen.

Die Grundannahme der Theorie besagt, dass wir grundsätzlich motiviert sind, unsere Freiheiten zu erhalten. Wenn also als bisher verfügbare oder als verfügbar angenommene Verhaltens- oder Ergebnisalternativen blockiert werden, entsteht Reaktanz. Reaktanz ist ein Erregungs- und Motivationszustand, der darauf abzielt, die bedrohte, eingeengte oder blockierte Freiheit wieder herzustellen. Reaktanz wirkt auf mehreren Ebenen.

Auf der Verhaltensebene werden wir beharrlich versuchen, das bedrohte Verhalten nun erst recht auszuführen. Wenn dies nicht möglich ist, werden wir uns bemühen, dies durch indirektes Verhalten zu tun. Wird auch das unterbunden, dann wird auf der kognitiven Ebene die blockierte Alternative aufgewertet. Auf der emotionalen Ebene kann sich Reaktanz als Aggression oder Wut bemerkbar machen.

Nach der Theorie schwankt die Stärke der Reaktanz in Abhängigkeit von verschiedenen Bedingungen. Die Wichtigkeit der bedrohten Freiheit spielt eine entscheidende Rolle. Je wichtiger die bedrohte Freiheit ist, desto stärker die Reaktanz, desto größer wird der Widerstand sein, diese Freiheit zurückzuerobern. Eine Verhaltensalternative ist umso wichtiger, wenn es vergleichsweise wenige von ihnen gibt. Auch beeinflusst die Gewissheit, eine Freiheit ausüben zu können, die Stärke der Reaktanz.

Die Stärke der Bedrohung ist eine weitere Determinante der Reaktanz-stärke. Die Reaktanzstärke wird schließlich auch durch das Ausmaß der Freiheitseinschränkung bestimmt. Es ist ein Unterschied, ob ein absolutes oder ein relatives Verbot ausgesprochen wird, und auch, hier sind wir wieder bei der Anzahl der Alternativen, welche anderen Möglichkeiten unangetastet bleiben.

Nach Wortman und Brehm (1975) bleibt Reaktanz so lange erhalten wie wir erwarten, die Ausübung der Freiheit kontrollieren zu können. Sie wird erst dann aufhören, wenn wir diese Erwartung aufgegeben haben. Unser Widerstand schlägt dann um in Passivität und Hilflosigkeit.

Aus der Reaktanzforschung ergeben sich einige praktische Implikationen hinsichtlich des Sanktionsverhaltens im schulischen Alltag. Harte Strafmaßnahmen, die darauf abzielen ein Exempel zu statuieren, und die Autorität der Lehrperson unterstreichen sollen, können zum Gegenteil dessen führen, was sie ausrichten sollen. Dieser Effekt wird als Bumerangeffekt bezeichnet. Mit hoher Wahrscheinlichkeit werden sie bei Schülern und Schülerinnen sogar zur Aufwertung der sanktionierten Verhaltensalternative führen.

Nehmen wir das Thema Unterrichtsstörungen. Kinder sind sich auch darüber bewusst, dass sie im Unterricht stören. Dennoch ist es für sie eine große und wichtige Alternative ab und zu, statt zuzuhören, eine Bemerkung mit ihrem Tischnachbarn zu tauschen. Mitunter wird aus einer Bemerkung eine Störung, die den Unterricht beeinträchtigt. Nach Tücke wünschen sich Kinder, dass über solche Ereignisse geredet wird, sie wünschen sich aber nicht, dass geschimpft oder bestraft wird. Vor allem wünschen sie sich nicht, dass der Unterricht deswegen unterbrochen wird. Positiv reagieren sie auf eingesetzten Humor. Humor hat meistens die gute Eigenschaft, dass auf einen negativen Aspekt hingewiesen werden kann, ohne dass die Person dabei beschämt wird. Außerdem verbessert er die Stimmung und trägt so zu einer angenehmeren Arbeitsatmosphäre bei.

Nach Tücke berichten die Kinder jedoch, dass auf Unterrichtsstörungen meistens mit Schimpfen und Strafen reagiert wird. Dies sind starke

Reaktionen starker Personen, die wahrscheinlich – wenden wir die Erkenntnisse aus der Reaktanztheorie an – dazu führen, dass bei den Schülern und Schülerinnen Widerstand wächst. Es ist auch möglich, dass sie die Freiheiten, die sie bei einer besonders strengen Lehrperson blockiert sehen, sich dann bei einer als schwächer wahrgenommenen Lehrperson zurückerobern. Das wäre dann für die strenge Lehrperson die irrtümliche Rückmeldung, dass ihr strenges Durchgreifen unabänderlich ist und Lehrpersonen, die sich nicht durchsetzen können, eben mit einer lauten Klasse leben müssen.

Die Geschichte des Schulwesens zeigt deutlich, dass natürlich Schüler und Schülerinnen ruhig gehalten werden können, wenn die Sanktionen nur hart genug sind. Aber Schüler und Schülerinnen sind dann eben nur ruhig, weil sie Angst vor Strafen haben. Sobald diese Strafen wegfallen, fallen sie in ihr ursprüngliches Verhalten zurück. Harte Strafen erzeugen Komplizenschaft, nicht aber wirkliches Verstehen und Konversion und verhindern eine Erziehung hin zum mündigen Menschen.

„Die Geschichte des Schulwesens zeigt deutlich, dass natürlich Schüler und Schülerinnen ruhig gehalten werden können, wenn die Sanktionen nur hart genug sind. Aber Schüler und Schülerinnen sind dann eben nur ruhig, weil sie Angst vor Strafen haben. Sobald diese Strafen wegfallen, fallen sie in ihr ursprüngliches Verhalten zurück. Harte Strafen erzeugen Komplizenschaft, nicht aber wirkliches Verstehen und Konversion und verhindern eine Erziehung hin zum mündigen Menschen."

6.4 Die Selbstaufmerksamkeitstheorie

Die Theorie der Selbstaufmerksamkeit – begründet von Duval und Wicklund (1972) – besagt, dass die Aufmerksamkeit einer Person zum einen überwiegend auf das Selbst oder zum anderen größtenteils auf die Umwelt gerichtet ist. Befindet sich ein Mensch im Zustand der Selbstaufmerksamkeit, sieht er sich selbst als Objekt und im Zentrum der eigenen Aufmerksamkeit (vgl. Wicklund & Frey, 2001, S. 155).

Ein Auslöser für Selbstaufmerksamkeit kann sein, wenn andere Personen uns beobachten. Automatisch betrachten wir uns selbst ebenfalls, wir sehen uns selbst sozusagen durch die „Beobachterbrille".

Außerdem wird die Aufmerksamkeit auf das Selbst durch Normen aktiviert, d.h. zum Beispiel, dass Werte und Erwartungen von uns bestimmte Handlungen und Leistungen verlangen. Im Kontext von Schule könnten Normen lauten: „Ich sollte mich häufig melden" oder „Ich sollte in der Klasse möglichst beliebt sein". Voraussetzung für den Abgleich von Norm (Soll-Zustand) und Selbst (Ist-Zustand) ist, dass wir eine Norm verinnerlicht haben. Dieses kann entweder unbewusst geschehen, wie z.B. das durch die Gesellschaft vorgegebene Schönheitsideal, oder intentional durch eine Lehrkraft/durch Eltern, wie eine Benimmregel „Wir lassen andere ausreden".

Selbstaufmerksamkeit bedeutet das Erkennen von Unterschieden zwischen Realität und Norm. Dieses hat Konsequenzen für unsere Gefühlswelt und für unser Verhalten. Im Allgemeinen sind Normen Musterbeispiele für etwas und werden nicht erreicht. Dadurch entstehen negative Diskrepanzen zwischen Ist- und Soll-Zustand.

Emotional bedeutet das häufig, dass der Selbstwert sinkt, eine Person fühlt sich unwohl mit ihrem Aussehen, ihrer Leistung oder ihrem Benehmen. Auf Grund dessen bringen negative Diskrepanzen oft eine Verhaltensänderung mit sich.

Menschen versuchen das Gefühl des Unwohlseins möglichst zu mindern, daher probieren sie ihre Leistung zu steigern und sich der Norm anzunähern. Es ist auch möglich die Norm von sich wegzuschieben, Personen zerstreuen den Zustand der Selbstaufmerksamkeit und lenken sich durch Bewegung, Nahrungsaufnahme oder eine Zigarette ab (Steins, 2005 S. 127). Die Aufmerksamkeit auf das Selbst kann auch vermieden werden, indem man sich einer unangenehmen Situation entzieht. Im Alltag ist dies nicht praktikabel, deshalb wird die „Messlatte heruntergesetzt", eine Person entgeht negativen Emotionen, indem sie sich mit einer niedrigeren Norm zufrieden gibt. Sofern eine Norm erreicht wird, können sich positive Diskrepanzen zwischen Ist- und Soll-Zustand ergeben, denn die Person hat mehr geleistet, als es die Norm verlangt. Dieses geht mit einem erhöhten Selbstwert einher, man ist stolz auf das, was man kann.

Zusammenfassend ist festzuhalten, dass der Zustand der Selbstaufmerksamkeit dazu beitragen kann, dass eine Person bestimmte Normen erreicht.

Tragen die Erkenntnisse der Selbstaufmerksamkeitstheorie dazu bei, den Unterrichtsablauf besser zu organisieren und eine störungsfreiere Lernatmosphäre herzustellen? Ja das tun sie, denn eine Lehrkraft kann auf einen Schüler Einfluss nehmen, indem sie diesen zur Selbstaufmerksamkeit veranlasst und eine Norm aktiviert, z.B. durch einen Verweis auf ein Plakat, einen Blick oder ein Zeichen. Beschäftigt man sich mit dem Feld Schule, so finden sich diverse Programme, in denen Elemente der Selbstaufmerksamkeitstheorie implementiert sind, z.B. wenn Schüler Aufmerksamkeit oder Konzentration lernen.

6.5   Eine sozial-kognitive lerntheoretische Perspektive

Die sozial-kognitive Lerntheorie wurde von dem kanadischen Psychologen Albert Bandura begründet. Seine Theorie wird auch als „Beobachtungslernen", „Modelllernen" oder „Soziales Lernen" bezeichnet.

Bandura hat durch mehrere Experimente bewiesen, dass Personen stellvertretend lernen können, d.h. ein Verhalten wird durch Beobachtung und Nachahmung anderer erlernt. Bandura unterscheidet mit der sozial-kognitiven Lerntheorie zwischen Imitation und Beobachtungslernen: Beobachtet man beispielsweise mehrere Personen hintereinander dabei, wie sie in einen Getränkeautomaten Geld einwerfen, aber kein Getränk erhalten, so wird man sein Getränk sicherlich nicht mehr an diesem Automaten kaufen. Durch dieses Beispiel wird deutlich, dass man aus einer Beobachtung lernen kann, ohne das Verhalten nachzuahmen.

Wie kommt es zu diesem Lernprozess? Gemäß Bandura muss zwischen Lernen und Ausführung unterschieden werden. Das Lernen beinhaltet jede Speicherung wahrgenommener Reize und Reizfolgen im Langzeitgedächtnis, Lernen ist dabei keine notwendige Bedingung für ein gezeigtes Verhalten.

Übertragen auf den schulischen Kontext könnte es sein, dass Pia ihren Mitschüler David dabei beobachtet, wie dieser einen Konflikt mit einem anderen Jungen durch Gewalt löst. Pia wird anschließend ihren nächsten Konflikt nicht zwangsläufig gewaltsam lösen. Gemäß Banduras Theorie müssen neben der bloßen Beobachtung noch andere Variablen eine Rolle spielen, damit ein erlerntes Verhalten gezeigt wird. Daher unterscheidet er zwischen unterschiedlichen Prozessen des sozialen Lernens: Aufmerksamkeit, Gedächtnis, Reproduktion und Motivation.

Der Begriff Aufmerksamkeit ist eng an die Modellperson gebunden, denn die Merkmale einer Modellperson bestimmen das ihnen entgegengebrachte Maß an Interesse. Modellpersonen können reale Personen (Lehrer, Peers, Eltern) sein, aber auch fiktive, symbolische Modelle (Stofftier, Comicfigur). Eine Modellperson mit positiver und motivierter Ausstrahlung wird demnach mehr Aufmerksamkeit erhalten als unsichere, stille Personen. Zudem sind Individuen gegenüber solchen Modellen aufmerksam, mit denen sie sich identifizieren können (z.B. Mitschüler) und/oder an die sie emotional gebunden sind (z.B. Lieblingslehrer).

Damit sich Inhalte besser im Gedächtnis verfestigen, ist die Einhaltung einer festen Struktur und stetige Wiederholung nötig. Damit Schülerinnen und Schüler gewünschtes Verhalten zeigen, sollten sie also immer konsequent und konsistent behandelt werden. Klassenplakate unterstützen diesen Prozess, da die Schülerinnen und Schüler so angeregt werden, Regeln selbstständig zu wiederholen.

Ist eine Verhaltensweise bei der Beobachtung bereits bekannt, so verfügt die Beobachterin/der Beobachter über Kompetenzen zur Reproduktion des Gelernten. Je höher die Vorerfahrungen/Fähigkeiten, desto einfacher ist es das Gelernte zu zeigen.

Als weiterer Aspekt des Lernprozesses ist die Motivation zu sehen. Damit ein erlerntes Verhalten im Alltag gezeigt wird, kann es mit Verstärkern (z.b. Belohnungen, Lob, gute Noten) unterstützt werden. Man unterscheidet unterschiedliche Möglichkeiten der Verstärkung: Externe Verstärkung, stellvertretende Verstärkung und Selbstverstärkung. Externe Verstärker werden von außenstehenden Personen (z.b. Eltern, Lehrern) gegeben, Personen können sich aber auch selbst verstärken indem sie sich etwas gönnen oder in einen inneren Dialog mit sich selbst gehen (vgl. Kapitel 5.4 Die Selbstwirksamkeitstheorie). Ein für die Schule wichtiger Aspekt ist die stellvertretende Verstärkung. Individuen in Gruppen beobachten andere Gruppenmitglieder, wie diese für ihr Handeln Konsequenzen erfahren. Aus diesen Erfahrungen schließen sie, dass auch sie in ähnlichen Situationen belohnt oder bestraft werden und zeigen das Verhalten, von dem sie einen positiven Effekt vermuten. Diese Erfahrung machte auch Kounin, als er zur Ermittlung effektiver Klassenführungstechniken Wellen-Effekte beobachten konnte: Bei Ermahnung einzelner Studierender zeigten diese Zurechtweisungen bei allen Studierenden Wirkung (vgl. Kounin, 2006).

6.6   Die Berücksichtigung interindividueller Differenzen

Im vorherigen Kapitel wurde bereits ausgeführt, dass Sanktionen nicht bei allen Menschen gleich wirken. Menschen unterscheiden sich in ihren sozialen Motiven. Sie unterscheiden sich stark danach, ob sie soziale Motive haben, und einfach sozialen Anschluss suchen oder gar intime Nähe, oder aber ob sie Kontrolle und Macht ausüben möchten (Forsyth, 2006). Die meisten Menschen werden eine Mischung aus unterschiedlichen Bedürfnissen entwickelt haben, aber zu bestimmten Phasen überwiegt ein Bedürfnis und steuert das Verhalten. Eine Person mit einem hohen Bedürfnis nach Nähe wird weniger wahrscheinlich eine Führungsposition anstreben als eine Person mit einem erhöhten Bedürfnis nach Macht und Kontrolle.

Kinder sind bereits mit bestimmten Erwartungen an sich und an andere ausgestattet. Ein Schüler mit einem hohen Bedürfnis nach Intimität wird sich empathischer verhalten als ein Schüler mit einem nur geringen Bedürfnis nach Intimität, aber einem hohen Bedürfnis nach Kontrolle und dementsprechend motivierter sein sich an die Normen zu halten. Eine Schülerin mit einem hohen Anschlussbedürfnis kann sich durchaus sehr normwidrig verhalten, wenn die Normen der Gruppe, der sie angehören möchte, das verlangen. Eine Schülerin, die aus einem Mangel an Empathie Normen verletzt, wird nicht davon profitieren, wenn sie einen Brief an ihre Eltern bekommt und ihre Eltern ärgerlich reagieren. Ein Schüler, der ein hohes Bedürfnis nach Intimität hat, wird bei jeder negativen Sanktion Scham und Angst empfinden und es in Zukunft besser machen.

6.7 Eine emotionspsychologische Perspektive

In Abschnitt 4.4 wurde herausgestellt, dass einer der Begleiter für die Forderung nach harten Sanktionen das Empfinden der negativen Emotionen Ärger, Wut, und Rache ist. Ärger, Zorn und Wut entspringen jedoch in der Regel der Wahrnehmung einer Normverletzung, die unter keinen Umständen als tolerierbar gilt und den Normverletzer als schlechten Menschen ausweist.

Ein Schüler, der wiederholt den Unterricht stört und es trotz diverser Abmahnungen immer noch nicht unterlässt, verletzt die Norm, dass er den Unterricht nicht stören sollte. Eine Lehrerin wird sich aber erst dann beginnen über das Verhalten des Schülers zu ärgern, wenn sie denkt, dass der Schüler das nicht darf und dieser Schüler ein nichtsnutziges Subjekt ist, das bestraft gehört. Auch muss sie das Verhalten des Schülers als kontrollierbar ansehen und ihm Absicht unterstellen.

Innerhalb verschiedener Modelle zur Entstehung und Regulation von Emotionen (bspw. Ellis, 1994) steuern die Bewertungen und Interpretationen von Ereignissen sowohl die Qualität als auch die Intensität von Emotionen. Als nicht hilfreich wird es bezeichnet, wenn ein Individuum seinen starken Ärger als Beweis für die Richtigkeit seiner Annahmen nimmt. Kinder machen das automatisch, denn sie müssen noch lernen mit ihren Emotionen umzugehen. Hilfreicher ist es, den Ärger wahrzunehmen und zu hinterfragen, ob er auf realistischen Annahmen beruht. Ein Schüler muss sich nicht an die Regeln halten. Er kann letztendlich nicht dazu gezwungen werden. Aber er muss, ob er will oder nicht, die Konsequenzen seines Verhaltens tragen. Wenn ein Schüler den Unterricht stört, weist ihn das nicht als schlechten Menschen aus. Um aus dieser Überzeugung eine Gewissheit zu machen, müssten noch weitere Belege zu finden sein. Ihn einfach zu bestrafen wird ihn nur abschrecken, wenn er ängstlich ist. Wenn er aber sowieso wiederholt den Unterricht stört, wird er kaum ängstlich sein. Außerdem ist es nicht nachhaltig, dass Schüler sich an die Regeln halten, weil sie Angst vor Strafen haben, sondern weil sie einsehen, dass man so mehr vom Unterricht hat. Verhalten sie sich nur wunschgemäß aus Angst vor Strafe, dann werden sie den nächsten Lehrer, der weniger Angst einflößend ist, als Ventil benutzen und die Schule als System hat gar nichts davon. Ganz im Gegenteil hat sie dann Lehrer, die streng sind und solche, die nicht mit den Schülern zurecht kommen, da sie sich nicht durchsetzen können.

Durch diese Reflexion über die Bewertungen der Situation wird der Ärger in der Regel herunter reguliert. Auch kann man, sobald man merkt, dass man sich ärgert, wütend oder zornig ist, erst einmal ganz ruhig durchatmen, bis zehn zählen usw.

Ärger ist kein Beweis für die Richtigkeit der eigenen Wahrnehmung. Starker Ärger, Wut und Zorn sollte eher ein Alarmsignal dafür sein, dass man einem Wunsch nach Rache und Vergeltung folgt und nicht aus einer Anzahl möglicher Alternativen die Beste zu wählen bereit ist, um eine Situation nachhaltig zu ändern.

Ende der fünfziger Jahre formulierte Albert Ellis (z.B. 1958) seine Theorie zur Entstehung von Emotionen und verbesserte kontinuierlich sein Konzept auf der Grundlage neuer Forschungsbefunde. Seine Ausgangsthesen lauten, dass

1. Gefühle sozial konstruiert sind, ausgenommen einige Basisemotionen, die evolutionären Ursprungs sind,
2. Gefühle immer mit Gedanken assoziiert sind – Denken und Fühlen bilden eine Einheit und keine Dichotomie,
3. alle intensiven Gefühle auf Übergeneralisierungen, Schwarz-Weiß-Denken, falschen Schlussfolgerungen, unrealistischen Annahmen, sogenannten Mussturbationen und Forderungen beruhen.

Diese Art zu denken ist Teil unseres biologischen Erbes. Im Amerikanischen wird dieses Denken als irrational bezeichnet im Gegensatz zum rationalen Denken. Eine treffende Übersetzung dieser beiden Begriffe ist nicht hilfreich versus hilfreich oder dysfunktional versus funktional. Auslösende Situationen, deren Bewertungen, die in unser philosophisches Weltverständnis eingebettet sind und emotionale wie verhaltensbezogene Konsequenzen bilden subjektiv eine Einheit und stellen das sogenannte A-B-C (Aktivierendes Ereignis-Bewertungen-Consequenzen) Modell innerhalb der rational-emotiven Verhaltenstherapie dar. Die Beliefs, also Bewertungen – grundlegende Überzeugungen von sich und anderen, und der Welt – sind das entscheidende Element dieses Emotionskonzepts. Unsere Überzeugungen erwerben wir hauptsächlich im Laufe unseres Sozialisationsprozesses.

Die Bewertungen von uns, anderen und der Welt, werden unterteilt in hilfreiche versus nicht hilfreiche Bewertungen. Hilfreich sind Bewertungen von Situationen und Ereignissen, die an der Realität orientiert sind. Realitätsnahe Bewertungen führen zu angemessenen Verhaltensweisen und angemessenen Gefühlen. Nicht hilfreiche Bewertungen dagegen sind nicht an der Realität orientiert, sondern an unseren verzerrten Wahrnehmungen und führen zu unangemessenen Verhalten und Gefühlen. Ein Lehrer, der sich als besser einschätzt in seiner Fähigkeit zu erklären als er wirklich ist, wird sich unangemessen fühlen, nämlich sicher und sich unangemessen verhalten, nämlich „dumme" Fragen von Schülern wahrscheinlich nicht auf seinen Unterrichtsstil, sondern auf Fähigkeiten der Schüler zurückführen.

Irrationale Glaubensgrundsätze, nicht hilfreiche Überzeugungen, werden innerhalb des Sozialisationsprozesses erworben. In Leistungsgesellschaften internalisieren wir, dass wir nützlich zu sein haben; sind wir es nicht, dann sind wir nichts wert. Damit verbunden ist die ebenfalls nicht hilfreiche Überzeugung, dass wir nur dann etwas wert sind, wenn wir eine sehr gute Leistung bringen. Solche Überzeugungen sind verbunden mit einem Gefühl der Angst, Unsicherheit – wir fühlen uns gelähmt, panisch, unruhig. Unser Verhalten ist durch Vermeidung oder Hyperaktivität charakterisiert. Insgesamt beruhen manche solcher irrationalen Glaubensgrundsätze auf der sogenannten Ego-Anxiety, also einer Angst vor dem Verlust des Selbstwertgefühls.

Andere nicht hilfreiche Überzeugungen wiederum basieren auf einer geringen Frustrationstoleranz. Sätze wie „Wenn es nicht so läuft wie ich es gerne hätte, kann ich es einfach nicht ertragen" oder „Wenn es zu anstrengend ist, dann halte ich das nicht aus!" führen zu Ängsten, Panik und Vermeidungsverhalten.

Ein dritter Komplex dysfunktionaler Überzeugungen kommt durch die Umkehrung der goldenen Regel zustande. Die goldene Regel „Was Du nicht willst, was man dir tu, das füg auch keinem anderen zu" appelliert an die Selbstverantwortung eines Individuums. Das mit dieser Regel verbundene Verhalten liegt also in der Hand des Individuums. Kehren wir jedoch diese Regel um, entstehen plötzlich Forderungen an unsere Umwelt. Das Verhalten unserer Mitmenschen können wir aber nicht kontrollieren. Haben wir jedoch absolute Forderungen an unsere soziale Umwelt, dann sind Enttäuschungen und damit verbundene Feindseligkeiten programmiert.

Alle drei Komplexe nicht hilfreicher Überzeugungen können miteinander kombiniert sein.

Ellis (1994) identifizierte einige in unserem Kulturkreis weitverbreitete nicht hilfreiche Glaubensgrundsätze (beliefs), die mit intensiven, negativen Gefühlen einher gehen. Die Überzeugung, „Ich muss geliebt und anerkannt werden" führt dazu, dass man seine eigenen Interessen weder entwickelt, noch durchsetzt, sondern sich von den Urteilen anderer abhängig macht. Auf diese Weise kann kein stabiler Selbstwert entwickelt werden. Die Überzeugung „Ich muss mich über die Probleme anderer Personen aufregen" ist mit einem häufigen Erleben von negativen Gefühlszuständen wie beispielsweise Ärger und Unruhe verbunden und trägt nicht dazu bei, dass konstruktive Lösungen gefunden werden. Denn in einem aufgeregten Zustand schränkt sich in der Regel unser Verhaltens- und Lösungsrepertoire ein und wir neigen dazu, das immer gleiche zu machen, statt nach neuen, kreativen Lösungen zu suchen, für die wir aber entspannter sein müssten.

Das A-B-C Modell der rational-emotiven Verhaltenstherapie bleibt nicht bei dieser Zustandsanalyse stehen, sondern, um ein D (Disputation) erweitert, besteht nun aus einer Gesprächsmethode, dem D, mit deren Hilfe den nicht hilfreichen Überzeugungen durch Überredung und Einsicht hilfreiche Überzeugungen entgegengesetzt werden, welche idealerweise die nicht hilfreichen Überzeugungen ersetzen sollten.

Die Disputation ist an die herausfordernde Gesprächsmethode des sokratischen Dialogs angelehnt. Mit dem kritischen Hinterfragen ihrer als nicht hilfreich identifizierten Glaubensgrundsätze wird die betroffene Person angeregt, weiter zu denken und sich nicht immer in den selben gedanklichen Kreisen zu bewegen. Das Ziel der Disputation besteht darin, Übertreibungen zu relativieren, aus Forderungen Wünsche zu machen, Schwarz-Weiß-Denken zu differenzieren, aus absoluten Ansprüchen realistische zu bilden, insgesamt also das Emotions- und Verhaltensspektrum zu erweitern.

Durch das sogenannte hedonistische Kalkül soll erlernt werden, kurzfristige angenehme Folgen eines Verhaltens gegenüber seinen längerfristigen Unangenehmen abzuwägen. Für Kinder und Jugendliche ist dies ein überaus wichtiger Entwicklungsschritt: Zugunsten zukünftiger Belohnung auf momentane Annehmlichkeiten zu verzichten ist die Voraussetzung zum Erlernen komplexer Sachverhalte und erfordert eine gewisse Frustrationstoleranz. Besonders hilfreich ist der Einsatz des hedonistischen Kalküls bei Schülern und Schülerinnen, die zu nicht-hilfreichen, impulsiven Verhaltenstendenzen neigen.

Im Unterschied zu anderen Therapieformen wird in der REVT weniger daran gearbeitet, das Selbstwertgefühl von Personen zu steigern, sondern vielmehr eine Selbstakzeptierung, ein nicht-bewertendes Annehmen der eigenen Person wird als Ziel verfolgt. Einzelne Merkmal der Person können bewertet und verbessert werden. Die Bewertung einer Person als Gesamtperson aber wird abgelehnt. Der Sinn und die Logik der Gesamtbewertung des Wertes einer Person wird in Frage gestellt. Solche generellen Selbstbewertungsprozesse führen nicht nur zu einer Unter- oder Überschätzung der eigenen Person, sondern auch zu einer Auf- und Abwertung der Mitmenschen, verbunden mit Neid, Konkurrenz, Eifersucht. Kooperation, Zuneigung und andere positive Gefühle werden dadurch eher minimiert. Auch führen globale Bewertungsprozesse, für andere vorgenommen, eher dazu, dass überstrenge Personen sich selbst und andere verurteilen, wenn die Gesamtbilanz schlecht ausfällt und bei einer positiven Bilanz, eine Verherrlichung eintritt. Die moralischen Emotionen (Abschnitte 5.2 bis 5.3) sind für konstruktives Verhalten nicht förderlich.

Insgesamt wird also durch eine Gesamtbewertung ein ungerechtes, damit willkürliches Verhalten, gefördert. Außerdem wird eine realistische Bewertung einer Person durch eine globale Bewertung nicht vorgenommen, da Merkmale und Verhaltensweisen als Beurteilungsgrundlagen sehr häufig wechseln und Veränderungen unterworfen sind. Die Beurteilungsgrundlagen weisen keinen absoluten Wert auf, sondern werden je nach Bezugsgruppe unterschiedlich bewertet. So ist es praktisch unmöglich, alle positiven und negativen Aspekte gleichzeitig zu berücksichtigen, da es nicht deutlich sein kann, auf welche Weise die Beurteilungsgrundlagen verrechnet werden sollen, um zu einem Globalwert zu kommen.

Gewonnene Einsichten werden durch das sogenannte E (Exercises, Übungen) eingeübt und gefestigt.

Die rational-emotive Verhaltenstherapie kann auf alle Beziehungsebenen, die sich aus dem schulischen Alltag ergeben, angewendet werden.

Der Vorteil der Methode besteht darin, dass durch die simple Strukturie-
rung von Situationen, Gedanken, Gefühlen und Verhaltensweisen in ein
A-B-C gerade in kritischen Situationen effektiv eine Metaebene konstruiert werden kann, die es den in die Situation verstrickten Personen
erlaubt, konstruktivere Lösungen als die impulsive, erste Verhaltensten-
denz zu entwickeln.

Ärger aus dieser Perspektive entsteht nun dann, wenn wir von anderen Menschen fordern, dass sie sich an das zu halten haben, was wir als
richtig erachten. Aus Ärger erwächst dann schnell die Forderung nach
Strafe. Da Ärger mit physiologischen Prozessen zusammenhängt, die
bewirken, dass wir, während wir uns ärgern, nicht logisch denken können, ist unser Denk- und Verhaltensrepertoire eingeengt und wir werden aller Wahrscheinlichkeit in einem ärgerlichen Zustand nicht auf eine
konstruktive Lösung kommen können.

Aus der Sicht der REVT bewirken negative intensive Emotionen nichts
anderes, als dass sie zu einer Eskalation einer ungünstigen Situation
führen können. Außerdem schüren sie das Bedürfnis nach harten Strafen. Harte Strafen, so Ellis (1994) haben aber noch nie dazu beigetragen,
dass eine Verhaltensweise sich geändert hat oder die Wahrscheinlichkeit
ihres Auftretens sichtbar gemindert worden wäre.

„Als nicht hilfreich wird es bezeichnet, wenn ein Individuum seinen starken Ärger als Beweis für die Richtigkeit seiner Annahmen nimmt."

„Durch diese Reflexion über die Bewertungen der Situation wird der Ärger in der Regel herunter reguliert. Auch kann man, sobald man merkt, dass man sich ärgert, wütend oder zornig ist, erst einmal ganz ruhig durchatmen, bis zehn zählen usw. Ärger ist kein Beweis für die Richtigkeit der eigenen Wahrnehmung."

6.8 Eine forensische Perspektive

MacKenzie (2006) hat zahlreiche Evaluationsstudien zu bestimmten Reintegrations- und Rehabilitationsprogrammen bei delinquenten Menschen zusammengetragen und metaanalytisch deren Effektivität untersucht. In ihre Metaanalysen gehen ein: Programme, die bestimmte Bildungsinhalte vermitteln, solche, die rein auf die Vermittlung von Arbeit abzielen, solche, die auf einer kognitiven und verhaltensorientierten Ebene versuchen, Änderungen in den Bewertungsprozessen und Verhaltensmustern des Individuums zu bewirken. Sie hat die Effektivität für unterschiedliche Problembereiche getrennt untersucht.

Sie kommt nach einer detaillierten Darstellung der Programme zu dem Ergebnis, dass alle Bemühungen Erfolg haben, allerdings weist die Effektivität der Programme eine hohe Varianz auf. Die geringsten Effekte haben Zero Tolerance Programme. Den größten Effekt haben die Programme, die auf der individuellen kognitiven Ebene arbeiten und sowohl das Bewertungssystem des Individuums thematisieren als auch sein Verhaltensrepertoire erweitern.

Wir erwähnen die Ergebnisse aus diesem Bereich, da sie deutlich zeigen, dass man bei Menschen etwas bewirken kann, die sich bereits weit von den gesellschaftlichen Normen wegbewegt haben und das oft schon über einen längeren Zeitraum. Die Ergebnisse zeigen auch deutlich, dass die kognitiv-behaviorale Ebene von großer Relevanz ist. Bildung an und für sich hat nur kleine Effekte, sie muss individuell auch in das persönliche Bewertungssystem nutzbringend eingebettet werden. Aus diesem Grunde verweisen wir mit Nachdruck auf die emotionspsychologische Perspektive (6.7; 7.1.2), deren Anwendung mit der höchsten Wahrscheinlichkeit einen nachhaltigen Effekt erzeugen kann.

6.9 Fazit

Alle Perspektiven zusammengenommen ergeben ein facettenreiches Bild. Sie zeigen erstens auf, dass bereits ein komplexes Wissen darüber existiert, was beim Sanktionieren schief laufen kann: Wenn zu spät, zu drastisch oder inkonsequent sanktioniert wird, wenn zu starke negative Emotionen beteiligt sind etc. Sie zeigen aber auch auf, dass Sanktionieren nicht ein mechanistischer Akt sein kann, der losgelöst von den Eigenheiten eines Individuums und erst recht nicht unabhängig von der Beziehung zwischen Sanktioniertem und Sanktionierendem abläuft (siehe Abschnitt 7.1.4). Erfolgreich ist Sanktionieren dann, wenn es überzeugend in einen breiteren sozialen Kontext eingebettet ist und das Individuum dort erreicht, wo es empfänglich ist. Das gilt sowohl für Lob als auch für Tadel.

Die Perspektiven, die hier zusammengestellt wurden, werden weitgehend berücksichtigt, wenn Schule als System ihr Miteinander überprüft und versucht, es an den sozialen Zielen der Schule auszurichten. Wie das geschehen kann, wird im folgenden Kapitel 7 geschildert.

7 Die Schule als System

Mit den drei Abschnitten dieses letzten umfangreicheren Kapitels stellen wir zusammenfassend dar wie Beziehungsebene (7.1 Funktionale Haltungen im Schulalltag) und die konkrete Ebene der Sanktionierung (7.2 Einzeltechnik) integriert werden können in ein schulweites Sanktionssystem (7.3).

7.1 Funktionale Haltungen im Schulalltag

7.1.1 Störungsprävention durch effiziente Klassenführung

Alle Welt kennt den Spruch „Vorsorge ist besser als Nachsorge!", der hauptsächlich für die Medizin gilt. Für den Bereich der Sanktionen ist er ebenso anwendbar, denn Störverhalten in Klassen kann durch Lehrerverhalten vorgebeugt werden, bevor es entsteht.

In den 70er Jahren stellte sich der amerikanische Forscher Jacob Kounin Fragen, mit denen sich noch heute viele Lehrkräfte beschäftigen: Kann man, von der eigenen Handlungsweise ausgehend, das Verhalten der Schüler und Schülerinnen im Voraus bestimmen? Wie beeinflusst die Methode einer Lehrkraft, mit einem sich schlecht betragenden Schüler zu verfahren die anderen Schüler und Schülerinnen? Welche Gruppenführungstechniken schaffen ein effektives Lernmilieu?

Kounin führte diverse empirische Untersuchungen durch und stellte dabei fest, dass die Disziplinierung Einzelner zur Wirkung bei ganzen Gruppen führt. Außerdem ermittelte er einige Lehrerstil-Dimensionen (vgl. Kounin, 2006), die einen Zusammenhang mit positivem Schüler-verhalten zeigten:

Allgegenwärtigkeit und Überlappung. Diese Dimension meint eine erfor-derliche Multitaskingfähigkeit des Lehrers und sein Geschick den Schü-lern zu suggerieren, dass er alles im Blick hat.

Reibungslosigkeit und Schwung. Die Lehrperson muss fähig sein, den Un-terrichtsfluss aufrecht zu erhalten und sich nicht durch unterrichtsunab-hängige Dinge (z.b. Dreck im Klassenraum) ablenken zu lassen.

Gruppenmobilisierung und Rechenschaftsprinzip. Mit dieser Dimension ist gemeint, dass ein Lehrer seine Aufmerksamkeit auf die ganze Gruppe lenken sollte, z.b. indem er den Blick durch die ganze Klasse schweifen lässt. Außerdem zielt das Rechenschaftsprinzip darauf ab, dass eine breite Leistungskontrolle stattfindet. Beispielsweise sollte sich der Lehrer hierzu durch die ganze Klasse bewegen um Aufgaben zu kontrollieren.

Valenz und intellektuelle Herausforderung. Der Lehrer sollte dem Widerwil-len der Schüler vorbeugen, indem er sie motiviert und ihrem Können entsprechend fordert.

Abwechslung und Herausforderung bei Stillarbeit. Diese Dimension bedeu-tet beispielsweise, dass die Lehrperson Lehreraktivitäten auch bei Still-arbeit plant.

Aktuelle Veröffentlichungen zum Thema Unterrichtsstörungen, wie z.B. von Nolting (2002), beziehen sich immer wieder auf die Befunde Kou-nins, die durch weitere Forschungen bekräftigt wurden (vgl. Nolting, 2002, S. 37). Effiziente Klassenführung wird in diesem Kontext neu-deutsch als „Lernmanagement" oder mit dem englischen Begriff „Class-room Management" bezeichnet. Ein solches Konzept auf Basis von Kou-nins Ergebnissen könnte im Schulalltag, wie in Tabelle 2 gezeigt, umge-setzt werden.

Tabelle 2: Disziplinrelevante Bereiche des Lehrerverhaltens

1	**Prävention durch breite Aktivierung** Akzent auf Unterrichtsführung bzw. Lernmanagement mit dem Ziel der Klassenaktivierung • anregende Darbietung z.b. durch Rätsel, Methoden- und Medienwechsel, Einsatz von Stimme, Mimik, Gestik • Fragen stellen, mit dem Blick wandern, Denkpausen gewähren • Stillarbeit mit klaren Instruktionen • positive Kommentare/Lob
2	**Prävention durch Unterrichtsfluss** Akzent auf Vermeidung eigener Unterbrechungen des eigentlichen Unterrichts • Wartezeiten vermeiden z.b. beim Aufbau von Geräten, Verteilung von Materialien, formale Mitteilungen, klare Signale für den Beginn und das Ende von Aktivitäten • eigene Störungen unterlassen z.b. durch ausschweifende Kommentierung von Störungen
3	**Prävention durch klare Regeln** Akzent auf Erwartungen an das Schülerverhalten, bezogen auf Lernaktivitäten sowie Unterlassung von Störungen • Einführung von Regeln z.B. mit welchem Signal der Unterricht beginnt oder wann man sprechen darf • Eigene Regeln wirklich ernst nehmen
4	**Prävention durch Präsenz- und Stoppsignale** Akzent auf Überwachung des Schülerverhaltens hinsichtlich der Einhaltung von Regeln • Nonverbale Signale, z.B. im Klassenraum so stehen, dass man alles überblickt, aufkommende Störungen durch Blicke und Mimik vermeiden • Verbale Signale, z.B. knappe, konkrete Aufforderungen

7.1.2 Effektive Erziehungsvorstellungen. Eine vernachlässigte Dimension – Die Art des Umgangs miteinander

Wir haben häufig die Relevanz der Beziehung zwischen sanktionierter Person und sanktionierender Person für die Effektivität betont und wollen in diesem Abschnitt konkret diesen Aspekt beleuchten. Unserer Meinung nach liefern die aus der REVT (siehe Abschnitt 6.7) auf Erziehung angewandten Prinzipien besonders wertvolle Anregungen für eine konstruktive Beziehungsgestaltung. Dieses Anwendungsfeld der REVT wird rational-emotive Erziehung (REE) genannt und ist in Deutschland bislang wenig bekannt.

Das Erziehungsmodell kann relativ einfach durch die Kombination von zwei Dimensionen beschrieben werden. Die erste Dimension, Konsequenz, ist diejenige, die im Bewusstsein von Lehrpersonen und Eltern verankert ist. Eltern wie Lehrer und Lehrerinnen wissen, dass inkonsequentes Verhalten in der Erziehung nicht zum Ziel führt. Inkonsequentes Erziehungsverhalten führt im besten Fall zu Verwirrung, im schlechtesten Fall zur völligen Respektlosigkeit. Aber auch konsequentes Verhalten kann am Ziel vorbei schießen und zu Widerständen führen, wenn die zweite Dimension nicht beachtet wird, nämlich wie miteinander umgegangen wird.

Hauck (1979) wählt in seiner Beschreibung dieses Erziehungsmodells das Adjektiv liebevoll. Ein liebevoller Umgang miteinander kann durch mehrere Aspekte charakterisiert werden. Er setzt eine Akzeptanz der anderen Person voraus, so wie sie ist, ohne wenn und aber. Er umschreibt, dass die andere Person nicht angegriffen wird, weder verbal, noch mimisch, gestisch oder durch Verhaltensweisen. Ein liebevoller Umgang bedeutet, dass man Probleme sachbezogen bespricht.

All dies ist zum Beispiel kaum möglich, wenn ein Lehrer, eine Lehrerin oder ein Elternteil gerade sehr stark verärgert ist. Man kann Ärger durchaus zeigen, aber sollte im Ärger nicht handeln, sondern erst nachdem der Ärger reguliert wurde und wieder ein breiteres Spektrum von Verhaltensweisen zur Verfügung steht. Liebevoll bedeutet, dass man eine Person nicht auf ihre Probleme reduziert, sondern ihr Unterstützung anbietet, diese zu überwinden. Einem lieblosen Umgang liegt meistens die Wahrnehmung der anderen Person als unsympathisch zugrunde. Lehrer und Lehrerinnen haben genauso wie Schüler und Schülerinnen das Recht bestimmte Personen in ihrem Alltag als unsympathisch wahrzunehmen. Sie sollten sich nur anders als es Kindern und Jugendlichen möglich ist, über die Folgen bewusst sein und diese regulieren können. Die Sympathieforschung zeigt deutlich, dass wir unsympathische Personen meiden, mit unseren Blicken, unserem gesamten Körper, unserer Aufmerksamkeit, unserer Kommunikationsbereitschaft. Das Gegenteil ist der Fall bei sympathischen Schülern. Auch hier gilt, dass unsere Bewertung und unsere Gefühle kein Beweis dafür sind, dass eine bestimmte Person unsympathisch ist. Eine Lehrkraft sollte in der Lage sein, ganz unabhängig von ihrem Sympathiegrad für einen Schüler, liebevoll im oben genannten Sinne mit diesem umzugehen.

Liebevoller Umgang alleine reicht jedoch nicht (vgl. Abschnitt 2.2.3)! Systematische Folgen aus der Kombination dieser beiden Dimensionen sind zu beobachten. Ein Kind, das sowohl unnachgiebig als auch lieblos erzogen wird, wird sich mit Schuldgefühlen, Depressionen und Wut auseinandersetzen müssen und sich nicht „richtig" vorkommen. Ein Kind, welches eine liebevolle, aber nachgiebige Erziehung erfährt, wird eine nur geringe Frustrationstoleranz entwickeln können und Angst vor den Aufgaben des Lebens entwickeln. Ein Kind, lieblos und nachgiebig erzogen, kann keine Achtung vor anderen und Orientierung entwickeln. Es wird ständig mit den Folgen seiner Normüberschreitungen konfrontiert werden. Am besten und am schwersten ist es, gleichzeitig liebevoll und konsequent zu sein. Es ist deswegen besonders schwer, weil es voraussetzt, dass erwachsene Personen ihre Emotionen regulieren können. Viele Erwachsene sehen weder ein, dass sie das tun sollten (siehe Rache und Vergeltung), noch wissen sie wie sie es anstellen könnten. Die Kombination aus Konsequenz und liebevollem Umgang beinhaltet den für erzieherische Kontexte brisanten Fall, dass jemand eine Norm überschreitet und in ruhigem Ton eine angemessene Konsequenz erfolgt, ohne die Induktion von Scham und Schuld und ohne die Person herabzusetzen.

Im erzieherischen Kontext mit Kindern und Jugendlichen wurde die kognitiv-behaviorale Ebene betont, um Kindern und Jugendlichen zu einer rationalen Philosophie von Schule zu verhelfen. Sie werden für rationale Äußerungen verstärkt. Sie werden angeregt den Zusammenhang zwischen Anstrengung und Effekt zu sehen. So begreifen sie, dass man auch ohne Spaß durchaus Dinge erledigen kann. Diese Maßnahmen können unaufwändig in den Unterrichtsablauf integriert werden. Ihre Umsetzung verlangt, dass Lehrer sich für die inneren Vorgänge ihrer Schüler interessieren, ihnen zuhören und selber eine rationale Philosophie von Schule und Unterricht vertreten. Eine Reihe von Studien zeigt sehr klar, dass diese Art der Unterstützung eine positive Wirkung nicht nur auf den einzelnen Schüler, sondern auch auf das gesamte Klassenklima hat.

Was ist eine rationale Philosophie von Schule und Unterricht? Der Erwerb eines Überzeugungssystems ist ein integraler Bestandteil der Sprache (Luria, 1966). So wie die Sprache der engsten Bezugspersonen von Kindern bestimmt, welche nationale Sprache sie als Muttersprache erwerben, so bestimmt auch deren sprachliche Erfassung der Welt, ob ein Kind lernt, die Realität in rationaler oder irrationaler Form zu reflektieren (deVoge, 1979). Sprache reflektiert Einstellungen. Diese werden durch Beobachtung und Imitation der Bezugspersonen erworben. Die REE beruht nun auf der Annahme, dass ein Kind, welches durch Beobachtung und Verstärkung irrationale Überzeugungssysteme entwickelt hat, genauso rationale Überzeugungssysteme entwickeln kann und diese, wenn sie nur lange genug verwendet werden, die irrationalen Anteile dominieren.

Untersuchungen zur Effektivität rationaler Philosophien über Schule zu Verhalten und Leistung
DeVoge führte mit 14 Kindern zwischen 8 und 13 Jahren, die eine stationäre Milieutherapie durchliefen, eine Unterrichtsreihe durch, um diese Annahmen zu testen. Eine Gruppe erhielt rational-emotive Therapie, die

andere nicht. Jede Gruppe traf sich 4 Wochen lang zweimal wöchentlich. Den Kindern der Gruppe A wurde mitgeteilt, dass alle guten und vernünftigen Ideen, die von ihnen kommen würden, an die Tafel geschrieben würden. An der Tafel standen die Namen der Kinder. Immer wenn ein Kind die folgenden Regeln befolgen würde, dann würde ein Kreuz hinter seinen Namen gemacht. Nach fünf Kreuzen könnten sie sich eine Süßigkeit aussuchen oder nach 50 Kreuzen ein Modellauto bekommen. Die erwünschten Regeln lauteten: 1. Pünktlich erscheinen, 2. Einem anderen aus der Gruppe bei einem Problem helfen, 3. Ordentliche Hausaufgaben machen, 4. Sich während des Gruppentreffens ordentlich verhalten: a. auf dem eigenen Platz bleiben oder b. sich selber oder einem anderen nicht weh tun, 5. Leise aus dem Raum gehen und den eigenen Platz ordentlich zurücklassen.

Die rationalen Äußerungen der Kinder in Gruppe A wurden verstärkt. Rationale Äußerungen sind zum Beispiel: „Ich mag die Schule nicht, aber ich kann sie ertragen.", „Ich habe etwas Schlechtes getan, aber deswegen bin ich nicht schlecht", „Ich möchte nicht, dass man mich beschimpft, aber wenn es geschieht, dann ist es nichts Entsetzliches.", oder „Nur weil jemand zu mir sagt, ich sei doof, heißt das noch lange nicht, dass ich tatsächlich doof bin." Die sieben Kinder der Gruppe A wurden für ihre rationalen Äußerungen verstärkt, die sieben Kinder der Gruppe B wurden für alle Äußerungen verstärkt.

DeVoge beschreibt nun auf der Individualebene beobachtbare Verhaltensänderungen bei den Kindern nach vier Wochen. Ein Schüler beispielsweise weigerte sich in der Schule mitzuarbeiten und täuschte oft vor, krank zu sein, um nicht in die Schule zu müssen. Er beklagte sich darüber, dass alle schulische Arbeit zu anstrengend sei. Er fiel durch häufige freche Bemerkungen gegenüber Lehrkräften und anderen Kindern auf, mit letzteren schlug er sich auch häufig. Seine Kooperationsbereitschaft war ausgesprochen niedrig.

Auch nach vier Wochen betrachtete er die Schule immer noch als zu anstrengend, täuschte aber nicht mehr vor krank zu sein, um die Schule nicht besuchen zu müssen. Er machte sehr viel häufiger Hausaufgaben, wurde viel kooperativer und schlug sich nur noch selten mit anderen

Kindern. Auch von anderen Personen des Personals wurde berichtet, dass die Kinder der Gruppe A ruhiger wurden und sich weniger aufregten und feindselig verhielten.

Die Kinder der Gruppe B hingegen reagierten auf unerfreuliche Dinge weiterhin häufig aufgebracht, deprimiert und verhielten sich entweder destruktiv oder zogen sich zurück. Nach Beendigung des Unterrichts gab es drei Kinder aus Gruppe A, für die eine Entlassung empfohlen werden konnte.

DeVoge kommt zu den folgenden Schlussfolgerungen (S. 285):

> „Auf der Basis dieser Pilotstudie scheint die Annahme gerechtfertigt, daß eine konsequente und ausschließliche Verstärkung von rationalen Äußerungen zu Veränderungen in Richtung auf eine stärkere Selbstkontrolle des Verhaltens führt. Mit Hilfe von Techniken der Verhaltensmodifikation gelang es, im Falle von Kindern Verbalisierungen ihrer Überzeugungen und damit letztlich ihre Gefühle und Verhaltensweisen zu beeinflussen."

Hamre et al. (2005) zeigen, dass gerade schwächere Schüler und Schülerinnen besonders stark von Formen emotionaler Unterstützung profitieren. Sie finden hierzu, dass die Unterstützung durch bestimmte Vorgehensweisen der Instruktion besonders hilfreich für Kinder mit einem hohen Risiko negativer Schulkarrieren ist. Sie bezeichnen es als ein wesentliches Kommunikationsziel von Lehrkräften in ihrer Interaktion mit Schülern, diese durch konkrete Anweisungen inhaltlich und persönlich unterstützend zu lenken. Einen genauso hohen Stellenwert räumen sie hierbei der Dimension emotionale Unterstützung ein. Die Interaktion zwischen Lehrkräften und Schülern und Schülerinnen ist im weitesten Sinne durch Anteilnahme und Empathie gekennzeichnet. Diese Dimension kann zusammenfassend als emotionale und empathische Involviertheit der Lehrkräfte beschrieben werden.

Reattributionstrainings: Die Wichtigkeit rationaler Kommunikation im Fachunterricht

Mit einem Reattributionstraining wird die kognitive Umstrukturierung des eigenen Selbstkonzeptes der Begabung versucht (Moschner, 2010). Das Ziel ist es, externale Attributionen für Erfolg (Aufgabenleichtigkeit,

Glück) und stabile Attributionen für Misserfolg (mangelnde Fähigkeit, Aufgabenschwierigkeit) zu verhindern. Kontrollierbar ist die eigene Anstrengung und deswegen sollen sowohl für Erfolg als auch Misserfolg Anstrengungsattributionen gefördert werden. Interessant an den Ergebnissen der Forschung zur Effektivität von Reattributionstrainings ist die Erkenntnis, dass Rollenvorbild der Lehrperson eine hohe Bedeutsamkeit zukommt. Dementsprechend haben sich besonders Modellierungs- und Kommentierungstechniken bewährt. Bei der Modellierungstechnik zeigt die Lehrkraft selber günstige Attributionsstile im Unterricht. Sie führt Misserfolge auf mangelnde Anstrengung zurück. Moschner schreibt:

> „Bei der Kommentierungstechnik werden Leistungsergebnisse im Sinne günstiger Attributionsstile kommentiert oder selektiv verstärkt. Zum Beispiel könnte eine Lehrerin oder ein Lehrer unter eine sehr gute Klassenarbeit schreiben, die Anstrengung beim Lernen habe sich gelohnt. Bei Misserfolgen könnten positive Entwicklungspotentiale signalisiert werden (z.B. „Lies Dir das zu Hause nochmals durch und probiere ein paar Übungsaufgaben. Du wirst sehen, dass Du dann die Aufgaben ohne Schwierigkeiten beherrscht."). So soll verhindert werden, dass gute Leistungsergebnisse auf Zufall und schlechte Leistungsergebnisse auf mangelnde Fähigkeit zurückgeführt werden." (Moschner, 2010, im Druck).

Besonders gut also wirken Maßnahmen, die das Individuum in seinen Eigenheiten erreichen. Das können strukturierte Gespräche mit konkreten individuell zugeschnittenen Verhaltensaufforderungen sein, es kann aber auch die Ebene des Umgangs im Schulalltag im Setting des Unterrichts, der Pause etc. gewählt werden. Diese Herangehensweise sieht die Lehrperson als Erwachsenenmodell, die vorbildhaft die Anker für Kommunikation, Bewertungen und Verhalten vorgibt. Wie MacKenzie für delinquente Personen und Ellis für Personen mit einem breiten Range in Bezug auf Problematiken und Alter feststellen, müssen die individuellen handlungsleitenden Philosophien gefunden, diskutiert und verändert werden, damit wirklich nachhaltige Änderungen im Verhalten auftreten können. Kein ritualisiertes Sanktionsprogramm ist dazu in der Lage.

„Hamre et al. (2005) zeigen, dass gerade schwächere Schüler und Schülerinnen besonders stark von Formen emotionaler Unterstützung profitieren."

„Die Interaktion zwischen Lehrkräften und Schülern und Schülerinnen ist im weitesten
Sinne durch Anteilnahme und Empathie gekennzeichnet. Diese Dimension kann zusammenfassend als emotionale und empathische Involviertheit der Lehrkräfte beschrieben
werden."

7.1.4 Die Beziehungsebene stärken – Schulalltag ohne Strafe? Anmerkungen zu Möglichkeiten und Grenzen eines straffreien Lehrer/Schüler-Verhältnisses

Peter Leitzen

Der Schulalltag hält nicht nur Beispiele für strafende Lehrerinnen und Lehrer bereit, sondern kennt auch die Praxis des bewussten Verzichts auf Strafe, also einer Vermeidung solcher Sanktionen, die von den betroffenen Schülerinnen und Schülern als unangenehm oder schmerzlich empfunden werden (sollen).

Der Auszug aus dem „Beratungskonzept" einer Schule „für schulische und persönliche Probleme"[6] soll hier als ein erstes Beispiel dienen:

> „Bei einer Vielzahl von schulischen Problemen (z.B. mangelnder Disziplin in einer Klasse; Störungen des Verhältnisses zwischen einer Lerngruppe und ihren Lehrerinnen/Lehrern; Konflikte zwischen Schülerinnen/Schülern) und persönlichen Schwierigkeiten (z.B. seelischen Krisen, familiären Problemen, Ausgrenzung aus der Klassengemeinschaft, Schulängsten) stellt sich der Mittelstufenleiter unserer Schule auf Bitte und Nachfrage von Schülerinnen, Lehrerinnen und Eltern für beratende Gespräche zur Verfügung.
> Die Gespräche werden mit dem Ziel der Konfliktklärung und der Wiederherstellung konstruktiver und hilfreicher Verhältnisse geführt. Die Gesprächsführung orientiert sich dabei an Methoden der Moderation, der Durchführung von vertrauensbildenden Maßnahmen (z. B. dem Verzicht auf Sanktionen) den Möglichkeiten einer pädagogisch-psychologischen Intervention (z.B. der Durchführung gruppendynamischer Übungen) und unter Umständen der Vermittlung therapeutischer Hilfestellungen.
> Der Zeitraum der Beratung kann unterschiedlich lang andauern. Aus der Erfahrung ergeben sich Prozesse, die von einmaligen und kurzen Gesprächen bis zu mehrere Monate umfassenden Begleitungen führen."

Dass es sich hierbei nicht nur um eine Wunschvorstellung, eine Theorie ohne Praxis, sondern um eine erfolgreiche Praxis handelt, macht der abschließende Satz dieses Beratungskonzepts deutlich: „Das Beratungs-

---

[6] Beratungskonzept für schulische und persönliche Probleme des Gymnasiums Broich in Mülheim an der Ruhr

angebot wird seit vielen Jahren durchgängig genutzt und hat sich bewährt."

Die Möglichkeiten und Grenzen der in dem zitierten Text angesprochenen vertrauensbildenden Maßnahme des Strafverzichts und der Alternativen zur Strafe möchte ich in diesem Aufsatz thematisieren.

Es geht also um die Frage, ob Lehrerinnen und Lehrer auf das Mittel der Strafe im Umgang mit Schülerinnen und Schülern verzichten können, oder ob es illusionär ist, auf Strafe verzichten zu wollen, wenn es um die Korrektur von Verhaltensweisen von Schülerinnen und Schülern geht, die die Schule – wenn sie ihrem Erziehungsauftrag gerecht werden will – nicht hinnehmen kann.

Mit einem pessimistischen Unterton gefragt: Ist der Strafverzicht chancenlos in einer Institution wie der Schule, die doch letztlich in Disziplinen unterrichten und zu Disziplin erziehen soll?

Damit verbunden ist die ganz grundsätzliche Frage:
Wie plausibel und erfolgreich sind eigentlich Erziehungsmethoden, die darauf setzen, dass Strafen eine wirksame und unverzichtbare Möglichkeit sind, das Verhalten eines jungen Menschen von einem unerwünschten auf ein erwünschtes Ziel hin zu verändern, zu formen? Wie überzeugend ist die Strafe im Schulalltag? Muss die Strafpraxis einen pädagogischen Preis bezahlen?

Könnte nicht auch für die pädagogische Arbeit an der Schule gelten, dass die Strafe eine überaus problematische Methode ist, die allenfalls als ultima ratio u.U. gerechtfertigt werden kann? Kann im Schulalltag ohne – oder doch fast ohne – Strafe erzogen werden?

Ergänzend wird die Frage zu stellen sein, wie sich Strafe als Erziehungsmittel mit dem der Schule aufgetragenen Erziehungsziel der Mündigkeit, der Befähigung der Schülerinnen und Schüler zu Selbstbestimmung in sozialer Verantwortung verträgt. Wenn die Urteils- und Handlungsfähigkeit der Schülerinnen und Schüler das pädagogische Ziel der Schule ist, wird dann nicht durch die Strafe dieses Vorhaben konterkariert?

Gefragt werden muss aber auch:

Welche Wirkung hat der Verzicht auf Strafe? Unter welchen Voraussetzungen kann Strafverzicht funktionieren? Was sind die Bedingungen einer gelingenden (straffreien) Erziehung?

Die Beantwortung der hier formulierten Fragen soll zunächst über eine Erörterung der prinzipiellen Einwände gegen die Strafe erfolgen. In einem zweiten Schritt werden die Alternativen zur Strafe behandelt, um dann die Konsequenzen und die Voraussetzungen für eine Pädagogik ohne Strafe im Schulalltag zu erörtern.

Was gegen die Strafe spricht: Zur Kritik der Strafe
Argumente gegen die Strafe sind in eindringlicher Weise immer wieder von bedeutenden psychologischen und pädagogischen Positionen vorgetragen worden.

Aus psychoanalytischer Sicht hat das in einer geradezu idealtypischen Weise B. Bettelheim und aus individualpsychologischer Perspektive haben das z.B. A. Adler und R. Dreikurs getan.

Aber auch eine so völlig andere Schule wie die des Behaviorismus Skinnerscher Prägung hat der Annahme widersprochen, dass Strafe geeignet sei das Verhalten von Menschen nachhaltig zu formen.

Da, wo die Pädagogik in ganz grundsätzlicher Weise herausgefordert ist (z. B. durch die antipädagogische Kritik (Miller, 1980) an jeder Form von Erziehung), hat die Verteidigung der Pädagogik die Strafe (vor allem die Strafforderung der „Schwarzen Pädagogik") verworfen oder kritisch in Frage gestellt (Flitner, 1985).

Auf diese theoretischen Ansätze soll hier durch eine Skizzierung ihrer zentralen Argumente eingegangen werden, um die stärksten Argumente gegen das pädagogisch motivierte Strafen in der Diskussion um einen möglichen Verzicht auf dieses Instrument zu würdigen.

Die angesprochenen Positionen kommen alle zu dem Ergebnis, dass die Strafe ein sehr problematisches und weitgehend ungeeignetes Instrument ist, um ein pädagogisch erwünschtes Verhalten zu erwirken. Was sind die Gründe für diese Einschätzung?

„Warum Strafen nichts bewirken" (Bettelheim, 1987), mit dieser Überschrift leitet B. Bettelheim seine Kritik an der Strafe als Erziehungsmethode ein.

Er verweist darauf, dass Strafen vor allem das Erziehungsziel der Selbstbestimmung – die sich u. a. in Selbstdisziplin zeigt – aufhebt. Eine selbstbestimmte Disziplin ist nämlich eine „durch ... Identifikation erworbene" Disziplin (Bettelheim 1987, S. 124), d.h. sie entwickelt sich dadurch, dass es zu einer Verinnerlichung und Anerkennung von Werten kommt, weil wir Vorbilder dafür hatten, die diese Werte lebten, weil wir also Menschen, die wir bewunderten oder gar liebten, nacheifern konnten. Die so erworbene Selbstdisziplin ist eine selbstbestimmte Einhaltung von moralischen Normen und orientiert sich am eigenen Gewissen und dem Motiv, „mit sich selbst zufrieden" (Bettelheim 1987, S. 124) sein zu wollen. Mit Strafe kann Selbstdisziplin nicht erreicht werden, weil sie die Grundlagen für die Identifikation zerstört. „Jede Strafe ... nimmt uns gegen den ein, der sie austeilt" (Bettelheim, 1987, S. 127).

Eine Intensivierung der Strafe ruft außerdem Unehrlichkeit und Verstellung hervor. „Je strenger (das Kind) bestraft wird, um so unaufrichtiger wird es" (Bettelheim 1987, S. 126).

Strafe verletzt das Selbstwertgefühl der Kinder, sie demütigt und beleidigt; sie ist notwendigerweise mit „Herabwürdigung" (Bettelheim, 1987, S. 125) verbunden.

Beim Bestraften weckt die Strafe die gefährliche Vorstellung, „dass Macht gleich Recht" (Bettelheim, 1987, S. 124) ist.

Strafe schwächt zudem die „Stimme des eigenen Gewissens" (Bettelheim 1987, S. 138) und vermittelt ein Gefühl der Schuldlöschung. Es entfällt also das Motiv, sich selbst anzustrengen und korrigieren zu wollen.

Strafe ist auch deshalb ein kontraproduktives Verhalten, weil die Strafenden durch ihre Unbeherrschtheit ein schlechtes Beispiel geben.
Letztlich erzeugt die Strafe den Irrtum, dass Strafen gut getan hätten. Es kommt zu einer Verwechslung von Ursache und Wirkung durch die Verdrängung eines traumatischen Erlebnisses.

Zusammenfassend lässt sich also sagen: Strafe fördert eher eine fremd-bestimmte, „aufgezwungene Disziplin" (Bettelheim, 1987, S. 124), die ein Gewissen bildet, das nur sagt, „wir sollten kein Unrecht begehen, weil wir dafür bestraft werden könnten" (Bettelheim, 1987, S. 127).

Bettelheim glaubt daher, „dass es immer ein Fehler ist, ein Kind zu strafen" (Bettelheim, 1987, S. 139).

Aus seiner Sicht kann auf Strafe verzichtet werden, wenn es gelingt Bedingungen zu schaffen, „die in einem Kind den Wunsch entstehen lassen, einmal ein moralisch guter und disziplinierter Mensch zu wer-den" (Bettelheim, 1987, S. 137). Grundlage dafür ist, dass die Erzieher durch ihr Verhalten zu erkennen geben, dass sie die Kinder achten und lieben.

Auch die Individualpsychologie A. Adlers kommt zu dem Ergebnis, dass Strafe ungeeignet ist einen jungen Menschen gemeinschaftsfähig zu machen.

Die Begründung ist allerdings eine andere als aus psychoanalytischer Sicht, wenngleich es Berührungspunkte und Ähnlichkeiten gibt.

Ausgangspunkt ist die Annahme, dass wir uns in einer „dauernden Stimmungslage des Minderwertigkeitsgefühls" befinden, „dass Mensch sein heißt: sich minderwertig fühlen" (Adler, 1996, S. 78 f.). Dieses Ge-fühl der Unzulänglichkeit, der Unvollkommenheit, der unabgeschlosse-nen Entwicklungsmöglichkeiten ist nicht negativ zu bewerten, sondern ist ein „positives Leiden" (Adler, 1996, S.78), das gerade Kinder und Jugendliche dazu drängt, dieses Gefühl durch Anstrengungen zu kom-pensieren, von einer „Minussituation in eine Plussituation zu gelangen" (Adler, 1996, S. 79). Sichtbar wird hierin die „Grundtatsache der men-schlichen Entwicklung ... das ... zielgerichtete Streben der Psyche" orien-tiert am „Wunschbild von Größe, Vollkommenheit und Überlegenheit" (Adler, 1983, S. 7).

In dem Minderwertigkeitsgefühl steckt also auch die Bereitschaft sich erziehen zu lassen, weil der Zögling den Wunsch hat, sich zu entwi-ckeln.

Adler ergänzt, dass zur Meisterung der zentralen Lebensaufgaben (Ar-beit, Liebe und Gemeinschaft) ein Kind daher Ermutigung und nicht

Entmutigung braucht. Jede Entmutigung – die Erfahrung des Misslingens, der Demütigung und Herabsetzung des Selbstwertgefühls – führt zu einem „Lebensstil" (Adler, 1983, S. 7), der von der Gemeinschaft wegführt und Fehlentwicklungen begünstigt.

Das Gemeinschaftsgefühl, der Sinn für Solidarität, die Fähigkeit zur Zusammenarbeit und Identifikation ist aus individualpsychologischer Perspektive das zentrale Entwicklungs- und Erziehungsziel. In idealer Weise ist es verwirklicht, wenn die Menschen das „Gemeinschaftsgefühl äußern wie atmen" (Adler, 1996, S. 196). Der Auftrag an die Pädagogik lautet daher: „Das Kind muss für die Gemeinschaft erzogen werden. ... Jede Abweichung von dieser Linie bedroht das Kind später mit Schwierigkeiten der Anpassung in Beruf, Liebe und Gesellschaft" (Adler, 1973, S. 209)

Strafe aber entmutigt, weil sie dem Bestraften seine Machtlosigkeit und damit seine Minderwertigkeit demonstrativ vor Augen führt. Die Folge daraus ist das erwachsende Bedürfnis, nachdrücklicher und heftiger eine Kompensation für diese Form der Herabsetzung zu suchen, also in einer übertriebenen Weise Erfahrungen der Macht und der Überlegenheit anzustreben. Das Ziel der Gemeinschaftsfähigkeit wird verfehlt. Damit ist der Haupteinwand gegen die Strafe als Erziehungsmethode aus individualpsychologischer Sicht im Kern formuliert.

In der Nachfolge Adlers hat R. Dreikurs die Probleme des Strafens deutlich gemacht. „Wir müssen das Vergebliche unseres Versuches erkennen, den Kindern unseren Willen aufzudrücken. Noch soviel Bestrafung wird keine dauernde Unterwerfung erreichen. ... Die Anwendung von Strafen hilft dem Kind, eine größere Widerstandskraft und Trotz zu entwickeln" (Dreikurs, 1981, S. 75).

Ähnlich wie Bettelheim kommt Dreikurs zu dem Ergebnis, dass Strafe die fatale Folge hat, dass Macht mit Recht identifiziert wird. „Wenn wir ein Kind bestrafen, spielen wir sein Spiel mit, das heißt, wir bestätigen seine falsche Vorstellung, dass Macht und Stärke allein zählen" (Dreikurs, 1981, S. 77).

Zur Besonderheit der individualpsychologischen Sichtweise gehört auch, dass nicht nur die Strafe, sondern auch die Belohnung – quasi als zweite Seite derselben Medaille – die Entwicklung zu einem „Gemein-schaftsgefühl" (Adler, 1996, S. 16) behindert. Nicht nur negative Sank-tionen (Bestrafungen), sondern auch vermeintlich positive Sanktionen (Belohnungen) sind pädagogisch kontra-produktiv. Die Belohnung (bzw. die Verwöhnung) wirkt sich negativ auf den Willen eines Kindes aus, sich Mühe zu geben und Schwierigkeiten zu überwinden. Dieses Bestreben ist aber notwendig, wenn das wichtigste Erziehungsziel (das Gemeinschaftsgefühl) erreicht werden soll.

> „Die Sitte, Kinder für gutes Verhalten zu belohnen, ist genauso schädlich wie die Methode der Bestrafung. ... Durch das System der Belohnung bekommen (Kinder) den Eindruck, dass sie nichts tun müssen, wenn für sie nichts dabei herausschaut" (Dreikurs, 1981, S. 78 f.).

Ebenso wie Bettelheim betont auch Dreikurs, dass es darauf ankommt, dass Kinder aus eigener Motivation heraus gut handeln wollen.

> „Kinder brauchen keine Bestechung, um gut zu sein. Sie wollen selber gut sein. Gutes Benehmen des Kindes kommt aus seinem Bestreben heraus, dazuzugehören, nützliche Beiträge zu leisten und mitzuarbeiten. Bezahlen wir ein Kind für ein gu-tes Betragen, zeigen wir ihm nur, dass wir seinen guten Absichten nicht trauen. Das ist aber eine Form der Entmutigung" (Dreikurs, 1981, S. 80).

Die geeignete Form des pädagogischen Umgangs ist dagegen die Ermu-tigung.

Bei der Skizzierung der Positionen, die Zweifel an der Strafe als Erzie-hungsmethode haben, dürfen aus meiner Sicht die Gedanken A. Flitners nicht fehlen, die er im Zusammenhang mit seiner Kritik an der Antipä-dagogik formuliert hat. Seine Position ist u. a. deshalb interessant, weil er eine Pädagogik zu zeichnen sucht, die den antipädagogischen Vor-wurf, dass jede Pädagogik ein „Mittel zur Bekämpfung des Lebendigen im Kind" (Miller, 1980, S. 113) sei und „die ‚Lehren' der ‚Schwarzen Pä-dagogik' [mit ihrer durchgängigen Forderung nach Strafen] eigentlich die ganze Pädagogik durchziehen" würden (Miller, 1980, S. 117), zu-rückweisen kann.

Auch Flitner kommt zu dem Ergebnis, dass Strafen „meist nutzlos" (Flitner, 1985, S.108) sind, aber er erörtert das Problem, dass Erziehung auch den „Widerstand" der Erzieher beinhalten muss, wenn Kinder die Neigung zeigen, sich Einflüssen zu überlassen, die die Erzieher „für schlecht und schädlich halten" (Flitner, 1985, S. 98).

Unter der Überschrift „Gegenwirken – Mitwirken" (Flitner, 1985, S. 98 ff.) kritisiert er zunächst die dunklen Traditionsströme der Pädagogik (Kinderunterdrückung, Strafpraxis, Schuldisziplin usw.), verweist auf den möglichen Zusammenhang von Gewalt in der Menschheitsgeschichte und Gewalthandlungen in der Erziehung, um dann die Frage aufzuwerfen: „Wenn im Namen erzieherischer ‚Gegenwirkung' Kindern so Schlimmes angetan wird, wer mag da über den Sinn und die Notwendigkeit von Gegenwirkung überhaupt noch sprechen" (Flitner, 1985, S. 98)? Aber auch die „subtilen Strafen", wie z.b. der Aufmerksamkeitsentzug, sind vielleicht nur andere Methoden für die unveränderte Absicht, die Kinder zu einem bestimmten Verhalten zu zwingen (Flitner, 1985, S. 98).

Seine Skepsis gegenüber der Strafe als Mittel der Erziehung wird auch deutlich, wenn er die Methoden Lob und Tadel, bzw. Lohn und Strafe auf ihre Tauglichkeit hin untersucht. Er sieht in ihnen nicht Gegensatzpaare, sondern – psychologisch und pädagogisch betrachtet – sehr unterschiedliche Handlungen. Es ergeben sich hier Berührungspunkte mit Bettelheims psychoanalytischer und Adlers (bzw. Dreikurs) individualpsychologischer Betrachtungsweise. Der Wunsch nach Belohnung oder die Angst vor der Strafe sind „Motive, die nicht geeignet sind, die Selbständigkeit und das Sachinteresse des Kindes zu fördern", sondern geeignet, die Selbständigkeit zu „hintertreiben" (Flitner, 1985, S.103).

Das Lob wäre allerdings zu verteidigen, wenn es nicht behavioristisch als eine Art von Bezahlung eingesetzt, sondern als Ausdruck einer „Kommunikation, der persönlichen Bestätigung und Zuwendung" (Flitner, 1985, S.104) gewertet werden könnte.

Lob kann auch nur dann eine förderliche Wirkung entfalten, wenn das Lob von jemand ausgesprochen wird, der bei dem Gelobten in Ansehen und Achtung steht, also „der Lobende dem Gelobten etwas gilt" (Flitner, 1985, S.104). Das ist auch eine Voraussetzung für den Tadel, der außerdem (Flitner argumentiert hier geradezu individualpsychologisch) durch

Ermutigung mit der Möglichkeit der Verhaltenskorrektur für den Getadelten verbunden sein muss, wenn er pädagogisch wirksam sein soll. Lob und Tadel, Lohn und Strafe können in Flitners Pädagogik nur dann eine Rechtfertigung erfahren, wenn sie eine Hilfestellung, eine Unterstützung, eine „Mitwirkung" durch den Erzieher für den Zögling zur Selbstkorrektur beinhalten. In diesen Ausführungen steckt daher keine allgemeine Rechtfertigung der Strafe, sondern eher eine Reserve gegenüber dieser Methode. „Die Strafen als Sühne, als Rache, als Schadenzufügen, als Abschreckung – sie alle haben in der Erziehung keinen Ort" (Flitner, 1985, S.111).

Auch wenn Skinners Behaviorismus und seine Methode der „positiven Verstärkung" als erschöpfendes pädagogisches Prinzip von den vorher referierten Autoren abgelehnt würde, so lässt sich aber auch hier eine Kritik der Strafe finden, die – wenn man einmal die problematischen Implikationen der behavioristischen Psychologie (z. B. die Verneinung der Möglichkeit der Selbstbestimmung (Skinner, 1972, S. 228)) unberücksichtigt lässt – dennoch im Ansatz geteilt werden könnte.

In seinem Zukunftsroman „Futurum II" argumentiert Skinner mit der durch Experimente untermauerten Erfahrung gegen die Strafe: „Wir entdeckten allmählich und auf Kosten unsagbarer menschlicher Leiden, dass auf die Dauer eine Bestrafung die Wahrscheinlichkeit, dass eine Tat geschieht, nicht reduziert" (Skinner, 1972, S. 231). Die „alte Schule" hätte den „erstaunlichen Irrtum" begangen, anzunehmen,

> „dass durch die Behebung einer Situation, die jemand mag, oder durch Herbeiführung einer Situation, die jemand nicht mag – anders ausgedrückt, indem wir ihn strafen – es möglich wäre, die Wahrscheinlichkeit zu reduzieren, dass er sich wieder in einer gegebenen Art verhält" (Skinner, 1972, S. 231).

Dass der Verzicht auf Strafe auch einem moralischen Impuls folgt, wird durch seinen Hinweis erkennbar, dass Jesus „der erste" war, „der die starke Wirkung des Nichtbestrafens entdeckte" (Skinner, 1972, S. 232). Bei so viel Zweifel an der Eignung der Strafe als Erziehungsmittel liegt die Suche nach Alternativen nahe.

„,Jede Strafe ... nimmt uns gegen den ein, der sie austeilt' (Bettelheim, 1987, S. 127)."

„,Das Kind muss für die Gemeinschaft erzogen werden. ... Jede Abweichung von dieser Linie bedroht das Kind später mit Schwierigkeiten der Anpassung in Beruf, Liebe und Gesellschaft' (Adler, 1973, S. 209)."

„,Wenn wir ein Kind bestrafen, spielen wir sein Spiel mit, das heißt, wir bestätigen seine falsche Vorstellung, dass Macht und Stärke allein zählen' (Dreikurs, 1981, S. 77)."

„,Die Strafen als Sühne, als Rache, als Schadenzufügen, als Abschreckung – sie alle haben in der Erziehung keinen Ort' (Flitner, 1985, S.111)."

„,Wir entdeckten allmählich und auf Kosten unsagbarer menschlicher Leiden, dass auf die Dauer eine Bestrafung die Wahrscheinlichkeit, dass eine Tat geschieht, nicht reduziert' (Skinner, 1972, S. 231)."

Wie Pädagogik ohne Strafe auskommt: Alternativen zur Strafe

Die Kritik an der Strafe lässt die Alternativen im Ansatz schon erkennen. Für Bettelheim ist klar, dass eine an Selbstdisziplin orientierte Pädagogik dem Grundsatz folgen muss, die „Selbstachtung" (Bettelheim, 1987, S. 127) des Kindes zu fördern, da nur so ein selbstbestimmtes Verhalten erworben werden kann. Bettelheim empfiehlt z.b. trotz eines Tadels für eine zu missbilligende Tat den Verzicht auf die Unterstellung böser Absichten.

Lob ist – „weil darin unsere starken positiven Gefühle zum Ausdruck kommen" (Bettelheim, 1987, S. 145) – ein geeignetes Mittel, die Selbstachtung des Kindes zu stützen, um die Persönlichkeit eines Kindes zu formen.

Erwachsene sollten in einen „Dialog" mit dem Kind eintreten, um sich in die Motive des Kindes einfühlen und um es mit der „Stimme der Vernunft" erreichen zu können, damit es den Erwachsenen „willig Gehör ... schenken" kann. „Ein Kind anschreien nutzt wenig" (Bettelheim, 1987, S. 128).

Unterschätzt werden darf in diesem Zusammenhang auch nicht, dass ein Kind sich im Augenblick des Tuns „immer im Recht" (Bettelheim, 1987, S. 126) glaubt.

Da alles davon abhängt, „was wir tun und nicht davon, was wir sagen", müssen Erzieher „mit gutem Beispiel vorangehen" (Bettelheim, 1987, S. 128 f.).

Die Grenze zur Strafe berührt Bettelheim, wenn er die schwierigste Situation anspricht. Was soll ein Erwachsener tun, wenn die Vernunft des Kindes nicht mit Erfolg angesprochen werden kann?

Bettelheim meint, dass wir dann „das Unbewusste des Kindes ansprechen" sollen und ihm deutlich machen müssen, „dass es Gefahr läuft, unsere Liebe zu verlieren" (Bettelheim, 1987, S. 142). Er setzt aber gleich hinzu, dass dies „vorwiegend symbolisch bleiben" muss (Bettelheim 1987, S. 142), d.h. dass z. B. eine kurze körperliche Trennung stellvertretend für emotionale Distanz steht. Ein „vorübergehender Liebesentzug" (Bettelheim, 1987, S. 145) darf aber nicht als Strafe oder zu „anderen Zwecken" (Bettelheim, 1987, S. 144) eingesetzt werden.

Ebenso wie Bettelheim nimmt auch der Begründer der Individualpsychologie Alfred Adler in seinen Ausführungen zur „Kindererziehung" (Adler, 1983) und der Erörterung vieler Fallbeispiele aus dem Schulalltag (Adler, 1974) an, dass Bestrafung nicht hilfreich ist und entwickelt Alternativen.

Der entscheidende Ansatz, der Bestrafung überflüssig macht, ist nach Adler eine Begleitung, die den Kindern „Optimismus einflößen" kann, so dass man die Kinder „ermutigt und sie dazu bringt, an ihre eigene Kraft und Fähigkeit, an ihre Begabung zu glauben" (Adler, 1974, S. 49). Das kann aber nur gelingen, „wenn man die Kinder unabhängiger macht, wenn man sie ... in eine Lage versetzt, in der sie notwendigerweise Zutrauen zu ihren eigenen seelischen und körperlichen Kräften gewinnen" (Adler, 1974, S. 49). Das bedeutet z.B. für die erzieherische Arbeit in der Schule:

> „Die wichtigste Aufgabe eines Erziehers – man kann fast sagen: seine heilige Pflicht – besteht darin, Sorge zu tragen, dass kein Kind in der Schule entmutigt wird und dass ein Kind, das bereits entmutigt in die Schule eintritt, durch seine Schule und durch seinen Lehrer Vertrauen in sich selbst gewinnt" (Adler, 1974, S. 50).

Für die Rolle des Erziehers und Lehrers bedeutet dies, nicht mit Sanktionen zu operieren, sondern durch wohlwollende und beratende Zuwendung zu unterstützen. „Wir müssen unsere Rolle als Richter aufgeben und die eines Kameraden oder heilenden Arztes übernehmen" (Adler, 1974, S. 73). Der Anspruch an die pädagogische Kompetenz und menschliche Qualität des Lehrers ist hoch: „Als Lehrer und Erzieher taugen deshalb nur Personen, die selbst ein entwickeltes Gemeinschaftsgefühl besitzen" (Adler, 1973, S. 209).

R. Dreikurs plädiert dafür „natürliche und logische Folgen" statt Strafen anzuwenden (Dreikurs, 1981, S. 82 ff.), wodurch dem Kind die Möglichkeit gegeben wird, die tatsächlichen Folgen seines Handelns zu erfahren, zu lernen, dass es in seiner Macht liegt, ein Problem zu lösen, und dass es nicht darum geht, dem Verlangen der Erzieher zu folgen. (Wer sein Schulbrot vergisst, wird natürlicherweise Hunger verspüren. Wer seine Turnschuhe vergisst, kann logischerweise nicht am Sportunterricht teilnehmen. Wer den Unterricht selbstverschuldet versäumt, wer Leistungen verweigert, wer Übungen auslässt, gefährdet einsehbar seinen Schulerfolg.)

Logische Folgen dürfen allerdings nicht zu Strafen werden, etwa als Drohung benutzt oder aus Ärger „verhängt" werden. Der Unterschied muss auch für ein Kind erkennbar bleiben.

> „Den Begriff der ‚logischen Folgen' missdeuten viele Eltern als eine neue Methode, ihren Willen den Kindern aufzuzwingen. Die Kinder erkennen dies als das, was es wirklich ist, nämlich versteckte Bestrafung. Das Geheimnis liegt in der Art der Anwendung. Es ist überlegtes Sich zurückziehen der Eltern, das den logischen Folgen die Gelegenheit gibt, in Kraft zu treten. Dies gilt für beide Seiten" (Dreikurs, 1981, S. 85 f.).

Entscheidend ist in diesem Zusammenhang, dass daraus kein Machtkampf wird, der wahrscheinlich nur mit der Niederlage des Kindes endet und dem Resultat eines verstärkten Minderwertigkeitsgefühls versehen ist. Dreikurs sieht in der Anwendung natürlicher und logischer Folgen eine „neue Orientierung".

> „Wir müssen uns klarmachen, dass wir nicht mehr in einer autokratischen Gesellschaft leben, in der man Kinder ‚beherrschen' kann, sondern in einer demokratischen, wo man sie ‚leiten' muss. Wir können nicht mehr unseren Willen den Kindern aufzwingen, sondern müssen jetzt das richtige Benehmen ‚anregen'" (Dreikurs, 1981, S. 89 f.).

Die Individualpsychologie vertraut auf die „schöpferische Kraft des Kindes" (Adler, 1996, S.24/29) und fordert „die Rechte des zu Beeinflussenden durch den Beeinflusser" zu respektieren (Adler, 1997, S. 66). Auf diesem Weg kann auf das Mittel der Strafe verzichtet werden.

Flitner entwickelt ebenfalls Alternativen zur Bestrafung. Er sieht in dem Widerstand der Erzieher gegen Fehlentwicklungen, den er als „Gegenwirkung" bezeichnet, den seiner Meinung nach „schwersten und heikelsten Teil der Erziehung" (Flitner, 1985, S. 98).

Gegenwirkung ist nur legitimiert, wenn die „wahren Interessen" des Kindes nicht einfach durch den Erzieher definiert werden, sondern wenn „das Kind in den Prozess des Auffindens der wirklichen Interessen so früh als möglich auf-genommen wird" (Flitner 1985, S. 102). Gegenwirkung hat ihr „pädagogisches Recht nur in einem übergreifenden Diskurs, in Annahme und Mitwirkung, in gemeinsamem Suchen des Richtigen für das Kind" (Flitner, 1985, S. 102 f.). Die „Mitwirkung" ist die entscheidende Ebene, die die Strafe vermeiden hilft.

Wenn auch Flitner Strafe nicht prinzipiell für vermeidbar hält, so bleibt sie doch für ihn nur eine allerletzte (und außerdem eine „meist nutzlose") Maßnahme. Hilfreicher und pädagogischer ist dagegen die Verwendung „feiner" statt „grober Mittel" (Flitner, 1985, S. 109 ff.), um eine Verhaltenskorrektur beim Zögling zu befördern. Die Erinnerung, die Ermahnung, die Besprechung, die Hilfe und die „Gegenwirkung auf symbolischer Ebene" (Flitner, 1985, S. 112) sind geeignet, auf eine feine und differenzierte Weise Einfluss zu nehmen.

Entscheidend ist aber, dass alle diese Maßnahmen „eine aufbauende Komponente" (Flitner, 1985, S. 111) haben müssen. Flitner zählt hierzu das Wieder-gutmachen und die Erneuerung des Vertrauens zwischen Erzieher und Zögling.

Skinners Alternative ist klar. Seine Verstärkungstheorie bildet die Grundlage für die Vorstellung einer straffreien Formung des menschlichen Verhaltens.

> „Was uns zustößt, zerfällt in drei Gruppen. Zu einigen Dingen verhalten wir uns gleichgültig. Andere schätzen wir und möchten, dass sie wieder geschehen, ja wir suchen sie wieder herbeizuführen. Noch andere Dinge lehnen wir ab, wir möchten nicht, dass sie wieder geschehen, wir suchen sie loszuwerden und zu verhindern. Wenn es nun in unserer Macht steht, eine Situation zu schaffen, die jemand mag oder eine fernzuhalten, die jemand nicht mag, dann können wir sein Verhalten lenken. Verhält er sich so, wie wir wünschen, dass er sich verhalten möge, so schaffen wir einfach eine Situation, die er mag, oder beheben eine, die er nicht mag. Infolgedessen steigt die Wahrscheinlichkeit, dass er sich wieder in dieser Weise verhält – und das ist es eben, was wir wollen. Der Fachausdruck dafür ist ‚positive Verstärkung'" (Skinner 1972, S. 230 f.).

Wenn es – wie in der Darstellung der psychologischen und pädagogischen Positionen erkennbar – substantielle Alternativen zur Strafe gibt, dann muss bedacht werden, unter welchen Bedingungen sie eingesetzt und wirksam werden können.

Was eine gelingende Erziehung ausmacht: zu den Bedingungen des Strafverzichts

Erzieherischer Einfluss basiert auf Anerkennung und Achtung, auf Vertrauen und Zuneigung (Liebe), also auf Autorität, die ein Erwachsener bei Kindern und Jugendlichen durch sein Verhalten erwirbt.

Für das Verhältnis von Schülern und Lehrern im Schulalltag bedeutet das, dass eine Praxis des Strafverzichts hohe Anforderungen an Lehrerinnen und Lehrer stellt, die sie z. T. gar nicht allein anordnen oder erwirken können. Sie sind z. B. auf die freiwillige Anerkennung und Achtung durch die Schülerinnen und Schüler angewiesen. Autoritäres Verhalten will diese Bedingung immer wieder überspringen. Ist also die Idee des Verzichts auf Strafe für die in der Institution Schule arbeitenden Lehrerinnen und Lehrer eine Illusion?

Es geht hier nicht um eine sozusagen flächendeckende Praxis der Alternativen zur Strafe, aber doch um die mögliche Ausweitung der Möglichkeiten, sie zu nutzen. So würde wohl die Lehrerrolle (ebenso die Schülerrolle) anspruchsvoller beschrieben, es könnte aber auch den Schulalltag anders, nämlich zufrieden stellender erleben lassen, weil Konfliktlösungswege praktiziert würden, die es allen am Schulleben Beteiligten ermöglichen würde, den Respekt allen anderen gegenüber zu erhöhen.

Eine Schule, die sich diesem Anspruch nicht stellt oder stellen will, ist immer wieder in der Versuchung, die Freiwilligkeit in der Anerkennung und Achtung durch autoritäres Verhalten (also durch illegitim anmaßende Autorität) oder Strenge und ausgeprägt kontrollierende (Misstrauen ausdrückende) Maßnahmen zu überspringen. Ist das eine Praxis, die leistungsfähiger und zufriedener macht? Wird nicht viel eher die Ausweitung von Vertrauen durch den Verzicht auf Strafen die Schule entspannter machen?

Ein kleines Beispiel mag das abschließend illustrieren: Ein Schüler hatte sich gegenüber seinen Mitschülern einen Vorteil für eine Prüfung verschaffen wollen, indem er Texte und Materialien, die vom unterrichtenden Lehrer zur Vorbereitung auf eine Prüfung ausgegeben und nach erfolgter Übung wieder eingesammelt wurden, für sich zurückhielt.

Weil dieses Verhalten nicht sofort auffiel, konnte nicht mehr festgestellt werden, wer die Materialien zurückgehalten hatte. Der Lehrer sprach dies Problem vor der Klasse an und machte folgenden Lösungsversuch:

> „Ich kann nicht akzeptieren, dass sich jemand auf diesem Weg einen Vorteil verschafft. Ich kann mir auch nicht vorstellen, dass derjenige, der die Texte zurückgehalten hat, das für eine faire Methode hält. Ich erwarte, dass der betreffende Schüler die Materialien an mich zurückgibt. Es geht mir nicht um Strafe, sondern darum, dass eine Korrektur eines inakzeptablen Verhaltens stattfindet. Daher werde ich nach erfolgter Rückgabe darüber nie wieder ein Wort verlieren."

Nach einer kurzen Stille gab der Schüler die Materialien in Anwesenheit der Klasse zurück. Der Lehrer hielt sein Versprechen.

7.2 Einzeltechniken

7.2.1 Die Trainingsraum-Methode

Viele Schulen nutzen bereits die Trainingsraum-Methode zur Reduzierung von Störverhalten, u.a. auch die Hauptschule der Pilotstudie und eine Gesamtschule der Lehrerstudie aus der Untersuchung von Welling (2008; siehe auch Abschnitt 2.2.3).

Gemäß Bründel und Simon (2005) dient der Trainingsraum als Instrument der Werteerziehung und Stärkung der Eigenverantwortung mit dem Ziel Unterrichtsstörungen zu minimieren und soziale Kompetenzen zu erreichen. Die positiven Resultate dieser Methode wurden durch mehrere Evaluationen in ganz Deutschland an über 100 Schulen durch qualitative und quantitative Studien zu Lehrer- und Schülermeinungen nachgewiesen. Insgesamt umfasste die Stichprobe 250 Lehrer und Lehrerinnen und über 1000 Schüler und Schülerinnen.

Um das Trainingsraumkonzept in einer Schule zu etablieren, müssen jedoch einige Voraussetzungen gegeben sein. Ein Konsens in der Lehrerschaft, die Zustimmung von Eltern, Schülern und Schülerinnen und der Schulkonferenz muss gewährleistet sein. Außerdem muss ein Raum bereitgestellt werden, der als Trainingsraum genutzt wird. Die Trainingsraumlehrkräfte müssen zusätzlich geschult werden und weiterhin auch bereit sein, im Trainingsraum zu arbeiten. Lehrkräfte nehmen darüber hinaus eine Vorbildfunktion ein. Das Trainingsraum-Programm besteht aus verschiedenen Bestandteilen, die „in ihrer Gesamtheit ein strukturiertes Ganzes bilden" (Bründel & Simon, 2005, S. 18).

Zunächst sieht die Methode vor, Regeln für die Klassengemeinschaft zu vereinbaren. Idealerweise sollte dieses gemeinsam mit den Schülern und Schülerinnen erfolgen. Regeln sollten schülergerecht, in der Ich-Form, kurz und prägnant sowie positiv formuliert sein. Außerdem sollten sie das wünschenswerte Verhalten beschreiben. Weiterhin ist die Trainingsraum-Methode ein Sanktionssystem, welches ein einheitliches Vorgehen der Lehrer bei Störungen impliziert. Die Reaktion auf ein Schülerfehlverhalten konkretisiert sich in fünf Fragen an die störenden Schüler, die dem Schüler bewusst machen sollen, welche Diskrepanz zwischen seinem verhalten und dem vereinbarten verhalten besteht und ihn zu einer Entscheidung auffordert (Bründel & Simon, 2003, S. 43). Dieser Frageprozess kann darüber hinaus durch ein Klassenplakat unterstützt werden.

Sofern die Schüler sich mit einer zweiten Störung im Unterricht dafür entschieden haben den Trainingsraum aufzusuchen, werden sie mit einem Laufzettel in den Trainingsraum entlassen. Dort müssen sie sich einer Diskussion mit der Trainingsraumlehrkraft stellen und ihr Fehlverhalten reflektieren. Der Lehrer bedient sich dabei eines festgelegten Fragenkatalogs, der aus dem Bereich der kooperativen Gesprächsführung entlehnt ist. Bei Abschluss des Gesprächs erarbeiten sich die Schüler einen Plan, der zur Teilnahme am Regelunterricht berechtigt. Verweigern die Schüler die Reflexion, müssen sie am nächsten Tag zu einem Gespräch mit den Eltern in der Schule erscheinen.

Weitere Bestandteile des Trainingsraum-Konzepts sind unterstützende Maßnahmen wie Lob und Anerkennung des richtigen Verhaltens, aber auch Selbsteinsicht.

Ein bedeutsamer Aspekt, der zum Erfolg der Methode beiträgt, ist die starke Eingebundenheit der Eltern. Zeigt ein Schüler trotz Trainingsraumreflexion keine Verhaltensänderung, wird mit Trainingsraumleh-rer, Klassenlehrer und Eltern nach Lösungen gesucht. Diese Gespräche haben nicht zum Ziel Schüler zu bestrafen, sondern intendieren der Hil-fe, der Unterstützung und Erarbeitung von Maßnahmen zur Verhaltens-änderung.

Grundlagentheoretisch betrachtet klingt diese Methode plausibel. Aber ist sie in der Praxis wie gedacht umsetzbar und bringt sie eine Erleichte-rung beim Sanktionieren mit sich?

Dazu haben wir eine Lehramtsanwärterin (2. Jahr) nach ihren subjekti-ven Eindrücken befragt:

W: *Wissen Sie, wie lange es das Trainingsraum-Konzept an ihrer Schule gibt?*

L: *Ehrlich gesagt weiß ich das nicht (Während des Gespräches schaute sie im Internet nach, das Konzept gibt es dort seit dem Schuljahr 2004/2005).*

W: *Wie wird das Konzept „neuen" Lehrerinnen näher gebracht? Wie wurde Sie über das Konzept unterrichtet?*

L: *Ich wurde durch Mundpropaganda über das System informiert. Die Regeln sind im Klassenzimmer ausgehängt. Ich fragte einen Kollegen, wie das Kon-zept funktioniert, der erklärte mir, wo die Laufzettel sind und wie man diese benutzt.*

W: *Wie werden „neue" Eltern und Schüler über das Trainingsraum-Konzept informiert?*

L: *Ich weiß es nicht. Die Informationen sind im Internet zugänglich. Bisher musste ich noch kein Elterngespräch führen, in dem es um den Trainings-raum ging.*

W: *Wird das Trainingsraum-Konzept an ihrer Schule evaluiert? Wenn ja, von wem und wie?*

L: *Bisher musste ich noch keine Fragebögen ausfüllen, ich weiß nicht ob es evaluiert wird. Es hat eine Anweisung gegeben, dass Laufzettel in Ordnern abgeheftet werden sollten. Daran hat sich niemand gehalten, deshalb werden diese Laufzettel an keinem bestimmten Ort aufbewahrt.*

W: *Wie oft nutzen Sie den Trainingsraum?*

L: *Ich nutze den Trainingsraum regelmäßig, mindestens 4-6 Mal im Monat. Ich würde ihn öfter nutzen, aber das Konzept ist an unserer Schule nur für die Jahrgangsstufen 5-8 angelegt.*

W: *Wie wird Trainingsraumarbeit an ihrer Schule angerechnet?*

L: *Darüber habe ich keine Informationen. Manchmal ist anstatt eines Lehrers eine Sozialpädagogin im Trainingsraum.*

W: *Ist das Trainingsraum-Konzept effektiv?*

L: *Kurzfristig ja, denn die Störung ist unmittelbar aufgehoben. Anschließend bekomme ich einen Rückkehrplan. Darauf steht meistens, dass der Schüler sich bessern möchte und zusätzlich ist ein konkretes Verhalten aufgeschrieben. Zum Beispiel hat ein Schüler in meinem Unterricht eine Art Hitler-Geste gemacht, woraufhin ich ihn in den Trainingsraum geschickt habe. Ergebnis des Trainingsraumaufenthaltes war es, dass er Referat über Hitler vorbereitet. Das hat er in meinem Unterricht vorgetragen.*

W: *Welche Vorteile haben Sie konkret durch das Trainingsraumkonzept?*

L: *Ich werde entlastet, wenn gehäuft Unterrichtsstörungen auftreten.*

W: *Verbessert der/die Schüler/in sein/ihr Verhalten dauerhaft?*

L: *Eindeutig kann ich das nicht sagen, das ist sehr individuell.*

In Tabelle 3 haben wir die Vor- und Nachteile des Trainingsraum-Konzeptes kurz zusammengefasst. In Kombination mit den in 2.2.3 zusammengetragenen Beobachtungen ist zu schlussfolgern, dass es auch bei dieser Einzeltechnik von der Gestaltung des Gesamtkontextes abhängen wird, ob und wie effizient sie ist.

Tabelle 3: Vor- und Nachteile des Trainingsraum-Konzeptes

Die Vor- und Nachteile des Trainingsraum-Konzeptes
Pro • Die gesamte Schule nutzt ein einheitliches und schulweites Sanktionssystem. • Lehrer-/innen kommen ihrem Erziehungsauftrag nach. • Der Unterrichtsfluss wird nicht unterbrochen, der Störende wird nicht allein gelassen, sondern muss sein Verhalten reflektieren. • Die Eltern bekommen eine stetige Rückmeldung, wenn ihr Kind sich nicht regelkonform verhält.
Contra • Der TR wird nicht von allen Lehrern im gleichen Umfang genutzt. • Das Konzept ist nur wirksam, wenn es immer wieder einen „Störenfried" in der Klasse gibt. Ist das Problem nicht zu lokalisieren, ist der TR keine Option. • Das Konzept muss von den Eltern ernst genommen werden und es muss erzieherische Konsequenzen geben. • Störende Schüler-/innen stören absichtlich den Unterricht, damit sie den Unterricht durch Verweilen im TR vermeiden können. • Gibt es eine Verhaltensmodifikation durch den TR-Aufenthalt? (Bründel/Simon 2005 sagen ja) • Fachlehrer-/innen können ihren Erziehungsauftrag an die Trainingsraumlehrer-/innen abtreten. • Trainingsraumlehrer-/innen können ihre Std. 1:1 oder 1:2 abrechnen und müssen dadurch weniger Unterricht vorbereiten. (Klima im Lehrerkollegium!) • Sind Lehrer-/innen/Eltern und Schüler-/innen ausreichend über das Konzept informiert?

7.2.2   Token-Programme

In den Befragungen von Welling (2008) hat sich herausgestellt, dass viele der Befragten mit dem Begriff des Tokens nichts verbinden können. Token kann man auch als „Fleißsterne" o.ä. bezeichnen, also einen Punkt, der für die positive Bewältigung einer Aufgabe gegeben wird. Bei diesen Token-Programmen können sowohl einzelne Schüler für regelkonformes Verhalten verstärkt werden, als auch ganze Gruppen bzw. Klassen. Bei einer gewissen Anzahl an gesammelten Token, die zuvor gemeinsam mit den Schülern festgelegt werden, können diese Token gegen reale Verstärker, wie z.b. hausaufgabenfrei oder zusätzliche Spielzeiten, eingetauscht werden (vgl. Julius, 2004).

7.2.3   Spezielle Trainingsprogramme

Neben den hier bereits vorgestellten Konzepten gibt es eine Reihe weiterer Programme, die auf die Verbesserung des Sozialverhaltens im Allgemeinen oder auf Konfliktlösestrategien abzielen (vgl. u.a. Schmitz et al., 2002, Roos & Petermann, 2005, Geis, 2003).

In der Regel besteht ein Programm aus 10-12 Modulen, in denen die Teilnehmer spezielle Kompetenzen erreichen sollen. Diese Teillernziele führen meist zu einem übergeordneten Ziel, wie z.b. Verbesserung des Lernverhaltens oder des Sozialverhaltens. In den einzelnen Sitzungen werden abwechslungsreiche Methoden und Medien eingesetzt, spielerisch Inhalte vermittelt und motivierende Worte gefunden. Die Schüler sollen so die Fähigkeiten erhalten, sich in Situationen des Schulalltags selbst zu helfen. Unterstützt werden können diese Trainings durch Lerntagebücher oder Portfoliomappen, die sich die Schüler immer wieder ansehen können.

Anna Haep

Im Schulalltag ist es für alle Beteiligten wichtig, dass es geltende Sanktionssysteme gibt. Das folgende Fallbeispiel soll aufzeigen, in wie weit ein Sanktionssystem in einem Unterrichtsfach durch verschiedene Personen und Vorgänge gestört, beziehungsweise zunichte gemacht werden kann. Für eine weiterführende Schule wurde durch ein Team von Forschern der Universität Duisburg-Essen, gefördert von dem Lions-Club Oberhausen, ein Konzept für das neue Unterrichtsfach „Emotionale Erziehung" entwickelt. Schülerinnen und Schüler werden unterrichtet, ihre emotionalen Kompetenzen zu entwickeln, mit dem Ziel sich gegenüber anderen empathischer und sich selbst gegenüber verantwortlicher zu verhalten. In einer Pilotphase wurde das Unterrichtsfach zunächst für eine Klasse eingeführt.

Sanktionssystem im Unterrichtsfach „Emotionale Erziehung"
In der Klasse wurde für das Unterrichtsfach ein Sanktionssystem entwickelt. Die Schülerinnen und Schüler und die unterrichtenden Personen legten gemeinsam Klassenregeln fest und die Folgen bei Einhaltung und Nichteinhaltung der Regeln. Klassenregeln hängen in vielen Klassen. Wichtig für das Sanktionssystem war es, dass die Schülerinnen und Schüler die Folgen für ihr Verhalten kannten. Es
musste klar sein, welche Folgen ein bestimmtes Handeln hatte und das der Schüler und die Schüler selber dafür verantwortlich war (siehe Abbildung 1).

> **Regeln für den Kurs „Emotionale Erziehung"**
>
> Ich behandele alle gleich.
>
> Ich beschimpfe andere nicht.
> Ich beleidige andere nicht.
>
> Ich bin diszipliniert: aufmerksam, leise und konzentriert.
> Ich darf während der Stunde Wasser trinken.
> Ich darf während der Stunde nichts essen.
> Ich schalte mein Handy aus.
>
>
> **Folgen**
>
> Wenn ich mich an die Regeln halte, bekomme ich ein +.
>
> Wenn ich mich nicht an die Regeln halte, bekomme ich ein –.
> Wenn ich 2-mal hintereinander ein + bekomme, wird aus einem – ein +.
>
> Wenn ich am Ende des Schuljahrs mehr + als – habe, darf ich an einer gemein-
> samen Aktivität teilnehmen.

Abbildung 1: Regel- und Folgenplakat des Kurses

Das Regelplakat wurde mit Fotos von den Schülerinnen und Schülern, sowie der Kursleiter, umrandet und jeder unterschrieb auf dem Plakat, dass in Din A0 Größe in der Klasse aufgehängt wurde.

Die Schülerinnen und Schüler würden sich am Ende jeder Stunde selber einschätzen und ihre Entscheidung begründen, die unterrichtenden Personen würden die Schüler nach dem Unterricht ebenfalls mit Begründung bewerten. Die Teilnahme an einer gemeinsamen Aktivität am Ende des Schuljahres wäre nur für Schülerinnen und Schüler mit mehr + als – möglich. Wichtig war, dass es keine kollektiven Bewertungen gab, sondern jeder Schüler und jede Schülerin für ihr eigenes Verhalten die Verantwortung übernehmen musste. Die Schülerinnen und Schüler akzeptierten das Sanktionssystem sehr schnell und die meisten Schülerinnen und Schüler bewerteten sich selber realistisch. Die Teilnahme an einer gemeinsamen Aktivität am Schuljahr schien für viele sehr reizvoll und sie arbeiteten auf ihr Ziel hin.

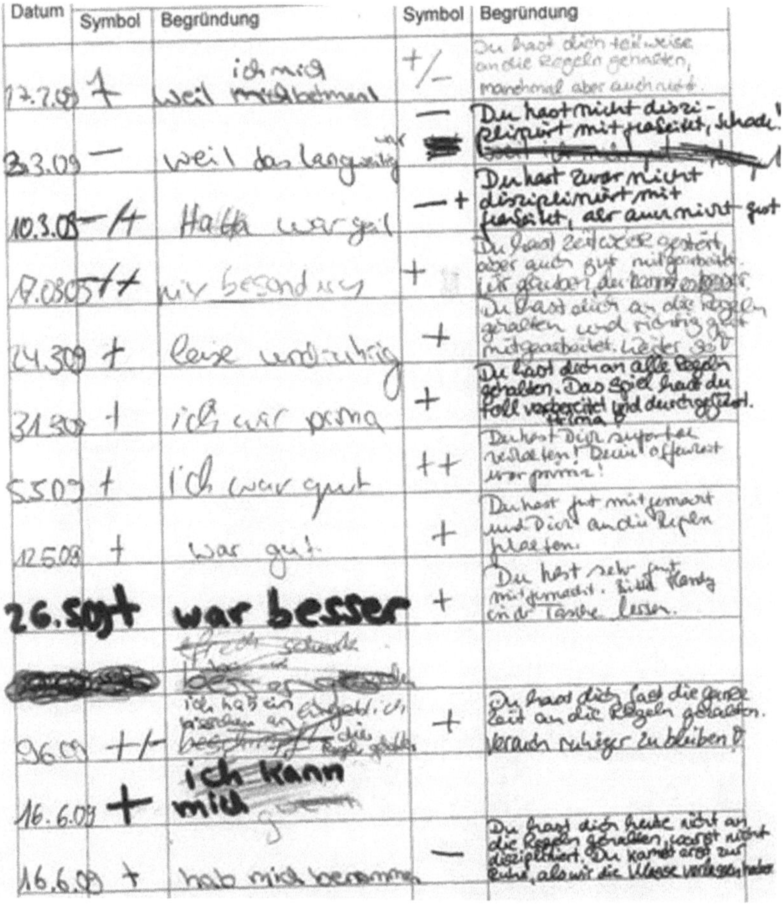

Abbildung 2: Bewertungsbogen eines Schülers

Zu Beginn jeder Stunde wurden die Bewertungsbögen ausgeteilt und die Schülerinnen und Schüler lasen, welche Bewertung sie in der letzten

Stunde von den Lehrkräften erhalten hatten (siehe Abbildung 2). Die Begründungen der Lehrkräfte wurden teilweise durch Aufmunterungen für einige Schülerinnen und Schüler ergänzt. Es gab immer wieder Schüler, die trotz der Begründung nachfragten, wie es zu der Bewertung gekommen sei. Hierfür wurde sich seitens der Lehrkräfte Zeit genommen, Unklarheiten aus dem Weg zu räumen. Am Ende einer jeden Stunde bewerteten sich die Schüler immer jeweils selber. Diese Rituale, zu Beginn und zum Ende des Unterrichts, rahmten eine jede Unterrichtsstunde ein. Die Kontinuität der Bewertungen gab den Schülerinnen und Schülern eine gute Übersicht zu ihrem Verhalten und ihrem aktuellen Stand. Das Ziel, die Teilnahme an der gemeinsamen Aktivität, war für viele Schülerinnen und Schüler wichtig. Es war für einige ein fassbarer Grund für ihre Anstrengung.

Wichtige Variablen und ihre Verbindung zum Sanktionssystem
Neben der Einführung des Sanktionssystems im Unterricht, mussten weitere Variablen beachtet werden, deren Bedeutung bei der Konzipierung des Unterrichtskonzeptes nicht in dieser Art und Weise klar waren. Eine Variable war die Rolle des Klassenlehrers. Der Klassenlehrer bekundete anfangs sein Interesse an dem Kurs für seine Klasse. Im Verlauf der Zeit gestaltete sich die Zusammenarbeit immer schwieriger, wobei die Gründe dafür seitens der Projektleitung nicht klar waren. Ein interessanter Punkt war, dass die Schülerinnen und Schüler dem Klassenlehrer mitteilten, dass er ab einer der ersten Sitzungen nun auch am Unterricht teilnehmen müsste, da die Kursleitung das gesagt hätte und der Klassenlehrer erzogen werden müsste. Diese Behauptung der Schülerinnen und Schüler wurde von dem Klassenlehrer ernst genommen und der Klassenlehrer kam zu der folgenden Unterrichtstunde. In einem Gespräch zwischen dem Klassenlehrer und der Kursleitung konnte anschließend geklärt werden, dass die Kommunikation immer direkt stattfinden würde und nicht über die Schüler. Der Klassenlehrer verhielt sich während des Halbjahres nicht Konzept unterstützend. Dies wurde unter anderem durch Äußerungen der Klasse und dem Schulleiter gegenüber deutlich. Dieser Faktor war nicht zu erwarten gewesen, da die Klasse

mit Unterstützung des Klassenlehrers für das Pilotprojekt ausgewählt wurde.

In einer Befragung der in der Klasse unterrichtenden Lehrerinnen und Lehrer kam heraus, dass es kein einheitliches Regelsystem gab. Auf die sehr unterschiedlichen Regeln erfuhren die Schülerinnen und Schüler verschiedenste Reaktionen, von klaren Konsequenzen bis hin zur Akzeptanz von Regelverstößen. Einige Lehrerinnen und Lehrer gaben an, dass sie mit den Schülerinnen und Schülern keine Regeln vereinbart hätten. Andere Lehrerinnen und Lehrer hatten sehr genaue Regelkonzepte und Vorstellungen für den Umgang mit Regelverstößen. Die unterschiedlichen Regelkonzepte und Reaktionen auf Regelverstöße bedeuten Probleme für die Schülerinnen und Schüler. Sie müssen sich auf verschiedene Systeme einlassen und das jeweilige System eines Lehrers/einer Lehrerin parat haben, um sich daran zu halten. Für die Schülerinnen und Schüler ist dies eine große Aufgabe, die sie nur schwer bewältigen können.

Im Laufe des Schulhalbjahrs wurde die Kursleitung zu einer Lehrerkonferenz eingeladen, auf der das Unterrichtskonzept vorgestellt werden sollte. An die kurze Vorstellung schloss sich eine längere Diskussion an, in der nachgefragt wurde und interessante Aspekte diskutiert wurden. Es entstand auf Seite der Schule die Idee, einen Fortbildungstag zum Thema „Sanktionssysteme" zu gestalten und den Tag durch die Kursleitung gestalten zu lassen. Bis zum Ende des Schulhalbjahres wurde diese Idee nicht umgesetzt, da sich die Schule nicht mehr meldete.

Zum Ende des Schuljahres sollte die gemeinsame Aktivität stattfinden, ein Besuch in einem Klettergarten. Dieser Besuch musste dort angemeldet und gebucht werden. In Absprache mit der Schulleitung wurde ein Termin ausgesucht und festgelegt. Die Schulleitung erhielt zwei Wochen vor dem Termin die Elternbriefe und Einverständniserklärungen zur Information. Eine Woche vor dem Klettergartenbesuch teilte eine Lehrerin auf dem Flur den Lehrkräften mit, dass an dem besagten Termin die gesamte Schule aufgrund einer ganztägigen Zeugniskonferenz frei hätte. Man habe den Schülerinnen und Schüler aber bereits mitgeteilt, dass diese an dem Ausflug teilnehmen müssten. Auf die Nachfrage, was denn mit den Schülern wäre, die nicht an der Aktivität teilnehmen dürften, antwortete die Lehrerin, dass sie deren Namen bräuchte, da diese eine Information für ihre Eltern bekämen, dass sie an diesem Tag frei hätten. Diese Situation hat das im gesamten Halbjahr aufgebaute Sanktionssystem unglaubwürdig gemacht und vernichtet. Die Schülerinnen und Schüler, die sich das ganze Halbjahr gut benommen hatten und auf die Belohnung hingearbeitet hatten, sollten nun gezwungen werden. Die Schülerinnen und Schüler, die es nicht geschafft hatten, sich an die Regeln zu halten, sollten nun belohnt werden, in dem sie einen freien Tag bekamen.

Einige Schülerinnen und Schüler äußerten in der folgenden Unterrichtsstunde erst einmal ihren Unmut darüber, dass sie die einzigen wären, die an diesem Tag eine verpflichtende Veranstaltung hätten. Andere wiederum zeigten ihre Freude über den bevorstehenden Ausflug. Für sie war es unter anderem wichtig, dass wirklich nur die Schülerinnen und Schüler an dem Ausflug teilnehmen durften, die auch die vereinbarten Bedingungen erfüllt hatten. Diese Vereinbarung blieb natürlich bestehen und es durften deshalb 3 Schüler nicht an dem Ausflug teilnehmen. Die Lehrkräfte konnten den Schülerinnen und Schülern vermittelten, dass es eine unglückliche Situation wäre, dass an dem Ausflugstag unterrichtsfrei sei, es aber trotz alle dem ein tolles Erlebnis werden würde. Für die Schülerinnen und Schüler stand glücklicherweise die gemeinsame Aktivität im Vordergrund.

Am Ausflugstag waren viele Schülerinnen und Schüler bereits vor der verabredeten Uhrzeit an der Schule und hatten die erforderlichen Einverständniserklärungen ihrer Eltern dabei. Es fehlten an diesem Tag nur zwei Schülerinnen, die erkrankt waren. Der Klettergartenbesuch war für die Schülerinnen und Schüler ein tolles Erlebnis, viele wollten noch länger dort bleiben. Einige Schülerinnen und Schüler nutzen Kletterpausen dafür, mit den Lehrkräften intensive Gespräche in aller Ruhe führen zu können. Die Schülerinnen und Schüler haben viel von der gemeinsamen Aktivität mitgenommen, so dass es trotz der schwierigen Umstände eine gelungene Aktion war.

Ergebnisse der Arbeit mit dem Sanktionssystem

Die Ergebnisse zum Ende des Schulhalbjahres lassen sich folgendermaßen zusammenfassen:

1. Die Schülerinnen und Schüler haben das Sanktionssystem schnell akzeptiert. Sie haben sich in der Regel ehrlich und im Laufe der Zeit immer realistischer Selbst eingeschätzt. Die kontinuierliche Fremdeinschätzung hat die Schülerinnen und Schüler bei der Entwicklung ihres Selbstkonzeptes unterstützt.

2. Das Unterrichtsfach „Emotionale Erziehung" wurde ins schulinterne Curriculum aufgenommen. Des Weiteren wurde ein Kooperationsvertrag zwischen der Schule und der Universität geschlossen.

3. Es wurde deutlich, dass es nicht ausreichend ist, einzelne Klassen zu unterrichten, sondern die Lehrerinnen und Lehrer intensiver mit dem Kurskonzept und Sanktionsmodellen vertraut zu machen.

„Diese Situation hat das im gesamten Halbjahr aufgebaute Sanktionssystem unglaubwürdig gemacht und vernichtet. Die Schülerinnen und Schüler, die sich das ganze Halbjahr gut benommen hatten und auf die Belohnung hingearbeitet hatten, sollten nun gezwungen werden. Die Schülerinnen und Schüler, die es nicht geschafft hatten, sich an die Regeln zu halten, sollten nun belohnt werden, in dem sie einen freien Tag bekamen."

„Es wurde deutlich, dass es nicht ausreichend ist, einzelne Klassen zu unterrichten, sondern die Lehrerinnen und Lehrer intensiver mit dem Kurskonzept und Sanktionsmodellen vertraut zu machen."

7.3 Ein schulweites Sanktionssystem

7.3.1 Positive Support Behavior Systeme

Disziplinprobleme und das Management von Schülerverhalten gehört Jahr um Jahr zu den primären Anliegen von Lehrkräften (Elam et al., 1996). Aber nicht nur von den Schulen, auch in der Öffentlichkeit gehören diese Probleme zu den Top Tens mit den damit verbundenen Aspekten wie beispielsweise Aggressionen, Gewalt, Vandalismus, mangelnde Disziplin und Drogenmissbrauch. Alle genannten Probleme sind keine neuen Probleme. Antisoziales Verhalten fiel schon immer im schulischen Kontext auf. Es ist ein altes Problem, für dessen Lösung man ständig Maßnahmen sucht, die greifen.

Schauen wir einmal über den Atlantik zu den nordamerikanischen Kollegen. So versucht man Disziplinprobleme in den Griff zu bekommen durch:

- *Strukturelle Kontrollen*
  Hiermit sind beispielsweise der Einsatz von Sicherheitsdiensten, Metalldetektoren, Schuluniformen und Drogentests gemeint.
- *Ausschluss von Schülern-/innen mit ernsthaft störendem Verhalten*
  Zum Beispiel: Ausschluss aus akuten Situationen (vor der Tür stehen oder Suspension vom Unterricht), alternative Unterbringungen.
- *Einführung harter Strafmaßnahmen*
  Körperliche Züchtigungen, Restriktionen.

Wie Elliot et al. (1998) auf der Basis eigener und fremder Studien feststellen, erhöhen strukturelle Kontrollen nicht die Sicherheit einer Schule und haben sich für die Herstellung von Disziplin als ineffektiv herausgestellt. Dasselbe gilt auch für die zweite Maßnahmenebene. Gottfredson (1997) betont, dass Ausschluss und auf Strafe basierende Maßnahmen zu den drei am wenigsten effektiven Reaktionen gehören. Auch

Psychotherapie und Beratung erweisen sich bei Gewalt- und Disziplin-problemen nicht als effektiv, da ihr Einsatz häufig zu spät und nicht im Kontext erfolgt. Meistens haben sich zum Zeitpunkt des Einsatzes schon Fronten gebildet. McCord (1995) berichtet sogar von wachsender Agg-ression, einer höheren Drop out Rate und einem Anstieg psychischer Störungen bei Schülern und Schülerinnen, wenn Strafmaßnahmen nicht an ein positives Unterstützungssystem angebunden sind. Man kann zusammenfassend zu der Wirksamkeit üblicher Maßnahmen zur Kont-rolle von Disziplinschwierigkeiten feststellen, dass immer dann, wenn ein reaktives Management überbetont und Prävention unterbetont wird, Schüler mit problematischen Verhaltensweisen sehr wahrscheinlich entweder von der Schule ausgeschlossen werden oder ganz aus dem Schulsystem rausfallen (Sprague & Rian, 1993) oder aber antisoziale Lebensstile entwickeln (Walker, Colvin & Ramsey, 1995).

Bei einer Forschergruppe in den U.S.A. hat sich aus den empirischen Ergebnissen rund um das Sanktionieren in der Schule ein Konzept erge-ben, das als Positive Behavior Support System (PBS) bezeichnet wird (Sugai et al., 2000; Scott, 2007). Das Konzept muss im Gesamtsystem umgesetzt sein. Alle Mitarbeiter einer Schule arbeiten mit den Prinzipien des Systems. Innerhalb einer Schule werden zunächst dringende Prob-lematiken identifiziert. Beispielsweise könnte festgestellt werden, dass die Rate der Schulabbrecher zu hoch ist, dass es zu viele Schüler gibt, die Klassenbuchverweise erhalten und dass der durchschnittliche Lernerfolg als zu gering zu bewerten ist. Dann werden Maßnahmen ausgewählt, von deren Einsatz eine Lösung der identifizierten Probleme angenom-men wird. Die ausgewählten Maßnahmen werden fest in die Schulall-tagsstrukturen implementiert. Es werden Daten erhoben, um den Erfolg der Maßnahmen messen zu können. Hat man erfolgreiche Maßnahmen identifiziert, dann werden diese breit auf der Ebene der Prävention und speziell auf der Ebene der Intervention eingesetzt.

Wie Sugai et al. (2000) und Walker et al. (1995) betonen, investieren so-genannte effektive Schulen in Systeme und Strategien, die Problemver-halten verhindern.

- Angemessene Verhaltensweisen werden gelehrt und verstärkt (proaktive Instruktionen) und nicht nur unangemessene Verhaltensweisen bestraft. Daraus leitet sich auch der Name des Konzepts ab: Positive Behavior Support: Unterstützt wird positives Verhalten!
- Die Interventionen in Bezug auf das Schülerverhalten sind angemessen. Einen Schüler oder eine Schülerin wie auch immer vom Unterricht auszuschließen, gilt beispielsweise als unangemessen, weil er und sie in dieser Zeit weder unterrichtet wird noch die Chance erhält im Kontext zu lernen sich an die erwünschten Regeln zu halten.
- Multiple Systeme für den ganzen Range von Disziplinschwierigkeiten stehen zur Verfügung. Universale Interventionen sind dafür da, die unproblematischen Schüler und Schülerinnen präventiv zu erreichen. Spezielle Gruppeninterventionen sind für Gruppen mit besonderen schwierigen Problemen gedacht. Für besonders schwierige Schüler und Schülerinnen gibt es spezialisierte individuelle Interventionen. Dabei muss die Intensität der Intervention vereinbar sein mit der Intensität des Problemverhaltens. Der Erfolg der aufwändigen und schwierigen individuellen Programme hängt von der Beschaffenheit des allgemeinen Systems ab. Taylor-Greene et al. (1997) betonen, dass präventive Maßnahmen für 80% der unproblematischen Schüler effektive Maßnahmen sein können. Spezielle Gruppeninterventionen sind für ungefähr 5-10% der Schülerschaft notwendig. Die 1-5% Schüler mit chronischen Verhaltensstörungen sind nur noch auf einem individuellen Level erreichbar. Es lohnt sich aber, effektive spezielle Interventionen in die Schule als System zu implementieren, denn es ist genau diese Gruppe, die zu 40-50% der Unruhe beiträgt.

Das Konzept selbst beruht auf den neuesten empirischen Erkenntnissen zu Sanktionierungsprozessen in der Schule und beherzigt den Satz, dass kein Kind zurückgelassen werde, voll und ganz. Der grundlegende Punkt des Konzepts jedoch ist zugleich der Schwierigste, nämlich seine Implementierung in die Schule als System.

Auch hierzu haben sich die Vertreter dieses Konzepts ausführliche Gedanken gemacht und diese erprobt. Lewis und Sugai (1999) beschreiben zwei Herausforderungen, die Voraussetzung für eine erfolgreiche Implementierung sind:

- Die Inhalte des Positive Behavior Support Systems müssen die Bedürfnisse sowohl der Schülerschaft als auch diejenigen des Kollegiums abbilden.
- Besonders entscheidend ist es, eine Umgebung zu entwickeln und aufrechtzuerhalten, die für die Ausführung und Umsetzung effektiver Praktiken verantwortlich ist.

Hat man diese Voraussetzungen geklärt, kann man sich an sechs Schritte der Implementierung halten:

- *Schritt 1: Etablierung eines Teams*
  Ein Führungsteam muss etabliert werden. Hier kann Reaktanz auftauchen (Steins, 2009). Wird ein Führungsteam nicht mehrheitlich vom Kollegium akzeptiert, dann wird es Schwierigkeiten haben, neue Prozesse erfolgreich zu etablieren. Deshalb ist der zweite Schritt unerlässlich.

- *Schritt 2: Herstellung von Selbstverpflichtung*
  Es muss Commitment hergestellt und definiert werden. Dieser Schritt wird leider in vielen Verfahren, deren Implementierung geplant ist, übersehen. Ein schnell implementiertes Verfahren ist aber nur selten ein erfolgreich implementiertes Verfahren. Jeder sollte sich möglichst den Inhalten und vor allem der Logik eines neuen Verfahrens verpflichtet fühlen. Da dies aber häufig nicht so ist, mögliche Einwände nicht geäußert werden, oder wenn sie auftreten, diese dann übergangen werden, verlaufen Änderungsver-

suche sehr häufig im Sand oder werden nur halbherzig durchgeführt und führen dann nicht zu besonders guten Effekten. Ideal wäre es, wenn ein ganzes Kollegium hinter einem System steht, dem es sich verpflichtet fühlt. Commitment setzt die Bereitschaft voraus, sich Zeit für die Diskussion emotionaler und praktischer Probleme zu nehmen, die bei allen Veränderungen entstehen und überzeugende Lösungen für die Probleme zu finden.

- *Schritt 3: Entwicklung eines Handlungsplans*
  Erst wenn diese beiden Schritte vollzogen sind, kann ein Handlungsplan entwickelt werden. Was muss wann und wie von wem für wen geändert werden? Diese vielen Fragen müssen klar beantwortet werden. Damit werden Verantwortlichkeiten verteilt, Maßnahmen selegiert, Zielgruppen definiert und Zeitpläne aufgestellt. Zu einem Handlungsplan gehört auch ein Verfahren, mit dessen Hilfe man die eigenen Handlungen bewertend analysieren und reflektieren kann.

- *Schritt 4: Implementierung*
  Der Handlungsplan wird dann im nächsten Schritt implementiert. Alle Verantwortlichen setzen das um, was vereinbart worden ist.

- *Schritt 5: Kritische Reflexion der Abläufe*
  Während der Umsetzungsphase werden Unpässlichkeiten, auftretende Probleme dokumentiert. Die Effekte müssen beobachtet und analysiert werden.

- *Schritt 6: Evaluation und Anpassung des Handlungsplans*
  Der Handlungsplan muss ständig revidiert werden und an die laufenden Bedürfnisse angepasst werden. Mit jeder Entwicklungsstufe der Schüler können neue Probleme auftauchen, auf die eingegangen werden muss. Ein Positive Behavior Support Programm ist nicht für alle Ewigkeit gemacht, sondern sollte flexibel auf neue Bedürfnisse einer Schule als System angepasst werden.

7.3.2 Implementierung eines funktionierenden Sanktionssystems

Der Beginn: Lehrer-Eltern-Schüler-Lehrerverträge

In der Regel melden die Eltern ihr Kind bei einer Schule an. Wenn die Eltern zuvor auf einem Informationsabend waren, bekommen sie zu einem großen Teil nur Informationen über den Bildungsauftrag. Das bleibt bei den regelmäßig stattfindenden Elternabenden genauso. Die Eltern bekommen zu hören, welche Inhalte im Laufe eines Schulhalbjahres unterrichtet werden oder mit welchen Unterrichtsmethoden vielleicht experimentiert wird. Eltern gehen oft mit materiellen und organisatorischen Aufträgen nach Hause, zum Beispiel den Kauf bestimmter Materialien oder Dinge zu veranlassen.

Der Erziehungsauftrag ist ein wunder Punkt in der Eltern-Lehrer-Interaktion. Eltern wollen nicht unbedingt, dass Lehrer an ihren Kindern herum erziehen. Eltern und Lehrkräfte haben auch nicht immer die gleichen Vorstellungen von Erziehung. Auch innerhalb dieser Gruppen gibt es große Unterschiede. Dennoch gibt es wesentliche Punkte des Miteinanders, in denen mit Leichtigkeit Einigung erzielt werden kann. Der überwiegende Teil beider Gruppen wird bei vielen allgemein üblichen Regeln für den Schulalltag kein Problem sehen, diese inhaltlich zu unterstützen. Diese Unterstützung wird aber vertraglich nicht abgesichert. Dabei hätten Schulen durchaus die Möglichkeit das zu tun. So gibt es bereits Schulen, die nur denjenigen Eltern einen Platz an ihrer Schule zusagte, die einen Vertrag unterschrieben, aus dem deutlich hervorgeht, dass die Kinder keinen Fernsehapparat auf ihrem Zimmer haben.

Es ist eine große Chance, direkt am Anfang einer Beziehung die Spielregeln zu klären und verbindlich für alle Mitspieler zu machen. Diese Chance wird sehr häufig vertan. Denn sind schon Probleme vorhanden, haben im Vorfeld meistens schon gegenseitige Verurteilungen stattgefunden und Regeln, die im unvoreingenommenen Zustand noch als vernünftig bewertet worden wären, werden nun als unangemessen empfunden. Mit der Schulanmeldung und Informationsabenden über das

Curriculum werden Eltern nach Hause entlassen. Die Regeln der Schule, die elterlichen Pflichten gegenüber den Kindern werden nur in den seltensten Fällen erwähnt und wenn, dann erschöpfen sie sich in Allgemeinplätzen. Ein schulisches Sanktionssystem sieht eine vertragliche Vereinbarung zwischen allen Beteiligten vor. Eine Schule kann sich genau überlegen, was sie mit welchen Argumenten verlangen kann. Je besser ihre Argumente, je anschaulicher sie diese vorbringen kann, desto mehr Eltern wird sie ins Boot holen und somit die wichtigste Unterstützung für ihre Arbeit finden. Lehrer und Lehrerinnen müssen sich fortan aber genauso an die Regeln halten wie Eltern und Schüler. Verträge haben einen gegenseitigen verpflichtenden Charakter. Herrscht ein Handyverbot an der Schule, dann gilt dies auch für Lehrer.

Verpflichtende Angebote für die unterschiedlichen Ebenen
Ein funktionierendes Sanktionssystem basiert auf Prävention und sieht für besonderes problematisches Verhalten verpflichtende Teilnahme an Interventionen vor. Präventive und interventive Maßnahmen beziehen sich sowohl auf die unterrichtliche als auf die außerunterichtliche Ebene. Auch können fachliche Inhalte für Erziehungsinhalte genutzt werden.

Prävention
REE (siehe Abschnitt 7.1) im Fachunterricht angewandt wäre ein Beispiel für die Implementierung einer präventiven Maßnahme in den Fachunterricht. Auch Reattributionstraining stellt eine wirksame Maßnahme dar, die bezogen auf fachliche Inhalte in Feedbacksituationen angewandt werden kann. Beide Konzepte können als präventive Maßnahmen eingesetzt werden.

Weiterhin können auf Kursebene Themen angesprochen werden, die präventive Wirkung haben. Ann Vernon (2002) hat sich für jedes Alter von der Grundschule bis zum letzten Jahrgang damit beschäftigt, wie man Schülern und Schülerinnen grundlegende emotionale Kompetenzen vermitteln kann. Genau wie bei anderen Unterrichtsinhalten werden diese Themen altersangemessen auf einem immer komplexeren Niveau wiederholt. Die Übungen basieren auf den Annahmen der REVT und vermitteln Kindern und Jugendlichen hilfreiche Ansichten über sich selbst, die anderen und die Welt. Wichtig ist es, dass diese Kurse fortlaufend in den Unterrichtsalltag implementiert werden. Sie können verpflichtend sein und im Zeugnis unter Bemerkungen aufgeführt werden.

Interventionen
Gute präventive Maßnahmen können einiges verhindern, das sich negativ entwickeln würde. Sie können aber nicht alle negativen Entwicklungen aufhalten. In jeder Klasse gibt es problematische Schüler und Schülerinnen, unter bestimmten Aspekten betrachtet. Sowohl besonders zurückgezogene ängstlichere Schüler bilden eine problematische Gruppe als auch die Gruppe der aggressiven Schüler. Letzte Gruppe bekommt in der Regel mehr Aufmerksamkeit, da sie störender ist, mehr Ärger provoziert und damit das Bedürfnis nach Selbstwertschutz und Vergeltung. Aber auch die zweite Gruppe bedarf häufig einer besonderen Zuwendung. Hierfür sind Konzepte der Intervention wichtig. Diese Interventionskonzepte können wieder auf zwei Ebenen angewandt werden, im Unterricht und auf Kursebene.

Für die unterrichtliche Ebene müssen für Normübertretungen klare Regeln vorherrschend sein, die von jedem Lehrer freundlich und konsequent angewendet werden müssen. Aber auch der Umgang mit ängstlichen Schülern und Schülerinnen muss überlegt und konzipiert werden, sonst ist es dem Zufall und Geschick des einzelnen Lehrers und der einzelnen Lehrerin überlassen, ob ein Schüler oder eine Schülerin ermuntert wird.

7.4 Fazit

Der zentrale Punkt des siebten Kapitels ist mit der Aussage

Die Kultur des Miteinanders in einer Schule kann nur durch die systematische Zusammenarbeit der Erwachsenen geschaffen und erhalten werden!

formuliert. Wir haben in diesem Kapitel sowohl funktionale Haltungen zur Gestaltung konstruktiver Beziehungen als auch Einzelmaßnahmen der Sanktionierung dargestellt, aber auch davor gewarnt, auf dieser Ebene zu bleiben. Damit Einzelmaßnahmen wirksam sein können, müssen sie in ein übergreifendes verbindliches System eingebettet werden, in dem Klarheit über die Regeln und Sanktionen herrscht und in dem Begriffe wie Beziehung, soziales Klima etc. positiv gelebt werden. Die Erwachsenen müssen hinter diesem System stehen und es durch eigenes modellhaftes Verhalten glaubwürdig machen, damit es wirksam ist.

8   Abschließende Gedanken

Was ist die Quintessenz aus der Vielzahl der hier zusammengetragenen Gedanken? Statt eines umfangreichen Kommentars möchten wir das Buch zunächst mit einigen Aussagen zusammenfassen und dann mit den zentralen Gedanken beenden:

- Die Umsetzung beider Schulaufträge ist durch verschiedene Modelle möglich, von denen wir aus Gründen der Erfolgswahrscheinlichkeit, der Transparenz und der Gleichbehandlung ein schulweites Sanktionssystem bevorzugen (Kapitel 1).

- Von vielen Kindern und Jugendlichen werden negative Ereignisse ferngehalten, dadurch erlernen sie nicht ausreichend mit Frustrationen umzugehen (Frustrationstoleranz). Das Lustprinzip ist in den Köpfen vieler Kinder und Jugendliche vorherrschend, sodass als unangenehm empfundene Pflichten vermieden werden. Zudem verfügen viele Schülerinnen und Schüler nicht über Basiskompetenzen in Verhalten und Respekt, wie die Unterrichtsbeobachtungen zeigen (Kapitel 2). Was für Kinder und Jugendliche gilt, ist jedoch ein Ergebnis komplexer gesellschaftlicher Zusammenhänge, die von Erwachsenen vorgelebt werden.

- Der Sanktionsbegriff ist ein mehrdimensionaler Begriff, der, sozialpsychologisch definiert, Lob und Strafe gleichermaßen einschließt. Der gegenwärtige Zustand in Schulen, ermittelt von Welling (2008), stellt sich als Kluft zwischen Wissen und Handeln dar. Sowohl die Lehrer- als auch die Studierendenstudie bestätigen, dass nicht diejenigen Systeme und Maßnahmen am häufigsten verwendet werden, die als effektiv eingeschätzt werden. Einzelgespräche, verstärktes Loben des richtigen Verhaltens sowie Klassenregeln werden von beiden Gruppen als die effizientesten Sanktionen beurteilt (Kapitel 3).

- Sanktionen können unbemerkt mit persönlichen Motiven der Vergeltung, der Rache und unseren Vorstellungen von Gerechtigkeit verknüpft sein. Professionell zu handeln bedeutet ein Bewusstsein über diese Motive zu erlangen und unabhängig von unseren emotionalen und moralischen Bewertungen das zu tun, was für die Weiterentwicklung des Schülers und der Schülerin das Beste ist (Kapitel 4).

- Sanktionen, positive wie negative, haben Folgen! Sie können beschämen, ganz zu Unrecht stolz machen und setzen emotionale Akzente in das Leben von Schülern und Schülerinnen. Sie haben soziale Konsequenzen und Folgen für den Selbstwert und das Selbstkonzept. Sie setzen Gegenbewegungen in Gang und den Versuch sich zu schützen und lassen häufig Nebenkriegsschauplätze entstehen. Deswegen ist die Kunst des Sanktionierens eine sehr Verantwortliche und es muss aufmerksam bedacht werden, ob die intendierten Ziele weiterführend sind (Kapitel 5).

- Die wissenschaftlichen Grundlagen aus sehr verschiedenen wissenschaftlichen Traditionen kommen zu erstaunlich einheitlichen Schlüssen (siehe auch Anschnitt 7.1.4): Ohne eine vertrauensvolle Beziehung zwischen Sanktioniertem und Sanktionierendem verlieren Sanktionen drastisch an Wert. Sie können auch wiederum eine Beziehung zerstören, wenn sie bestimmte Kriterien nicht erfüllen wie Transparenz, Einsicht, natürliche Konsequenzen etc. (Kapitel 6).

- Das von uns bevorzugte schulweite Sanktionssystem wird als Positive Behavior Support System (PBS) bezeichnet und ist von amerikanischen Forschern entwickelt und erprobt worden. Das Konzept muss als Gesamtsystem umgesetzt werden, somit arbeiten alle Mitarbeiter-/innen einer Schule mit den Prinzipien des Systems. Diese Prinzipien erläutern wir in Kapitel 7.3.1 und stellen dort auch wichtige Voraussetzungen und sechs Schritte der Implementierung vor (Kapitel 7).

Den Kapiteln liegen zentrale Gedanken zugrunde, die für uns den gegenwärtigen Status Quo des Wissens in diesem Bereich abbilden. Sie sind nicht in Blei gegossen, sondern können sich ändern, bilden aber für uns die Rahmenbedingungen, innerhalb derer wir die Etablierung eines schulweiten Sanktionssystems als sinnvoll erachten:

1. Es ist wichtig für die Entwicklung von Kindern und Jugendlichen, dass diese innerhalb eines emotional und inhaltlich unterstützenden Rahmens stattfinden kann.
2. Bildung und Erziehung gehen optimalerweise Hand in Hand. Eine gute Beziehung ersetzt keine Bildung und Bildung ersetzt keine gute Beziehung. Aber Bildung kann im Rahmen einer guten Beziehung auf einen fruchtbaren Boden fallen. In diesem Rahmen ist Erziehung erfolgsversprechend.
3. Eine gute Beziehung zwischen Erwachsenem und Kind bzw. Jugendlichem beruht auf gegenseitiger Wertschätzung. Häufig unterschätzt wird der Einfluss der Art und Weise wie miteinander umgegangen wird. Liebevoller Umgang bei gleichzeitiger Konsequenz bildet unserer Auffassung nach einen guten Rahmen für die Entwicklung junger Menschen und ist auch logisch wie empirisch ein überzeugender Ansatz. Hier ist allerdings noch viel Forschung möglich und nötig.
4. Sanktionieren ist keine mechanische ritualisierte Tätigkeit, sondern sollte, damit Sanktionieren auch wirkt, angemessen sein, schnell erfolgen, transparent und konsistent sein sowie vorhersehbar.

5. Alle Systeme können Elemente in sich bergen, die das System von innen unbeabsichtigt torpedieren: Wenn die gemeinsamen Ziele und Maßnahmen klar sind, die „Philosophie" eines Systems transparent und akzeptiert ist, dann ist Sabotage von innen unwahrscheinlich.

6. Zuviel Druck kann Menschen zerbrechen oder bockig machen. Menschen reagieren unterschiedlich auf Sanktionen. Jedes Sanktionssystem muss der menschlichen Erlebensvarianz Rechnung tragen, sonst ist es unglaubwürdig und kurzlebig.

7. Der Beruf des Lehrers und der Lehrerin erfordert eine große Menschenkenntnis. Bereit sein, den Menschen zu sehen, zu akzeptieren und ihn dahin zu bringen, wo er alleine weitergehen kann, hat dann eine wirkliche Aussicht auf Erfolg, wenn alle mitspielen.

8. Schulen haben das große Potenzial mit vielen unterschiedlichen erwachsenen gebildeten Menschen auf junge Menschen einzuwirken. Dieses Potenzial wird erwiesenermaßen nicht so genutzt, wie es genutzt werden könnte. Schule als System zu betrachten erfordert die Einbindung jedes einzelnen Lehrers und jeder einzelnen Lehrerin in die Regeln, die ethischen Prinzipien und den Verhaltenskodex einer Schule.

„Die Kultur des Miteinanders in einer Schule kann nur durch die systematische Zusammenarbeit der Erwachsenen geschaffen und erhalten werden!"

„Schule als System zu betrachten erfordert die Einbindung jedes einzelnen Lehrers und jeder einzelnen Lehrerin in die Regeln, die ethischen Prinzipien und den Verhaltenskodex einer Schule."

Literatur

Adler, A. (1996). Der Sinn des Lebens. Frankfurt a.M.

Adler, A. (1983). Kindererziehung. Frankfurt a.M.

Adler, A. (1973). Der Arzt als Erzieher. In: Heilen und Bilden. Frankfurt a.M.

Adler, A. (1997). Menschenkenntnis. Frankfurt a.M.

Aronfreed, J. & Reber, A. (1965). Internalized behavioral suppression and the timing of social punishment. Journal of Personality and Social Psychology, 1, 3-16.

Bettelheim, B. (1987). Ein Leben für Kinder. Stuttgart.

Bildungsbericht (2008). Bildung in Deutschland. Ein indikatorengestützter Bericht mit einer Analyse zu Übergängen im Anschluss an den Sekundarbereich I. Bundesministerium für Bildung und Forschung. www.bildungsbericht.de

Böhme, G. (2001). Aisthetik Vorlesungen über Ästhetik als allgemeine Wahrnehmungslehre. München.

Braun, J.-P. (2009). Sanktionen in der Schule: Anwendungen und Alternativen für eine effektiven Umgang mit Störungen der Lehr-Lern-Kultur – Eine empirische Untersuchung. Essen: Landesprüfungsamt I NRW.

Brehm, J. W. (1972). Responses to loss of freedom: A theory of psychological reactance. Morristown, N.J.

Bründel, H., & Simon, E. (2003). Die Trainingsraum-Methode. Weinheim: Beltz.

Dreikurs, R. (1981). Kinder fordern uns heraus, Stuttgart.

Dorsch, Friedrich. Häcker, Hartmut (Hrsg.). (2004). Psychologisches Wörterbuch (14., überarb. und erw. Aufl.). Bern.

Duden 5. (2001). Das Fremdwörterbuch. 7., neu bearbeitete und erweiterte Auflage. Mannheim, Leipzig, Wien, Zürich.

deVoge, C. (1979). Ein verhaltenstherapeutischer Ansatz zur Vermittlung von rational-emotiven Prinzipien bei Kindern. In: A. Ellis & R. Grieger (Hrsg.), Praxis der rational-emotiven Therapie, 276-282. München.

Duval, S. & Wicklund, R.A. (1972). A theory of objective self-awareness. New York.

Dweck, C. S. (1999). Self-Theories: Their Role in Motivation, Personality and Development. Philadelphia.

Elam, S. J., Rose, L., C. & Gallup, A.M. (1996). 28th annual Phi Delta Kappa/Gallup poll of the publics' attitudes toward the public schools. Kappa, 78, 41-59.

Elliot, D. S., Hamburg, B.A., & Williams, K.R. (1998). Violence in American schools perspective. New York.

Ellis, A. (1958). Rational psychotherapy. Journal of General Psychology, 59, 35-49.

Ellis, A. (1994). Reason and emotion in psychotherapy. A comprehensive method of treating human disturbances. Revised and updated. New York.

Erchul, W. P., Raven, B. H., & Ray, A. G. (2001). School Psychologists' perceptions of social power bases in teacher consultation. Journal of Educational and Psychological Consultation, 12, 1-23.

Estes, W. K. (1944). An experimental study of punishment. Psychological Monograph, 57.

Flitner, A. (1985). Konrad, sprach die Frau Mama .... München.

French, J. R. P. Jr. & Raven, B. (1959). The bases of social power. In D.Cartwright (Hrsg.), Studies in social power. Ann Arvbor, Mi: Institute for Social Research.

Freud, A. (1971). Wege und Irrwege der Kinderentwicklung. Bern: Huber.

Frey, D. & Irle, M. (2001). Theorien der Sozialpsychologie. Band I: Kognitive Theorien. Göttingen.

Forysth, D. (2006). Group Dynamics. Bonn.

Gottfredson, D. C. (1997). School-based crime prevention. In L. Sherman, D. Gottfredson, D. MacKenzie, J. Eck, P. Ruter, & S. Bushway (Hrsg.), Preventing crime: What works, what doesn't, what's promising: A report to the United States Congress (1-74). Washington, DC: U.S. Department of Justice, Office, Office of Justice Programs.

Gruenewald, T. L., Dickerson, S.S. & Kemeny, M.E. (2007). A social function for self-conscious emotions. In J. Tracey , R. W. Robins & T. J. Price (Hrsg), The self-conscious emotions. New York.

Haep, A. & Brendgen, A. (2009). In G. Steins (Hrsg.), Schule trotz Krankheit (52-62). Berlin.

Hamre, B. R., & Pianta, R. C. (2005). Can instructional and emotional support in the First-Grade Classroom make a difference for children at risk of school failure? Child Development, 76, 949-967.

Hauck, P. A. (1979). Irrationale Erziehungsstile. In A. Ellis & R. Grieger (Hrsg.), Praxis der rational-emotiven Therapie, 299-309. München.

Heider, F. (1958). The psychology of interpersonal relations. New York.

Herman, R. L. & Azrin, N. H. (1964). Punishment by noise in an alternative response situation. Journal of Experimental Anal. Behavior, 7, 185-188.

Hymel, S., Wagner, E., & Butler, L. J. (1990). Reputational bias: View from the peer group. In S. R. Asher & J. D. Coie (Hrsg.), Peer rejection in childhood, 156-182. Cambridge.

Institut der deutschen Wirtschaft Köln. (2009, September 29). Pisa-Schock zeigt langsam Wirkung. URL http://www.iwkoeln.de/Informationen/AllgemeineInfodienste/iwd/Archiv/2009/1Qu artal/Nr12/tabid/2404/ItemID/22985/Default.aspx

James, W. (1890). Principles of Psychology, Vol. 1. New York: Dover.

Julius, Henri. (2004). Förderung regelkonformen Verhaltens im Unterricht. In Gerhard W. Lauth, Matthias Grünke, Joachim C. Brunstein (Hrsg.), Interventionen bei Lernstörungen (S. 168-175). Göttingen.

Juvonen, J. (2000). The social functions of attributional face-saving tactics among early adolescents. Educational Psychological Review, 12, 15-32.

Kounin, Jacob S. (2006). Techniken der Klassenführung. Münster.

Lawler, E. J. & Yoon, J. (1996). Commitment in exchange relations: Test of a theory of relations: Test of a theory of relational cohesion. American Socological Review, 61, 89-108.

Leder, K. B. (2006). Todesstrafe. Ursprung, Geschichte, Opfer. München.

Lerner, M. J. (1980). The belief in a just world: The fundamental delusion. New York.

Lewis, T. J. & Sugai, G. (1999). Effective behaviour support: A systems approach to proactive schoolwide management. Focus on Exceptional Children, 31, 1-24.

Luria, A. R. (1966). Higher cortical functions in man. New York.

MacKenzie, D. L. (2006). What works in corrections. Cambridge.

Markus, H. R. & Kitayama, S. (1991). Culture and the self: Implications for cognition, emotion, and motivation. Psychological Review, 98, 224-253.

McCord, J. (Ed.) (1995). Coercion and punishment in long-term perspective. New York.

Mead, G. H. (1968). Geist, Identität und Gesellschaft. Frankfurt/M.

Miller, A. (1980). Am Anfang war Erziehung. Frankfurt a.M.

Ministerium für Schule und Weiterbildung des Landes Nordrhein-Westfalen. (2008). Schulgesetz für das Land Nordrhein-Westfalen.

Mischel, W., Shodo, Y. & Peake, P. K. (1988). The nature of adolescent competencies predicted by preschool delay of gratification. Journal of Personality and Social Psychology, 54, 687-696.

Moschner, B. (2010). Pädagogische Psychologie und Geschlechterforschung. In: Steins, G. (Hrsg): Geschlechterforschung und Psychologie. Ein Handbuch. Wiesbaden: Verlag für Sozialwissenschaften (im Druck)

Nisters, C. (2009). Sanktionen im Schulalltag – Wie sanktionieren Lehrer, wie reagieren Schüler? Eine theoretische Reflexion mit einer Schulstatistik der Trainingsraum-Methode über ein Jahr. Essen.

Nolting, H-P. (2002). Störungen in der Schulklasse. Weinheim: Beltz.

Nothbaum, N. & Steins, G. (2010). Nicht sexistischer Sprachgebrauch: die stochastische Genuswahl. In: Steins, G. (Hrsg): Geschlechterforschung und Psychologie. Ein Handbuch. Wiesbaden. (im Druck)

Quinn, D. M. & Crocker, J. (1999). When ideology hurts: Effects of belief in the Protestant ethic and feeling overweight on the psychological well-being of women. Journal of Personality and Social Psychology, 77, 402-414.

Parke, R. D. & Walters, R.H. (1967). Some factors influencing the efficacy of punishment training for inducing response inhibition. Monographs of the Society for Research in Child Development, 32, 1.

Petermann, F. & Petermann, U. (2008). Training mit aggressiven Kindern. Weinheim: Beltz.

Recht auf den Rohrstock (2004). Spiegel-online.de. 6.12.2004

Rudolph, U., Roesch, S.C., Greitemeyer, T., & Weiner, B. (2004). A meta-analytic review of help giving and aggression from an attributional perspective. Cognition and Emotion, 18, 815-848.

Schöning, S., Steins, G., & Berek, M. (2002). Das Selbstkonzept von Kindern mit Aufmerksamkeitsdefizit-/Hyperaktivitätsstörung (ADHD) und dessen Veränderung mit Methylphenidat. Kindheit und Entwicklung, 11, 38-47.

Schüler, D. (2008). Kinder zwischen Elternhaus, Familie, Psychologen und Schule: Eine Fallstudie. In: G. Steins (Hrsg.), Schule trotz Krankheit (S. 103-126). Berlin.

Scott, Terrance M. (2007). Issues of Personal Dignity and Social Validity in Schoolwide Systems of Positive Behavior Support. Journal of Positive Behavior Interventions, 9 (2), 102-112.

Sherif, M. (1966). Group conflict and cooperation: Their social psychology. London: Routledge.

Skinner, B. F. (1972). Futurum II, Hamburg.

Solomon, L. (1960). The influence of some types of power relationships and game strategies upon the development of interpersonal trust. Journal of Abnormal Social Psychology, 61, 223-230.

Sprague, J. R. & Rian, V. (1993). Support Systems for students with severe problem behaviours in Indiana: A descriptive analysis of school structure and student demographics. Unpublished manuscript, Indiana University, Bloomington.

Stamm, M. (2008). Die Psychologie des Schuleschwänzens. Bern.

Statistisches Bundesamt Deutschland. (2009, September 29). Absolventen/Abgänger nach Abschlussarten. URL
http://www.destatis.de/jetspeed/portal/cms/Sites/destatis/Internet/DE/Content/Statistiken/BildungForschungKultur/Schulen/Tabellen/Content100/AllgemeinbildendeSchulenAbschlussart,templateId=renderPrint.psml

Steins, G. & Götzlich, C. (1998). Zusammenhänge zwischen Beziehungsstruktur und Streitverhalten. Zeitschrift für Psychologie, 206, 189-200.

Steins, G. & Weiner, B. (1999). The influence of perceived responsibility and personality characteristics on the emotional and behavioral reactions of persons with AIDS. Journal of Applied Social Psychology, 139, 487-495.

Steins, G. (2005). Sozialpsychologie des Schulalltags. Stuttgart.

Steins, G. (2007). Sozialpsychologie des Körpers. Stuttgart.

Steins, G. (2008a). Schule trotz Krankheit. Berlin.

Steins, G. (2008b). Identitätsentwicklung. 3. Auflage. Berlin.

Steins, G. (2009). Widerstand von Lehrern gegen Evaluationen aus psychologischer Sicht. In Bohl, T. & Kiper, H., Lernen aus Evaluationsergebnissen – Verbesserungen planen und implementieren (S.185-196).

Sugai, G., Horner, R. H. & Gresham, F. M. (2002). Behaviorally Effective School Environments. In Stoner, Gary, Shinn, Mark R., Walker, Hill M. (Hrsg.). Interventions for academic and behavior problems II: Preventive and remedial approaches (315-350). Washington DC: National Association of School Psychologists.

Sugai, G., Horner, R. H., Dunlap, G., Hienemann, M., Lewis, T. J., Nelson, C. M., Scott, T., Liaupsin, C., Sailor, W., Turnbull, A. P., Turnbull, H. R., III, Wickam, D., Wilcox, B., & Ruef, M. (2000). Applying positive behaviour support and functional behavioural assessment in schools. Journal of Positive Behaviour Inventions, 2 (3), 131-143.

Taylor-Greene, S., Brown, D.K., Nelson, L., Longton, J., Gassman, T., Cohen, J., Swartz, J., Horner, R. H., Sugai, G. & Hall, S. (1997). School-wide behavioural support: Starting the year off right. Journal of Behavioral Education, 7, 99-112.

Tesser, A., Millar, M., & Moore, J. (1988). Some affective consequences of social comparison and reflection processes: The pain and pleasure of being close. Journal of Personality and Social Psychology, 54, 49-61.

Tücke, M. (2005). Psychologie in der Schule – Psychologie für die Schule. Eine themenzentrierte Einführung in die Pädagogische Psychologie für (zukünftige) Lehrer. Münster.

Vernon, A. (2002). What works when. With children and adolescents. A Handbook of individual counseling techniques. Illinois, Champaign.

Wahl, D., Weinert, F. E. & Huber, G. L. (2001). Psychologie für die Schulpraxis. Ein handlungsorientiertes Lehrbuch für Lehrer. München.

Walster, E., Berscheid, E. & Walster, G.W. (1976). New directions in equity research. Journal of Personality and Social Psychology, 25, 151-176.

Weiner, B. (2000). Intrapersonal and interpersonal theories of motivation from an attributional perspective. Educational Psychological Review, 12, 1-14.

Welling, V. (2008). Sanktionssysteme und -maßnahmen im Schulalltag – Eine Untersuchungsserie zur Lehrer- und Schülersicht. Universität Duisburg-Essen. Unveröffentlichte Examensarbeit.

Wettstein, A. (2008). BASYS. Beobachtungssystem zur Analyse aggressiven Verhaltens in schulischen Settings. Bern.

Whalen, C. K., & Henker, B. (1976). Psychostimulants and children: A review and analysis. Psychological Bulletin, 83, 1113-1130.

Wicklund, R. A. (1982). How society uses self-awareness. In J. Suls (Hrsg.), Psychological perspectives to the self (209-229). New York.

Williams, K. D., Forgas, J. P. & von Hippel, W. (2005). The social outcast: Ostracism, social exclusion, rejection, and bullying. New York, NY.

Wong, Y. & Tsai, J. (2007). Cultural models of shame and guilt. In J. Tracey, R.W. Robins & T.J. Price (Hrsg), The self-conscious emotions. Theory and Research (209-223). New York.

Wortman, C. & Brehm, J.W. (1975). Responses to uncontrollable outcomes: An integration of reactance theory and the learned helplessness model. In L. Berkowitz (Hrsg.), Advances in Experimental Social Psychology, 8. New York.

Autoren/-innenhinweise

Anna Haep (1985), Erstes Staatsexamen in den Fächern Pädagogik und Sozialwissenschaften. Ausgebildete Tanzpädagogin. Wissenschaftliche Mitarbeiterin und Doktorandin am Lehrstuhl Sozialpsychologie und Allgemeine Psychologie von Frau Prof. Dr. Gisela Steins. Schwerpunkte: Unterrichtsqualität an Schulen für Kranke/Coaching- und Interventionsprogramm bei psychosomatisch erkrankten Schülern zur Reintegration in den Schulalltag/ Forschung zum Wissen von Lehrern und Lehramtsstudenten zu chronischen und psychischen Erkrankungen bei Schülern/ Entwicklung eines Konzeptes der „Emotionalen Erziehung" an sozialen Brennpunktschulen und die Implementierung in die universitären Strukturen. Kontakt: Anna.Haep@uni-due.de

Uta Jakobs (1971), Lehrerin, Klassenlehrerin mit den Fächern Kunst, Technik und Gesellschaftslehre an einem Gymnasium. Abgeschlossenes Studium der Kunsttherapie an der „freien Kunststudienstätte Ottersberg", Niedersachsen 1994-1998. Lehramtsstudium Universität Duisburg-Essen, 2002-2006. Therapeutin im psycho-sozialen Dienst einer Senioren-Residenz (1999-2002). Verschiedene Tätigkeiten in der Arbeit mit sozialtherapeutische Werkstätten und Betreuung und Pflege von schwerstmehrfachbehinderten Menschen, Betreuung und Begleitung der behinderten Jugendlichen in den verschiedenen Unterrichtseinheiten und verhaltensauffälligen Kindern. Kontakt: uta.jakobs@yahoo.de

Joël Keßler (1981) in Frankfurt am Main, 2008 Diplom im Studiengang Design an der FH Mainz; Freischaffender Designer & Illustrator mit Schwerpunkt Kinderbuchillustration und Belletristik. E-Mail: joel@kessler-illustrationen.de Website: http://kessler-illustrationen.de

Peter Leitzen ist Lehrer am Gymnasium Broich in Mülheim a. d. Ruhr und Lehrbeauftragter an der Universität Duisburg-Essen im Fachbereich Bildungswissenschaften. Er unterrichtet die Fächer Philosophie, Sozialwissenschaften, Pädagogik und Politik. Kontakt: PeterLeitzen@t-online.de

Claudia Margarete Schadt-Krämer geb. Schadt (1958), Dr., 1977-1983 Lehramtsstudium Deutsch/Pädagogik Sek II an der Universität GH-Siegen, 1983-1988 Arbeit als wiss. Angestellte im Fachbereich 2 der Universität GH-Siegen, 1989 Promotion zum Dr. päd. mit einer Arbeit über die „Pädagogische Bildung der Volksschullehrer im 19. Jahrhundert" an der Universität zu Köln, Zweites Staatsexamen. 2001 Beförderung zur Oberstudienrätin, 2001-2003 Zusammenarbeit mit dem Adolf Grimme Institut. Lehraufträge an der Universität Siegen und Duisburg-Essen, Übernahme des Amtes einer Gesamtschulrektorin an der Gesamt-Schule Hamborn/Neumühl für die Jahrgänge 8-10. Publikationen, darunter das Jugendbuch Der Digitale Dracula. Das geheime Tagebuch von Bertram Brams und das Kinderbuch, Die Bartschaukel – Die kleine Geschichte vom Mann mit dem

Bart und vom Jungen, der in die Grube fiel.
Kontakt: Dr.Schadt-Kraemer@web.de

Gisela Steins, Diplom, Promotion und Habilitation in Psychologie, seit 2003 Professorin für Allgemeine Psychologie und Sozialpsychologie an der Universität Duisburg-Essen, Fakultät für Bildungswissenschaften. Forschungsschwerpunkte: Sozialpsychologie im Kontext Schule – Förderung und Reintegration von Schülern und Schülerinnen in besonderen Lebenslagen unter besonderer Berücksichtigung interpersoneller Prozesse.
Kontakt: gisela.steins@uni-due.de
http://www.uni-due.de/biwigst/

Pia Anna Weber (1980), Erstes Staatsexamen in den Fächern Deutsch, Pädagogik & Psychologie; Wissenschaftliche Mitarbeiterin und Lecturer am Lehrstuhl Sozialpsychologie und Allgemeine Psychologie von Frau Prof. Dr. Gisela Steins. Lehre in den bildungswissenschaftlichen Studiengängen: Bachelor Erziehungswissenschaften und Bachelor Soziale Arbeit. Forschungsschwerpunkte: Sozialpsychologie/Unterrichtsqualität in Schulen für Kranke/Unterstützung der Reintegration von Schülern von der Psychiatrie zurück in die Schule. Trennungsangst und Schulphobie: Ursachenforschung zum Störungsbild, soziale Wahrnehmung in der Schule und Möglichkeiten der Intervention im Rahmen einer Dissertation.
Kontakt: pia.weber@uni-due.de

Verena Welling (1981), Erstes Staatsexamen in den Fächern Deutsch und Sport; Wissenschaftliche Mitarbeiterin am Lehrstuhl Allgemeine Psychologie und Sozialpsychologie an der Universität Duisburg-Essen, Fakultät für Bildungswissenschaften bei Prof. Dr. Gisela Steins. Assistenz in der Lehre der bildungswissenschaftlichen Studiengänge. Forschungsschwerpunkte: Sanktionen in unterschiedlichen Settings (Schule, Familie, Kinder- und Jugendpsychiatrie, Erlebnispädagogik für jugendliche Straftäter), Coaching von psychisch kranken schulabstinenten Kindern und Jugendlichen bei ihrem Reintegrationsprozess in die Schule, die Bedeutung der Elternrolle für psychisch kranke schulabstinente Kinder und Jugendliche im Rahmen einer Dissertation.
Kontakt: verena.welling@uni-due.de

Sachregister

Psychologie

Andreas Beelmann / Kai J. Jonas (Hrsg.)

Diskriminierung und Toleranz

Psychologische Grundlagen und Anwendungsperspektiven
2009. 540 S. Br. EUR 39,90
ISBN 978-3-531-15732-0

Ausgewiesene Expertinnen und Experten berichten der akademischen und interessierten Öffentlichkeit über den aktuellen psychologischen Forschungsstand zu Diskriminierung und Toleranz, zeigen Anwendungsperspektiven auf und beleuchten Grundlagen, Ursachen und Folgen von Diskriminierungsphänomen in einer Vielfalt von sozialen Kontexten.

Barbara Hobl

Unannehmbar-Sein

Kindliche Identität im Dialog
2009. 160 S. Br. EUR 19,90
ISBN 978-3-531-16330-7

Was passiert in unserer Gesellschaft mit ,störenden Kindern'? Welche Konsequenzen hat es, wenn in kindlichen Biographien Stigmatisierungen wie ,verhaltensauffällig' oder ,psychisch gestört' eine zentrale Rolle spielen?
Die Hypothese: Ihre Identität wird „unannehmbar". Mit Konzepten aus den Theorietraditionen Psychoanalyse, Postmoderne, Systemtheorie und Poststrukturalismus zeichnet die Autorin ein psychologisch-philosophisches Bild über das Zusammenspiel von Hilfeprozess, Identität und Psyche.

Michael Schacht

Das Ziel ist im Weg

Störungsverständnis und Therapieprozess im Psychodrama
2009. 385 S. Br. EUR 34,90
ISBN 978-3-531-16540-0

Seit den Arbeiten des Psychodrama-Gründers J. L. Moreno hat sich das Psychodrama stetig weiterentwickelt. Dennoch fehlt, so die These des Autors, eine aktuellen Ansprüchen genügende genuin psychodramatische Therapietheorie. Er entwickelt in diesem Buch ein zeitgemäßes Störungsverständnis sowie ein Modell therapeutischer Prozesse, um daraus spezifische Therapiestrategien abzuleiten. Diese werden an vielen Fallbeispielen erläutert.

Andreas Zick

Psychologie der Akkulturation

Neufassung eines Forschungsbereiches
2009. ca. 800 S. Br. ca. EUR 49,90
ISBN 978-3-531-16828-9

Der Band bietet den derzeit umfassendsten Überblick zur Akkulturationsforschung und ist zugleich eine Einführung in ein Forschungsfeld, das weit über die Grenzen der Psychologie reicht. Auf der Grundlage einer Diskussion von mehr als 170 Theorien der Psychologie und Sozialwissenschaften wird eine neue sozialpsychologische Theorie der akkulturativen Verortung entwickelt.

www.vs-verlag.de

VS VERLAG FÜR SOZIALWISSENSCHAFTEN

Abraham-Lincoln-Straße 46
65189 Wiesbaden
Tel. 0611.7878-722
Fax 0611.7878-400

Methoden

Franz Breuer

Reflexive Grounded Theory
Eine Einführung für die Forschungspraxis
2009. 182 S. Br. EUR 19,90
ISBN 978-3-531-16919-4

Die Grounded Theory-Methodik (GTM) ist eines der meistverwendeten Verfahren der qualitativen Sozialforschung. In diesem Buch werden die Vorgehensschritte der GTM in einer praxisorientierten Weise dargestellt und die GTM wird in einem methodologischen Rahmen neu interpretiert, bei dem der reflexive Umgang mit der Subjektivität des/der Forschenden als Erkenntnisquelle eigener Art gilt.

Heinrich Florian / Ernst Plaum

Fragwürdige Fragebögen
Paradigmatische Untersuchungen zur Gewalt in der Schule
2009. 180 S. Br. EUR 29,90
ISBN 978-3-531-16534-9

Die in diesem Buch beschriebene Hauptuntersuchung wendet einen Metafragebogen und qualitative Interviews an, um das Ausmaß zu bestimmen, in dem Schülerinnen und Schüler bei Fragen zur Gewalt an der Schule falsche Angaben machen. Darüber hinaus werden Überlegungen angeregt, ob sich entsprechende Probleme möglicherweise auch auf anderen Gebieten ergeben.

Christian Geiser

Datenanalyse mit Mplus
Eine anwendungsorientierte Einführung
2010. ca. 350 S. Mit 100 Abb. u. CD-Rom.
Br. ca. EUR 29,90
ISBN 978-3-531-16393-2

Praxisnah, mit zahlreichen Beispielen, Probedatensätzen und Abbildungen führt der Autor Schritt für Schritt in die Grundlagen der Handhabung von Mplus ein und beschreibt die Anwendung grundlegender Analyseverfahren.

Stefan Kühl / Petra Strodtholz /
Andreas Taffertshofer (Hrsg.)

Handbuch Methoden der Organisationsforschung
Quantitative und Qualitative Methoden
2009. 748 S. Br. EUR 49,90
ISBN 978-3-531-15827-3

Das Handbuch verschafft einen umfassenden Überblick über die quantitativen und qualitativen Methoden der Organisationsforschung und ermöglicht Wissenschaftlern, Studierenden und insbesondere Praktikern, das Methodeninstrumentarium der Organisationsforschung gezielt für eigene Zwecke zu nutzen.

Erhältlich im Buchhandel oder beim Verlag.
Änderungen vorbehalten. Stand: Juli 2009.

www.vs-verlag.de

VS VERLAG FÜR SOZIALWISSENSCHAFTEN

Abraham-Lincoln-Straße 46
65189 Wiesbaden
Tel. 0611.7878-722
Fax 0611.7878-400

Beratung – Supervision – Coaching

Falko von Ameln / Josef Kramer / Heike Stark

Organisationsberatung beobachtet

Hidden Agendas und Blinde Flecke

2009. 344 S. Br. EUR 34,90
ISBN 978-3-531-15893-8

Das Buch beschreibt latente Funktionen und Hidden Agendas, die Beratungsprozesse entscheidend prägen und im Beratungsalltag viel zu wenig Beachtung finden. Eine wichtige Orientierungshilfe für Berater, Entscheider in Organisationen oder von Veränderungsprozessen Betroffene.

Astrid Schreyögg

Coaching für die neu ernannte Führungskraft

2008. 284 S. mit 5 Abb. u. 2 Tab.
(Coaching und Supervision) Br. EUR 49,90
ISBN 978-3-531-15876-1

In diesem Buch widmet sich die Autorin einem Anlass, der im Arbeitsleben jeder Führungskraft mindestens einmal eine Rolle spielt: dem Wechsel in eine neue Führungsposition. Das Buch liefert wissenschaftliche Grundlagen, konzeptionelles und methodisches Rüstzeug sowie handfeste Praxisanweisungen.

Bernd Birgmeier (Hrsg.)

Coachingwissen

Denn sie wissen nicht, was sie tun?

2009. 420 S. Br. ca. EUR 39,90
ISBN 978-3-531-16306-2

Das Buch stellt die Frage nach der aktuellen Wissensbasis und theoretischen Grundlage, auf der die Arbeit von Coachs basiert. Warum und wann ist Coaching erfolgreich? Mit welcher Begründung werden gewisse Methoden und Techniken eingesetzt? Welche Grundlagendisziplinen spielen im Coaching eine Rolle, auf welche Wissensbestände wird zurückgegriffen? Führende Coaching-Experten aus Deutschland, Österreich und der Schweiz nehmen Stellung zur theoretischen und wissenschaftlichen Grundlegung von Coaching.

Doris Ostermann

Gesundheitscoaching

2009. ca. 300 S. (Integrative Modelle in Psychotherapie, Supervision und Beratung) Br. ca. EUR 34,90
ISBN 978-3-531-16694-0

Das Buch liefert eine umfassende Einführung in das Gesundheitscoaching. Besondere Aufmerksamkeit liegt dabei auf dem Integrativen Gesundheitscoaching, welches sowohl in der Theorie als auch in der praktischen Anwendung ausführlich dargestellt wird.

Erhältlich im Buchhandel oder beim Verlag. Änderungen vorbehalten. Stand: Juli 2009.

www.vs-verlag.de

VS VERLAG FÜR SOZIALWISSENSCHAFTEN

Abraham-Lincoln-Straße 46
65189 Wiesbaden
Tel. 0611.7878-722
Fax 0611.7878-400